JN099295

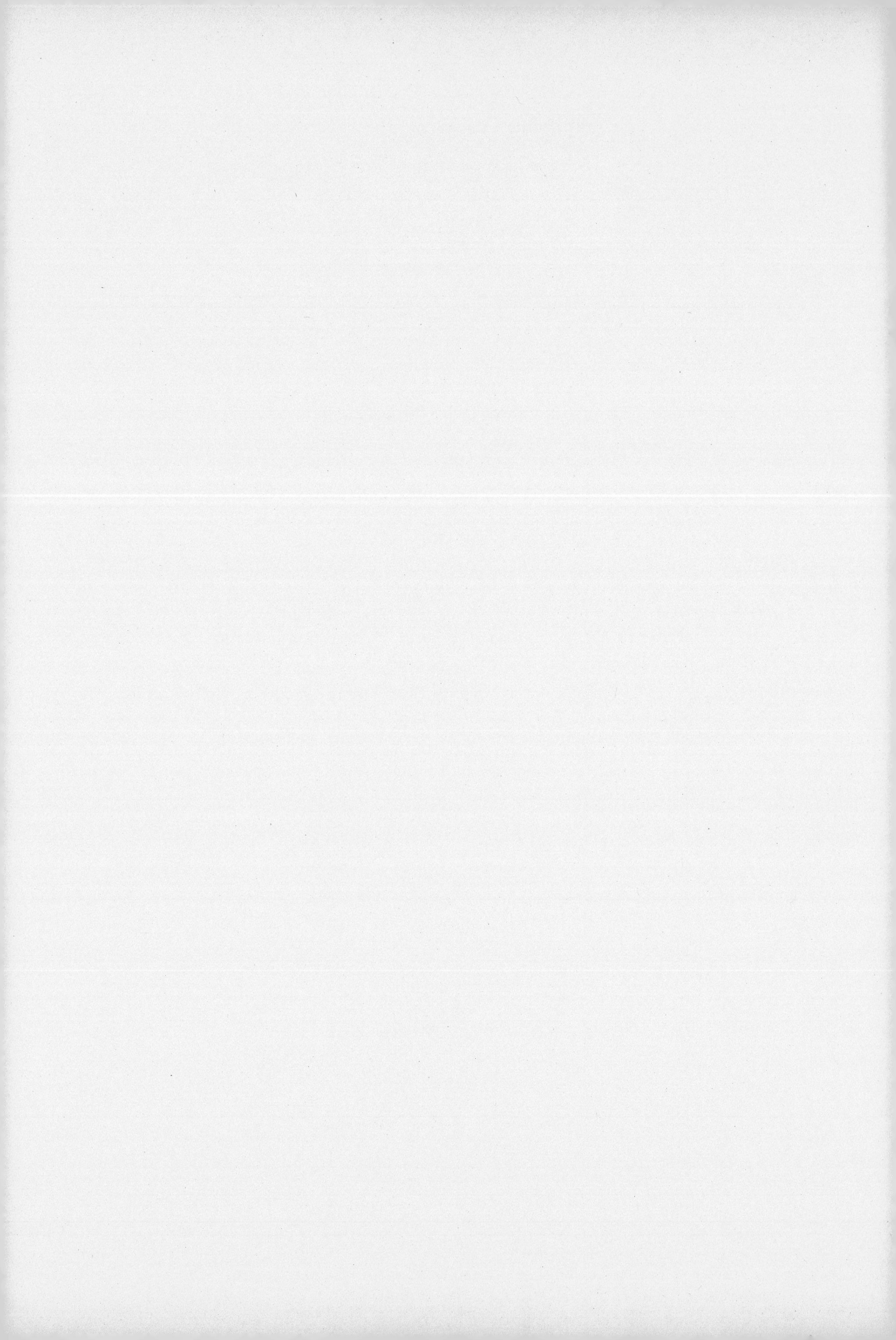

これで解決!

保健室経営Q&A

編集代表　三木とみ子

企画・編集協力　平川俊功・鈴木裕子・大沼久美子・芦川恵美

ぎょうせい

はじめに

養護教諭の職務実践に関わる調査によると、保健室経営の計画的な実施率は救急処置や健康相談などに比べると低いという報告があります。法令や答申等の指摘を養護教諭自身が実際の場面で保健室経営として計画的に具体化する必要があります。例えば、保健室が「学校保健活動のセンター的役割を果たす」など、用語を言葉の表面的理解に留まらず、自校の子供の課題に沿った深い理解が必要です。

養護教諭及び学校保健に関する規定等が変われば、当然保健室経営に反映することが必要になります。今こそ、時代のニーズに応える「保健室経営」が不可欠です。

平成21年、50年ぶりに改正された学校保健安全法第７条保健室の設置目的に保健指導が規定されました。さらに同法第９条では個別の保健指導の実施が規定され、保健室は大きく変わる必要があります。保健室を訪れる子供たちの健康課題は、従来以上に複雑化し、養護教諭の専門性を活かした指導と管理の一体化が見える保健室経営が求められます。

保健室は、心身の不調などを訴えて来室する子供たちの対応が基本でした。近年、これに加え保健室は、学校保健活動のセンター的役割を果たすことが求められました。すなわち、救急処置などの「存在としての保健室」から専門家との連携など「機能する保健室」の経営が求められているのです。また保健室で把握した健康情報の管理や活用、校内の職員や専門家の特質に合わせた人材の活用等チームで行う対応の視点が重要になっています。

本書はすべてＱ＆Ａ形式で構成しています。既刊の「改訂　保健室経営マニュアル―その基本と実際」を踏襲しつつ、さらに読者から知りたい課題、解決したい課題を集めQuestionとして74項目を設定しました。

その内容は基本編では、保健室経営の定義など基本的な内容（16項目）、実践編では、学校現場で遭遇する課題の内容（49項目）、さらに、保健室経営の推進に押さえておくべき用語の解説編（９項目）を設定しています。

書名「これで解決！ 保健室経営Ｑ＆Ａ」のように読者の皆様が抱えている身近な課題解決に役立てていただきたいと願っています。

発刊にあたって、優れた実践をご執筆いただきました各先生方に深くお礼申しあげます。最後に本書の発刊にあたり終始ご尽力いただきました出版社（株）ぎょうせい出版企画部の皆様に深甚の謝意を表します。

2020年２月

編集代表
三　木　とみ子（女子栄養大学名誉教授）

<目　　次>

【用語解説編】

【「基本編」の掲載にあたって】

基本編は､「保健室経営」の基礎基本として押さえておきたい理論を16のQuestionで構成している。

基本編は､「保健室経営」に関わる「用語の捉え方」「定義」「構造」等保健室経営の根底となる概念、また、保健室経営の中心的舞台となる「保健室」の設置の根拠、機能、施設・設備等の内容、さらに保健室経営を教育の一環として意図的に推進できるための「保健室経営の計画に関する内容」、それらを振り返るための「評価に関する内容」等押さえておきたい内容で構成している。

基本編の各内容は実践編につながる基礎である。それぞれのQuestionに対するAnswerの記述は押さえておくポイントを挙げ、よりわかりやすくしている。基本編それぞれの具体的内容は以下の通りである。

①保健室経営の経営に関する用語について

近年「保健室経営」の５文字は、ようやく一般的に使われてきた用語である。養護教諭は学校教育における保健室経営の意義、保健室経営の構造、学校保健活動との関連などを踏まえる必要がある。特に、保健室経営の「経営」についての理解と共にそれを「運営する」解釈を押さえておく必要がある。保健室経営の責務を負う養護教諭の職務や役割との関連について取り上げている。

②保健室の法的根拠、施設・設備など保健室に関わる内容について

保健室経営と保健室の存在と機能とは深く関連している。例えば、保健室に関する法規上の規定はもとより、保健室の目的や機能を保健室経営に活かすための施設・設備などハード面での環境整備が重要である。

平成21年に改正された学校保健安全法第７条では、保健室設置目的に「保健指導」が新たに規定され、保健管理と指導の一体化が必要となっている。さらに保健室は、学校保健活動のセンター的役割を果たすとの指摘もあり（平成21年中央教育審議会答申)、救急処置や健康相談など存在としての保健室はもとより教育的組織的に機能する保健室への期待も大きいことを認識する必要がある。基本編では、これらの視点がわかるように掲載している。

③保健室経営計画について

平成20年中央教育審議会答申において、保健室経営計画とは「当該学校の教育目標および学校保健の目標などを受け、その具現化を図るために保健室の経営において達成されるべき目標を立て計画的・組織的に運営することである」と提言している。各学校ではこれを受け、それぞれの学校の実態を踏まえ計画的、組織的に進める必要がある。さらに同答申で指摘された保健室は、学校保健活動のセンター的役割を担うとの指摘も加味し、時代に合った保健室経営計画を作成する必要がある。ここでは作成の手順、盛り込むべき内容などについて具体例を掲載している。

④保健室経営の評価について

保健室経営の評価は保健室経営計画作成を受け、計画、実施、評価、改善のサイクルに基づいて養護教諭自身はもとより他者評価も取り入れて次年度に活かす必要がある。その際は評価の項目を設定した、チェック表等の活用が考えられ、評価項目の具体例を掲載し評価しやすいように工夫している。

（三木　とみ子）

<概　要>

Question 1 「保健室経営」の定義は

【Answer：押さえたいポイント】

①「保健室経営」の定義を押さえる。
②保健室経営の定義の解釈を確かにする。

1 「保健室経営」の定義について

○従来の保健室経営の捉え方は、各学校や養護教諭によって様々であり、「保健室経営」の概念が必ずしも共通化されていなかった。例えば、「保健室経営」について「単に保健室の施設や設備の配置の工夫」、また「保健室の利用の仕方をどうするか」「部屋としての保健室」等狭い意味の捉え方や「学校保健活動」そのものを保健室経営と捉えているなど様々であった。

○平成16年3月（財）日本学校保健会の保健室経営検討委員会報告書では以下のように示しており、現時点で国から示されている「保健室経営」の定義は以下の用語のみである。

> 「保健室経営とは、各種法令、当該学校の教育目標等を踏まえ、児童生徒等の健康の保持増進を図ることを目的に、養護教諭の専門性と保健室の機能を最大限生かしつつ、教育活動の一環として計画的・組織的に運営すること」としている。

2 「保健室」と「保健室経営」について

保健室経営を述べる場合、踏まえておかなければならないのは「保健室」に関する規定は、学校保健安全法第7条において以下のように規定されている。なお、保健室に関する内容はQuestion 3でも述べる（6p参照）。

⑴ 「保健室」が個別の保健指導の場として法律に規定

○平成21年学校保健安全法第7条に「保健指導」が規定され、保健室が個別の保健指導の場となった。

> **学校保健安全法第7条**　学校には、健康診断、健康相談、保健指導、救急処置その他の保健に関する措置を行うため、保健室を設けるものとする。

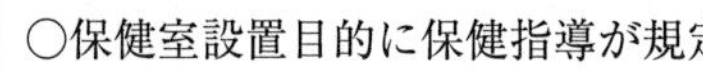

> ○保健室設置目的に保健指導が規定
> ○保健室は指導と管理の両面からの経営が不可欠

⑵ 保健室の機能役割について（6p参照）

保健室の場としての機能は、「養護教諭の専門性と保健室の機能を生かした保健室経営の進め方」（平成16年日本学校保健会）によると、①健康診断、②健康相談、③健康観察、④保健指導、⑤救急処置（休養を含む）、⑥発育測定、⑦保健情報センター等があげられるが中央教育審議会答申（平成20年）では保健室について次のように提言している。

> 子供の健康づくりを効果的に推進するためには、学校保健活動のセンター的役割を果たしている保健室の経営の充実を図ることが求められる。そのためには養護教諭は保健室経営計画を立て、教職員に周知を図り連携していくことが望まれる。また、養護教諭が充実した健康相談活動や救急処置などを行うための保健室の施設設備の充実が求められる。

センター的役割とは何かについて12p参照

日本養護教諭教育学会「養護教諭の専門領域に関する用語の解説集<第三版>」（平成31年3月）において、「養護教諭の職務と役割」について以下のように定義している。これを踏まえ養護教諭は、保健室経営の責務を負っており、保健室が学校保健活動のセンター的役割を果たす意義の重要性を認識すべきである。

> ○養護教諭の職務とは、学校教育法において「児童の養護をつかさどる」と規定され、児童生徒の健康を保持増進するすべての活動と解釈されている用語である。
> ○養護教諭の役割とは、審議会答申等で示され、例えば、平成20年の答申で言えば、救急処置、健康診断等の職務に関わる役割（職務役割）と学校保健活動の中核的役割、コーディネーターの役割など職務推進に関わる機能的な役割（機能役割）との両面から捉えられる用語である。

○先の定義について各学校現場の養護教諭がより具体化するために、先の保健室経営の定義のキーワード番号でそれぞれを分析し次のように述べる。

【「保健室経営」の定義とその分析】

「保健室経営とは、各種法令①、当該学校の教育目標②等を踏まえ、児童生徒等の健康の保持増進③を図ることを目的に、養護教諭の専門性④と保健室の機能⑤を最大限に生かしつつ、教育活動の一環⑥として計画的⑦・組織的⑧に運営することである。」

①〜⑧の番号は下記の保健室経営の捉え方の番号を示す。（①〜⑧は筆者加筆）

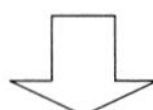

定義のキーワード番号	各キーワードの捉え方
①各種法令とは	保健室経営に関する主な法令として、○学校保健安全法、同施行規則○教育職員免許法、同施行規則、○学校教育法、同施行規則、○教育公務員特例法等を挙げる。
②当該学校の教育目標等を受けるとは	当該学校とは、学校教育法で法令上規定されている学校であり、それぞれの学校で設定された教育目標を指す。 保健室経営は各学校の学校教育目標を受け、養護教諭の専門性と保健室での活動を展開し、学年・学級経営と共に学校経営の一翼を担う。
③児童生徒の健康の保持増進を図るとは	養護教諭の職務は「養護をつかさどる」であり（学校教育法第 37 条第 12 項）この解釈は「児童生徒の健康を保持増進するすべての活動」（昭和 47 年保健体育審議会答申）とされた。これを受け「健康の保持増進を図る」とは、養護教諭が保健室経営の中心的な役割を担うものとなる。
④養護教諭の専門性を生かすとは	養護教諭は学校教育法に規定された教育職員であり、その資質は教育職員免許法施行規則「養護に関する専門科目」において担保されている。特に看護学的技法や解剖学・生理学、精神保健などの医学的知識技能を有しており、他の教員にはない養護教諭独自の資質能力ともいえる。とりわけ、養護教諭になるための必修科目である「健康相談活動の理論及び方法」は養護教諭の専門を担保する唯一の専門科目といえる。
⑤保健室の機能を生かすとは	保健室は学校保健活動のセンター的役割を担うとされ、「存在としての保健室はもとより学校保健活動を推進するための機能する保健室」となる必要がある。場としての機能とは①健康診断、②健康相談、③健康観察、④保健指導、⑤救急処置（休養を含む）⑥発育測定、⑦保健情報センター（日本学校保健会）が挙げられこれらの機能を生かすことが求められる。
⑥教育活動の一環としてとは	保健室で行われる活動は、教育目標を受け学校で行われる教育活動である。養護教諭は子供たちの成長発達を願い、児童生徒の健康の保持増進を担う教育職員でありその運営の中心となる。
⑦計画的に運営するとは	保健室経営は、思いつきで行われるものではない。前年度の評価・反省を踏まえ、計画を立案し、実施・運営する。年度末に計画がどれだけ達成されたかを評価する。保健室経営はこのような過程を踏まえ計画的、継続的に運営する必要がある。
⑧組織的に運営するとは	保健室経営は、関係者の共通理解を得ながらチームとして協力体制を図る。その活動の効果を上げるため関係する組織の機能が発揮できるように動かす。

（「改訂　保健室経営マニュアル」を参考に筆者作成）

○平成 20 年 1 月中央教育審議会「子どもの心身の健康を守り、安全・安心を確保するために学校全体としての取組を進めるための方策について」（答申）では、学校保健に関する学校内の体制の充実「養護教諭」に「保健室」や「保健室経営計画」に関する提言はあるものの、「保健室経営」に関する記述は見当たらないが、「保健室経営計画」については以下のように述べている。

> 保健室経営計画とは、当該学校の教育目標及び学校保健の目標などを受け、その具現化を図るために、保健室の経営において達成されるべき目標を立て、計画的・組織的に運営されるべき計画である。

なお、保健室経営計画についてはQuestion 10（20p）に記述している。

（三木　とみ子）

Question 2　経営的視点から見たこれからの保健室経営とは

【Answer：押さえたいポイント】

①「経営」「学校経営」「学級経営」などの用語について理解する。
②保健室経営の「経営」と「運営」の意味を確かにする。
③これからの保健室経営の方法を確かにする。

1　教育経営的視点から見た「保健室経営」

(1)　経営に関する用語について

保健室経営は学校における教育活動であり、学校教育の目的、組織、機能等と切り離して考えることはできない。そこで「経営」「教育経営」「学校経営・学級経営」は、教育としての「保健室経営」に深く関連し、その考え方が反映される必要がある。それを踏まえた保健室経営との関連を以下のように示す。

【経営】

・**経営**とは、「力を尽くして物事を営むこと、工夫を凝らして建物などを造ること」「あれこれ世話や準備をすること」「継続的、計画的に事業を遂行すること」（広辞苑）となっている。
・教育における「経営」については、教育経営の意義として「教育経営とは、教育の目的を効果的に達成するために、多様化し多元化している現代の教育主体と教育機能を全体的に捉え、それらを統合し、関連づけるという視点に立って教育の営みを把握していこうとする概念と定義できる」

（新学校教育学大辞典）

【学校経営】

・**学校経営**（school management）とは、「各単位学校において、学校教育目的の達成を目指して教育活動を編成し展開する中で、人的・物的諸条件の整備とその組織運営にかかわる諸活動を管理して実現を図るとともに、その教育活動の持続的な改善を求めた創意的な機能と捉えられる」とした上で留意することとして次の事項をあげている。「内容系列と条件系列の側面の捉え方である。学校教育目標、学校教育計画、教育活動、学校評価等教育の内容や活動を中心としたもの」

（新学校教育学大辞典）

【学級経営】

・**学級経営**（classroom management）とは、「学校の教育目標を目指して、学級教育の総合的で意図的な計画を立案し、その効果的な運営と展開を図ることをいう」。ただし、学級経営の概念に関しては、人によってそれぞれ異なるが「学級を単位とするすべての教育活動及び学級担任としてのすべての職務を総称するもの」と捉えられるという考え方が、現在の教育状況から最もなじむものと考える。

（新学校教育学大辞典）

⇩

「保健室経営とは、各種法令、当該学校の教育目標等を踏まえ、児童生徒等の健康の保持増進を図ることを目的に、養護教諭の専門性と保健室の機能を最大限生かしつつ、教育活動の一環として計画的・組織的に運営すること」としている。

(2)　保健室経営における内容とその条件について

学校経営でいう内容系列や条件系列を保健室経営に当てはめた場合、以下のように考えられる。

	学校経営	保健室経営
内容系列	●学校教育目標、学校教育計画、教育活動、学校評価等教育の内容や活動を中心としたもの	●保健室経営目標、保健室経営計画、保健活動、保健室経営評価
条件系列	●人的条件、物的条件、財政的条件、情報環境及び組織運営等	●養護教諭その他の関係職員、学校医・学校歯科医・学校薬剤師、SC、SSW 等人的条件、保健室の施設設備、備品等物的条件 ●地域の専門家や専門機関など環境条件 ●保健医療など情報環境的条件

(3) 学校教育と保健室経営

学校における保健室経営は養護教諭が中心となって展開する。保健室経営は中央教育審議会答申で指摘しているように養護教諭の重要な役割である。すなわち教育職員である養護教諭が実践するすべての活動は教育的視点をもって展開する必要がある。

教育目標の具現化を図ることを目指して、保健室経営という教育活動を展開するためには、以下の視点を踏まえる必要がある。

- ●各学校の実態や特徴を踏まえること。
- ●各学校の教育目標の具現化を念頭に置くこと。
- ●学校全体を視野に置いた計画書の作成が必要となること。
- ●教育課程カリキュラム、各指導計画、学級経営計画、学校保健計画及び学校安全計画等と関連を持たせること。
- ●養護教諭の職務の特質を踏まえること。
- ●学校の組織、保健組織等の特質を活かした組織マネジメントの視点を押さえること。

(4) 組織マネジメントと保健室経営

学校における組織マネジメントとは「学校の有している能力・資源を開発・活用、学校に関与する人たちや教職員のニーズに適応させながら、効果的・効率的に統合し調整しながら学校教育目標を達成していく活動」である。マネジメント手法に必要な手法として以下を挙げる。

①「戦略（Strategy）」 ②「組織（Structure）」 ③「社内システム（System）」 ④「スキル（Skill）」 ⑤「人材（Staff）」 ⑥「スタイル・社風（Style）」 ⑦「価値観（Shared Value）」	⇨	学校の組織を活用した保健室経営を展開する場合は、特に重要視すべきは、⑦の「価値観」と⑤の「人材」及び①の「戦略」であろう。すなわち、確かな価値を含んだ目的を持つこと、養護教諭を中心とした専門的知識をもった人材の活用、これらを確実に活かす戦略が特に重要である。

2 これからの「保健室経営」の留意点

前述したように学校教育活動で行う保健室経営の留意点は以下の項目が考えられる。

①「経営的」視点から行うこと。

②組織としてのマネジメントの視点を押さえること。

③「心身の健康の保持増進」を担う養護教諭の専門性、教職員の特性を活かした連携及び学校内外の専門家や専門機関を活用しチームとしての展開が必要であること。

④多くの教職員や専門家の力量を十二分に発揮するための調整を図るコーディネーター役を果たす、すなわち「児童生徒の健康の保持増進」という目的（事業）を営むために最大の努力と工夫を凝らして物事に取り組み、造りあげること。そのために、継続的、計画的に準備し遂行すること。

さらに近年の教育の動向や保健室の新たな機能、学校保健安全法第７条、第８条、第９条、第10条等の規定を踏まえ、保健室経営を作成する必要がある。

【保健室経営のポイント】

①保健室は学校保健活動を展開するセンター的役割を持つことから、「存在としての保健室から機能する保健室」として広い視野にたった保健室経営の運営
②健康問題に関わる背景要因がかなり複雑化し、多面的な側面から課題を分析・検討しアプローチ
③様々な課題にタイムリーな対応をするための日常的な準備体制の確立
④活動の実践が単発的ではなく、次年度につながる活動の展開を図る
⑤現代的健康課題への対応は養護教諭の専門性を発揮しつつ多くの関係職員とチームで展開
⑥健康診断、健康相談、保健指導、救急処置において管理と指導を一体的に展開
⑦「保健室登校」の対応は、養護教諭の専門性及び保健室の機能を活かした教育的支援で自立を育む
⑧子供たちが安心して心と体の健康相談を受ける施設や設備など保健室の環境整備の工夫
⑨保健室は子供たちの「心と体の健康つくり」の場として管理と教育の一体化による対応
⑩子供たちの健康推進を通して、保健室から家庭、地域に広がるヘルスプロモーションの視点に立つ
⑪人的、自然災害など非常時における危機管理への適切な対応の視点に立った運営

＊なお、ここでいう「運営」とは、団体などの機能を発揮できるよう組織をまとめて動かすこと。「経営」とは、先に述べたとおり。

（三木　とみ子）

Question 3　保健室設置の目的及び機能とは

【Answer：押さえたいポイント】

①保健室設置の根拠や目的、施設設備を理解する。
②保健室の施設設備、備品等の規定と保健室経営について理解する。
③保健室経営に活かす保健室の機能について理解する。

1　保健室設置の根拠・目的

保健室設置についての規定は、以下の２つの法律に定められている。

(1)　学校設置基準における法律

小学校設置基準第９条、中学校設置基準第９条、高等学校設置基準第15条において、保健室は、教室、図書室、職員室とともに校舎に備える施設の一つにあげられている。ただし、幼稚園設置基準第９条では、「特別の事情があるときは職員室と保健室を兼用することができる」と規定されている。

(2)　保健室設置における法律・規定

○学校教育法施行規則第１条

「学校には、その学校の目的を実現するために必要な校地、校舎、校具、運動場、図書館又は図書室、保健室その他の設備を設けなければならない。」

○学校保健安全法第７条（平成２１年）

「学校には、健康診断、健康相談、保健指導、救急処置その他の保健に関する措置を行うため、保健室を設けるものとする。」

〈参考〉

○学校保健法（昭和３３年）雑則第１９条

「学校には、健康診断、健康相談、救急処置、等を行うため、保健室を設けるものとする。」

保健室は教育の目的を実現するために設置すべきことが学校教育法で規定されている。また学校保健安全法第７条（平成21年）では、健康診断、健康相談、保健指導、救急処置、その他の保健に関する措置を行うために保健室を置くと規定され、保健室の役割に「保健指導」が規定された。このことは養護教諭が中心となって「保健指導」を実施することが法的に規定され、大変意義深いといえる。

また、保健室設置は、昭和33年に創設された学校保健法雑則第19条において規定されていたが、50年ぶりに改正された学校保健安全法では本則の第７条に規定された。保健室が雑則から本則に規定されたことは注目すべきことである。

2　保健室経営に必要な施設・設備

(1)　学校に必要な施設整備指針

学校の施設設備については、文部科学省が学校種別に学校施設整備指針を定めている。これは、学校教育を円滑に進める上で必要な施設機能を確保するために施設計画及び設計における基本的な考え方や留意事項を示したガイドラインと考えられる。

小・中学校施設整備指針、高等学校施設整備指針、特別支援学校施設整備指針、幼稚園施設整指針についてはそれぞれの学校の特色に応じた指針を示している。詳細については、本書基本編Ｑ７（14p）及び実践編Ｑ１（42p）に示した。

(2)　これからの保健室に求められる施設・整備・備品

我が国の保健室の設置やその目的が法的にも明確に規定され、世界的に優れた制度といえる。

〈我が国の保健室設置の特徴（例）〉

○保健室の広さ	○国庫補助基準における標準面積の目安として小・中学校74平方メートル（１教室面積基準値）高等学校は84平方メートル（24学級以上では126平方メートル）
○保健室の施設・設備、備品	○施設・設備、備品等については、昭和33年体育局長通知や平成９年保健体育審議会答申などに示されている。（省略）（16p参照）
○保健室の位置	○南側に面し、通風、採光がよく、静かであること。救急処置対応の観点から１階で運動場、体育館、トイレ等に近い、緊急時等に連絡をとりやすい職員室の近い位置が望ましい。 （(財）日本学校保健会：「保健室経営検討委員会」、2004）

3　保健室の機能と保健室経営—大きく変わる保健室—

⑴　保健室経営に保健室の機能を活用

前述の保健室の構造において実践に関連するべき事項として、保健室の機能を活かす事項とその８項目を挙げる。

保健室経営に活用する視点	具体的保健室の機能
①保健室の機能を活かした保健室経営計画作成と実施	○計画企画性機能
②保健指導を効果的かつ円滑にできる資料や人材の活用	○資料・人を活用した教育的機能
③健康相談等心身の健康相談に関わる環境整備	○心と体の健康相談的機能
④救急薬品・材料の整備／保管	○救急処置活動の管理的機能
⑤健康診断及び環境衛生検査に関わる器械・器具の整備と管理	○環境衛生活動の管理的機能
⑥保健室の施設、設備の整備	○施設・設備・備品の管理的機能
⑦来室記録、健康観察の観点や結果の活用方法等の作成	○来室記録、健康観察等診断的機能
⑧保健に関する諸表簿の整備及び諸情報の整備・保管	○資料の整理などの管理的機能

⑵　存在としての保健室から機能する保健室へ

中央教育審議会答申（平成21年）養護教諭に関わる提言、保健室経営の充実において「子供の健康つくりを効果的に推進するためには、学校保健活動のセンター的役割を果たしている保健室経営を図ることが求められる。そのためには養護教諭は保健室経営計画を立て教職員に周知し連携することが望まれる」と記述され、「健康診断、救急処置等従来からの存在としての保健室から人材の活用、情報の発信等機能する保健室」に期待されているといえよう。

⑶　個々の実践の効果を高める調整的機能

保健室を舞台として展開する実践は、養護教諭の職務の特質や保健室の機能を活かし、その成果につなぐ必要がある。そのためには、保健室の教育的機能、管理的機能、相談的機能などを相互に活用するための調整的な役割を果たす必要がある。

⑷　教育的機能（保健指導）と管理的機能の一体化

50年ぶりに改正された学校保健安全法（平成21年）第７条保健室設置の目的に保健指導が明記された。また、同法第９条保健指導は養護教諭が中心となり他の教職員と連携して保健指導をすることが明記された。このことは管理法である学校保健安全法に保健室で行われる保健指導等教育指導の側面が規定され大変意義があり、健康管理や健康相談等管理的機能と深く関連させる必要がある。

⑸　相談的機能のさらなる充実

学校保健安全法第８条の健康相談は保健室設置の目的にも規定され、健康相談は養護教諭始め、担任教諭、学校医、学校歯科医、学校薬剤師等が行うこととなっている。改正前（従来の学校保健法第11条）の健康相談は学校医及び学校歯科医が実施することとなっていた。改正された学校保健安全法ではすべての教職員が心身の健康相談を行うこととなった。これを踏まえ、相談活動はそれぞれの職務の専門性を十分に活かし、子供たちの心身の相談的機能をますます充実することが求められる。

⑹　管理的機能は保健室経営の基盤

保健室は、先に記したように救急処置活動、施設設備、環境衛生活動、施設・設備・備品の管理、資料の整理と保管などの管理的機能を担っている。これは、保健指導等の教育的機能及び健康診断等の診断的機能、健康相談等の相談的機能の基盤であり、この機能が充実してこそ他の機能が円滑に展開することを念頭において保健室経営を推進する必要がある。

⑺　健康に関する情報収集と発信の機能

保健室には児童生徒の健康に関する情報が多く存在している。また、健康に関する専門書、教育委員会等から発出された公文書等など多くの情報が存在する。これらの資料等は保健室の戸棚に保管していただけなら「宝のもちぐされ」となってしまう。保健室に備えてある諸情報や関連資料は学級における指導や特別活動の指導資料、学校保健委員会などの企画、保健だより等の企画はもとより保護者や地域の保健活動への情報発信として活用できることを認識する必要がある。

⑻　保健室経営計画に活用する診断的機能

保健室は健康診断、保健調査、環境衛生結果等のデータはもとより、保健指導の実際、健康診断の実施状況、学校保健委員会、児童生徒の集会活動の状況などが多く保管されている。これらの資料は保健室経営計画はもとより学校保健計画の基礎データとして活用できる。このように保健室は、保健室経営や学校保健活動の経営に活かす診断的機能として重要な役割を担っている。

（三木　とみ子）

Question 4　保健室経営の構造は

【Answer：押さえたいポイント】

①保健室経営を形作っている全体像と構成要素は何かを理解する。
②学校保健活動との関連を理解する。
③養護教諭の職務と保健室の機能との関連を構造的に理解する。
④押さえたい事項、盛り込むべき事項、実践に関連したい事項について理解する。

【なぜ、「構造的」に理解する必要があるのか】

(1)　全体的に捉える。
　保健室経営は、学校教育活動の一環として展開することが構造図によってひと目でわかる（次ページ）。

(2)　つながりを把握する。
　保健室経営における各実践は単独で展開するわけではなく、養護教諭の職務の専門性や保健室の機能を最大限に活かすことでその成果があがる。

(3)　保健室経営を構造的な視点から考えられる具体的キーワードを理解する。
　保健室経営を形作っているキーワードを保健室経営の全体と部分とで明確にする。

①基本的用語「保健室経営の定義」
②押さえておきたい事項：学校教育目標、各種法的根拠、学校保健活動（目標・学校保健計画・関連法規）等
③保健室経営計画に盛り込む事項：「子供の健康実態」「実践（取組）の状況」「計画・実践・評価・改善のサイクル」
④実践に関連する事項：養護教諭の職務役割、養護機能、保健室の機能、養護教諭の機能役割
⑤経営的視点に立って行う保健室経営

キーワード		保健室経営構造の視点と解釈	参照頁
基本用語	○保健室経営	○保健室経営の定義 　保健室経営を構造的に把握する場合はもとより各実践する場合において基本となるのはこの用語の定義であり常に念頭に置く必要がある。	2p
押さえる事項	○学校教育目標	○学校の教育活動として運営する「保健室経営」は当該学校の教育目標の具現化を目指すことを念頭に置く必要がある。	3p
	○各種法的根拠	○保健室経営は養護教諭の職務内容であり、学校保健活動と深く関連している。したがって、以下のような根拠法を確かにする必要がある。 ・学校教育法第37条第12項　養護教諭は「養護をつかさどる」・学校保健安全法第5条（学校保健計画）・学校教育法施行規則第1条　保健室を設ける・学校保健安全法第7条　保健室設置の目的	3p
	○中教審答申	○養護教諭関係職員のコーディネーターの役割 ○保健室は学校保健活動のセンター的役割	151p 12p
	○学校保健活動との関連	○学校保健計画の内容との関連を押さえる。 ・学校保健計画に盛り込んでいる健康相談、環境衛生、保健指導等と保健室経営計画と効果的につながるように配慮する。 ・保健管理の内容、個別の保健指導、組織活動である学校保健委員会企画内容等と密接な関連を持たせる。	12p
盛り込むべき事項	○子供の健康実態	○子供の心身の健康問題を把握し、その対応を保健室経営の中で解決する。そのための課題把握のための調査の実施を計画する。 ・生活習慣調査の企画と実施・学級における日常の健康観察 ・定期的な保健調査結果	3p
	○当該学校の取組状況（例）	○個別の保健指導の実施状況　○学校保健委員会の取組（学校保健活動企画） ○健康相談の計画と実施（養護教諭の職務と保健室の機能を活かした対応）　相談対応のための保健室の環境整備	5p
	○実践のサイクル	○保健室経営の展開に際して「実態の把握」、「計画」、「実践」、「評価」、「改善」のサイクルの視点を活かす。	21p
実践に関連する事項	○養護教諭の職務 ○保健室の機能	○保健室経営の定義に「・・・養護教諭の専門性を保健室の機能を最大限生かす」となっている。さらに、養護教諭の職務役割（5項目）及び養護教諭の機能役割（中核的役割、コーディネーター的役割、保健室のセンター的役割）を構造的に位置付け相互につながるようにすべきである。	5p 10p
経営的視点	○各学校の実態や特徴を踏まえること　○各学校の教育目標の具現化を念頭に置くこと　○学校全体を視野に置いた計画書の作成が必要となること　○教育課程、各指導計画、学級経営計画、学校保健計画及び学校安全計画等と関連を持たせること　○養護教諭の職務の特質を踏まえること　○学校の組織、保健組織等の特質を活かした組織マネジメントの視点を押さえること		4p

保健室経営の構造

保健室経営の定義

「保健室経営とは、各種法令、当該学校の教育目標等を踏まえ、児童生徒等の健康の保持増進を図ることを目的に、養護教諭の専門性と保健の機能を最大限生かしつつ、教育活動の一環として計画的組織的に運営すること」
（平成16年3月（財）日本学校保健会の保健室経営検討委員会報告書）

保健室経営計画

保健室経営計画とは：当該学校の教育目標及び学校保健の目標を受け、その具現化を図るために保健室において達成されるべき目標を立て、計画的・組織的に運営するために作成される計画
（中央教育審議会答申平成20年）

【押さえておくべき事項】

●学校の現状
保護者の期待
地域の期待等

教育目標

学校経営

●学校教育目標を達成するために組織体として学校の教育機能を十分かつ効果的に発揮させるための働き（経営・管理）

●学校教育法第１条　教育の目標
・学校教育法
小学校教育の目的と目標
中学校教育の目的と目標
高等学校教育の目的と目標
特別支援学校教育の目的と目標
中等教育学校教育の目的と目標
・学習指導要領

中央教育審議会答申

学校保健安全法

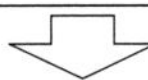

【学校保健（学校保健活動）との関連】
学校保健計画（学校保健の総合的基本計画）（統合と調整）

●学校保健安全法第５条
・健康診断等
●同法第６条・環境衛生
●同法第10条・関係者との連携

●保健教育：
・教育課程　学習指導要領
●保健管理
・学校保健安全法第８条・健康相談・同法第９条・保健指導
●保健組織活動
・学校保健委員会・職員の研修

【保健室関連法規】
●学校教育法施行規則第１条
学校には、その目的を実現するために必要な保健室を設けなければならない。
●学校保健安全法第７条
学校には、健康診断、健康相談、保健指導、救急処置その他の保健に関する措置を行うため、保健室を設けるものとする。

【盛り込むべき事項】

計画→実践→評価→改善

①児童生徒の心身の健康実態
・生活習慣調査　・健康観察集計結果　・保健室来室状況
・保健室登校の状況　・保健調査結果

②実践の状況
・個別の保健指導の状況　・健康相談の実施状況　・健康診断実施　・保健教育
・学校保健委員会　・校内研修会　・保健室の施設設備の整備点検と管理
・保健室のレイアウトの工夫　・センター的役割

③評価の観点　（項目の設定）集計分析・改善案を次年度の計画に活用

経営的視点

【実践に関連させる事項】【以下のすべてに養護の専門性を活かす】

〈養護の職務役割〉
①保健管理
救急処置
健康診断
疾病予防
②保健教育
③健康相談
④保健室経営
⑤保健組織

養護教諭の専門性

「養護」の機能
①診断的機能：専門的な立場から健康や保健に関する実態の把握分析
②管理的機能：健康問題の解決や健康の保持増進に必要な人や物及び環境を管理する機能
③教育的機能：健康の保持増進の個別又は集団を対象とした教育開発的な機能
④相談的な機能：心身の健康に関する悩みや不安、ストレス等心身の相関に関する相談助言等の機能
⑤調整的機能：①～④までの機能を円滑にするために連携を保つための調整的な機能

保健室の機能
①保健室の機能を活用した保健室経営計画作成と実施
②保健指導を効果的かつ円滑にできる資料や人材の活用
③健康相談等心身に健康相談に関わる環境整備
④救急薬品・材料の整備／保管
⑤健康診断及び環境衛生検査に関る器械・器具の整備と管理
⑥保健室の施設、設備の整備
⑦健康観察の観点や結果の活用方法等の作成と管理
⑧保健に関する諸表簿の整備及び諸情報の整備・保管

〈養護の機能役割〉
①学校保健活動の推進に当たっての中核的役割
②関係職員や関係機関とのコーディネーターの役割
③保健室は学校保健活動のセンター的役割

（三木とみ子作成、2019）

（三木　とみ子）

Question 5　保健室経営と養護教諭の「職務」との関連は

【Answer：押さえたいポイント】

①養護の機能、養護教諭の職務及び保健室経営との関連を理解する。
②養護教諭の役割（職務内容）と保健室経営との関連を押さえる。
③養護教諭の機能役割と保健室経営との関連を理解する。

これからの保健室経営は学校保健活動の目的との関連、経営的な視点、養護教諭の専門性に基づく職務・役割、保健室の機能、保健室の施設設備などを活かして運営する必要がある。ここでは、養護教諭の職務や機能及び機能的役割との関連を中心に述べる。

1　養護教諭の職務・養護の機能と保健室経営との関連

○養護をつかさどるとは何か：養護教諭の「職務」は学校教育法第37条第12項に「養護をつかさどる」と規定されている。この用語は、昭和18年に養護教諭が教育職員となった時から規定され現在まで用いられている。この「養護をつかさどる」とは、「児童生徒の健康を保持増進するすべての活動」と解釈されている。（昭和47年保健体育審議会答申）

○養護の機能とは何か：国民学校令施行規則総則（昭和16年）に「心身ヲ一体トシテ教育シ教授、訓練、養護ノ分離ヲ避クベシ」とあり、養護は学校教育において分離的な機能としてはならないことと規定している。すなわち養護は、教育そのものであり、教育問題を広く捉えるとともに、養護の専門的な知識や技能を十分に生かしつつ、他の職員とよりよく連携するなど総合的な教育機能であるという考えがこの頃にも重要視されていた。この考え方や養護訓導執務要領及び昭和47年保健体育審議会答申で示された養護教諭の役割を広く捉え、「児童生徒の健康を保持増進するすべての活動」と言える。これを踏まえ養護の機能は以下のように考えられる。

①診断的機能
専門的な立場から健康や保健に関する実態の把握や分析をし、これらを学校の教育とりわけ健康の問題として共有化するための診断的機能
②管理的機能
健康の諸問題の解決や健康の保持増進のために必要な人や物及び環境を適切に管理する機能
③教育的機能
健康の保持増進を図るための個別又は集団を対象とした学習指導など教育開発的な機能
④相談的な機能
心身の健康に関する悩みや不安、ストレス、心身の相関に関する児童生徒、保護者、教員などへの相談助言などの機能
⑤調整的機能
①～④までの機能を円滑にするために連携を保つための調整的な機能

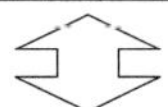

〈教育活動としての保健室経営の視点〉

●各学校の実態や特徴を踏まえること。
●各学校の教育目標の具現化を念頭に置く。
●学校全体を視野に置いた計画書の作成が必要となること。
●教育課程、各指導計画、学級経営計画、学校保健計画及び学校安全計画等と関連を持たせること。
●養護教諭の職務の特質を踏まえること。
●学校の組織、保健組織等の特質を活かした組織マネジメントの視点を押さえること。

〈保健室経営の留意点〉

●「経営的」視点から行うこと。
●組織としてのマネジメントの視点を押さえること。
●「心身の健康の保持増進」を担う養護教諭の専門性、教職員の特性を活かした連携、学校内外の専門家や専門機関を活用しチームとしての展開が必要であること。
●多くの教職員や専門家の力量を十二分に発揮するための調整を図るコーディネーター役を果たすこと。

養護の機能と保健室経営との関連を以下に挙げる。

(1)　養護は児童生徒の健康を保持増進するすべての活動であり、この理念は広い視点からの保健室経営の理念と関連する。
(2)「養護」の診断的機能は、様々な健康診断などのデータ分析、管理的機能は施設設備の衛生的環境等の管理、また保健室を舞台として行われる個別の保健指導、健康相談、学校医などの各専門家との連携調整する機能等と関連する。
(3)　教育活動としての保健室経営と養護教諭との関連は教育職員として学校の教育目標をはじめ学校の組織などを押さえる。
(4)　経営的視点からの保健室経営と養護教諭との関連は、取り組みのPDCAをうまく回すという実践の視点を常に意識する点での関連性が深い。

2　養護教諭の役割（職務内容）と保健室経営との関連

下表は（財）日本学校保健会（平成26年）に示された養護教諭の職務内容である。これは先の中央教育審議会答申（平成20年）に提言された養護教諭の５項目の役割に基づき、さらに具体的な職務内容を示したものである。

養護教諭の専門領域における主な職務内容

⑴保健管理	①心身の健康管理 ●救急処置　・救急体制の整備と周知　・救急処置及び緊急時の対応 ●健康診断　・計画、実施、事後措置、評価、改善 ●個人及び集団の健康問題の把握　・健康観察（欠席、早退の把握を含む）　・保健情報の収集及び分析　・保健室利用状況の分析・評価 ●疾病の予防と管理　・感染症・食中毒の予防と発生時の対応　・疾病及び障害のある児童生徒の管理　・経過観察を必要とする児童生徒の管理
	②学校環境の管理 ●学校環境衛生　・学校環境衛生の日常的な点検への参画と実施　・学校環境衛生検査（定期検査・臨時検査）への参画　●校舎内・校舎外の安全点検　●施設設備の安全点検への参画
⑵保健教育	●個別指導（グループ指導を含む）　●特別活動における保健指導への参画・学級（ホームルーム）活動・学校行事・児童生徒会活動　●体育科、保健体育科におけるティーム・ティーチングによる保健教育への参画　●「総合的な学習の時間」における保健教育への参画　●道徳の授業への参画・児童生徒、教職員、保護者、地域住民及び関係機関等への啓発活動
⑶健康相談	①心身の健康課題への対応　・健康相談の実施・心身の健康課題の早期発見、早期対応　・支援計画の作成・実施・評価・改善　・いじめ、虐待、事件事故・災害時等における心のケア ②児童生徒の支援に当たっての関係者との連携　・教職員、保護者及び校内組織との連携　・学校医、学校歯科医、学校薬剤師等の専門家との連携　・地域の医療機関等との連携
⑷保健室経営	①保健室経営計画の作成・実施・評価・改善　②保健室での個別の保健指導の環境整備　③健康相談実施のための環境整備　④学校医・学校歯科医・学校薬剤師等専門家との連携体制整備　⑤保健室の施設・設備の管理計画と実施　⑥備品等の管理　⑦保健室来室管理と指導　⑧教職員及び保護者との連携・協力体制の整備　⑨保健室のセンター的役割の実施 ●保健指導教材の活用のセンター　●人材活用のセンター　●学校保健活動のセンター ●組織的活動を行うセンター　●保健教育・健康相談推進のセンター
⑸保健組織活動	①職員（校内）保健委員会への企画・運営への参画　②PTA保健委員会活動への参画と連携　③児童生徒保健委員会の指導　④学校保健委員会、地域学校保健委員会等の企画・運営への参画　⑤地域社会（地域の関係機関、大学等）との連携
⑹その他	①学校保健計画策定及び学校安全計画の策定への参画　②学校保健に関わる調査研究

（（財）日本学校保健会：「保健室経営計画の手引」、平成26年、筆者一部改変）

上記を踏まえ、養護教諭の職務内容と保健室経営との関連性について以下述べる。

(1)　保健管理、心身の管理の救急処置、健康診断、学校環境の管理等は保健室の場としての機能と深く関連している。

(2)　学校保健安全法第９条に規定された個別の保健指導は保健室を舞台に実施される場合が多い。

(3)　学校保健安全法第８条の健康相談は第９条の保健指導の前提として深く関連している。したがって、保健室経営計画にはこのことを念頭に置いて計画に位置づける必要がある。

(4)　健康相談は心身の健康課題の対応となっており、来室から相談対応、関係者との連携、評価まで一貫したプロセスに基づいた保健室経営を展開すべきである。

(5)　保健室経営は養護教諭の職務内容の範疇であり上表の通りである。

3　養護教諭の機能的な役割の視点（平成20年中央教育審議会答申）と保健室経営との関連

平成20年中央教育審議会答申に養護教諭の機能的役割として以下の項目を挙げている。

①学校保健活動推進の中核的役割　②関係職員のコーディネーターとしての役割　③保健室は学校保健活動のセンター的役割

保健室経営との関連では、①「学校保健活動」を推進する中心的な役割としての観点、②保健室経営は養護教諭が主体的に運営するが関係者の専門性を活用する必要性、③保健室経営を運営するために人、物、環境など最大限に活かすため調整するコーディネーターとしての役割が考えられる。

（三木　とみ子）

Question 6　学校保健活動のセンター的役割としての保健室経営とは

【Answer：押さえたいポイント】

①学校保健活動のセンター的役割とは何かがわかる。

②学校保健活動のセンター的役割を生かした保健室経営の具体がわかる。

1　なぜ、保健室は学校保健活動のセンター的役割を果たす必要があるのか

近年、学校教育を取り巻く現状は変化している。文部科学省は「コミュニティ・スクール」を提唱し、『学校と保護者や地域の皆さんがともに知恵を出し合い、学校運営に意見を反映させることで、一緒に協働しながら子供たちの豊かな成長を支え「地域とともにある学校づくり」を進める法律（地教行法第47条の6）に基づいた仕組み』をつくった。その中で養護教諭は教育職員として児童生徒の「健康の保持増進」を地域とともに推進することが今まで以上に求められる。

2　学校保健活動のセンター的役割の法的根拠

中央教育審議会答申（平成20年1月）では、学校保健関係者の役割の明確化及び学校内外の組織体制づくりの二点に焦点を当て具体的な提言がなされた。

この中で「養護教諭」に対しては8つの提言が示されている。その1つが「学校保健活動のセンター的役割」である。

> ⑧　子どもの健康づくりを効果的に推進するためには、学校保健活動のセンター的役割を果たしている保健室の経営の充実を図ることが求められる。そのためには、養護教諭は保健室経営計画を立て教職員に周知を図り連携していくことが望まれる また、養護教諭が充実した健康相談活動や救急処置などを行うための保健室の施設設備の充実が求められる。
>
> （「子どもの心身の健康を守り、安全・安心を確保するために学校全体としての取組を進めるための方策について」（答申）平成20年1月17日中央教育審議会 p10）　　（下線は筆者の加筆）

3　学校保健活動のセンター的役割とは

学校保健の内容は全教職員で役割を分担して行うものであるが、その中心（センター）となるのが、保健室である（図1）。また、学校保健活動のセンター的役割としての機能とその具体的な内容を表1に示す。

図1　学校保健の構造領域

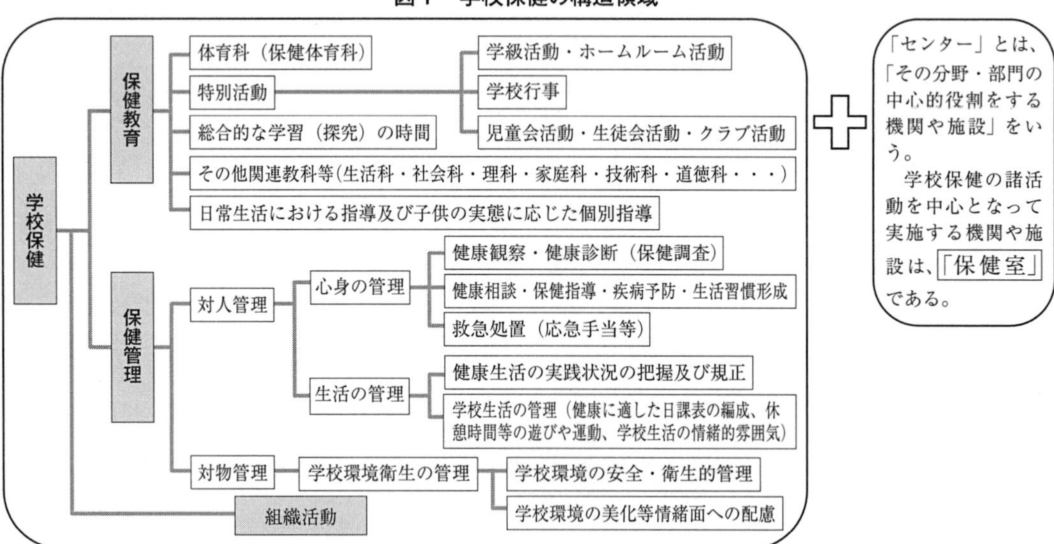

（平成31年3月文部科学省「改訂生きる力を育む小学校保健教育の手引」を参考に筆者作成）

表1　学校保健活動のセンター的役割としての機能とその具体的内容

センター的役割としての機能	具体的な内容	学校保健活動の場面
①保健情報のセンター的役割（情報収集・分析的機能）	【自校の健康情報】 健康観察、保健調査、健康診断、保健室来室状況、健康相談等から児童生徒の健康情報を収集し実態を把握するとともに分析を行うことで健康課題を明らかにする。 【社会的な健康情報】 国内外、地域の健康情報を収集し自校の現状を客観的に把握する。 【地域の医療機関の情報】 学校医、緊急時に受診可能な医療機関等の情報を把握し掲示する。	健康観察 保健調査 健康診断 健康相談 救急処置 スポーツ振興センター災害給付状況等
②保健管理のセンター的役割（施設・設備・備品・物品を管理・保管する機能）	【健康診断】 健康診断で使用する備品や物品を整備する。 【救急処置・健康相談】 保健衛生物品、AEDや担架等の救急処置物品、校外行事に持ち出す救急バッグ、けがや事故、アレルギー対応等危機管理体制の整備、休養等のための施設設備や備品の管理及び整備をする。 【学校環境衛生】 環境衛生検査を行うための備品や物品の管理、保管をする。	健康診断 健康相談 救急処置 学校環境衛生
③保健教育のセンター的役割（教材や資料を管理・保管・作成・開発する機能）	【保健教育】 保健教育（食育や安全教育も含む）を行うための教材・教具・資料等を作成、開発、整備、保管しておく。 【保健室内外の掲示教育】 月別学校保健目標をふまえた掲示物の作成、掲示。児童生徒が興味関心を示すような掲示教育の工夫。	保健教育（保健授業、関連教科、特別活動、総合的な学習の時間、道徳科等）
④児童生徒の健康に係る関係者や人材が集まる機能	【児童生徒・保護者】 いつでも保健室に来室でき、健康について相談したり学んだりすることができる雰囲気をつくる。 【教職員】 児童生徒の心身の健康情報やそれを取り巻く児童生徒情報を収集したり情報交換したりする。 【学校医・学校歯科医・学校薬剤師】 健康診断の事前連絡、学校環境衛生検査、学校保健委員会、保健教育におけるゲストティーチャーなどに指導助言をいただく。自校の保健だより等を通じて児童生徒の健康実態を知らせ、助言を得るなどして日常的に関係性を築く。 【保健センターや専門機関職員】 歯科衛生士や保健師等との連携、地域保健との情報を共有する。学校保健委員会等にも参加を依頼し地域の現状を報告してもらうなどする。 がん教育や性に関する指導、精神保健等との連携も可能。 【地域の人々】 地域安全見守り隊、放課後子供教室、学童保育指導員、地域の企業や大学など連携できる人材があることを念頭に置く。	健康観察 健康診断 保健室来室状況 健康相談 救急処置 保健教育 　保健の授業 　ゲストティーチャー 学校保健委員会 保健だより

4　学校保健活動のセンター的役割を果たすために求められる養護教諭の資質能力

養護教諭は医学的看護学的素養を有した教育職員である。その専門性を発揮しつつ、社会人として以下の3つの能力と12の能力要素（人生100年時代の社会人基礎力：経済産業省）を磨いていくことが、学校保健活動のセンター的役割を果たすためには必要である。

【前に踏み出す力】
主体性・働きかけ力
実行力

【チームで働く力】
発信力、傾聴力、柔軟性、情況把握力、
規律性、ストレスコントロール力

【考え抜く力】
課題発見力、計画力、創造力

（大沼　久美子）

<施設・設備>

Question 7　保健室経営に必要な施設・設備とは

【Answer：押さえたいポイント】
①学校施設としての保健室にかかわる規定を押さえる。
②児童生徒の実態に対応した施設・設備の考え方を確かにする。

保健室の機能を効果的に発揮し、保健室経営を推進し、また児童生徒の安全を守り、心身の健康づくりを推進していくために、保健室の施設・設備を整備することは大切である。

1　学校施設整備指針

○学校の施設設備について、文部科学省は校種別に学校施設整備指針を定めている。これは学校教育を進める上で必要な施設機能を確保するために、計画及び設計における留意事項を示したガイドラインである。学校の設置者は、学校施設の計画及び設計に当たり、安全上、保健衛生上、指導上その他の学校教育の場として適切な環境を確保するため、関係法令等の規定に基づくことはもとより、本指針の関係留意事項に十分配慮することが求められている。この指針は、学校を新築、増築、改築する場合に限らず、既存施設を改修する場合も含めた留意事項である。

○学校施設整備指針は、学校施設を取り巻く状況の変化等を踏まえ、これまでにたびたび改訂が行われてきた。最近では、高等学校と特別支援学校は平成28年3月に、小学校及び中学校は平成31年3月に改訂された。ここでは新学習指導要領、ICT、インクルーシブ教育、地域との連携等の新しい状況に対応した観点が取り入れられている。

○保健室の「平面計画」「各室計画」は、「管理関係室」のひとつとして示されている。

○小学校施設整備指針及び中学校施設整備指針
（平成31年3月22日改正　文部科学省大臣官房文教施設企画・防災部）

〈平面計画〉
⑴　静かで、良好な日照、採光、通風などの環境を確保することのできる位置に計画することが重要である。
⑵　特に屋内外の運動施設との連絡がよく、児童（生徒）の出入りに便利な位置に計画することが重要である。
⑶　救急車、レントゲン車などが容易に近接することのできる位置に計画することが重要である。
⑷　職員室との連絡及び便所等との関連に十分留意して位置を計画することが望ましい。
⑸　健康に関する情報を伝える掲示板を設定するなど、健康教育の中心となるとともに、児童（生徒）のカウンセリングの場として、児童（生徒）の日常の移動の中で目にふれやすく、立ち寄りやすい位置に計画することが望ましい。

〈各室計画〉
⑴　各種業務に柔軟に対応し、ベッドを配置する空間を適切に区画することのできる面積、形状等とすることが重要である。
⑵　屋外と直接出入りすることのできる専用の出入口を設け、その近傍に手洗い、足洗い等の設備を設置する空間を確保することも有効である。
⑶　必要に応じ養護教諭がカウンセリングを行うことのできる空間を保健室に隣接した位置又は保健室内に間仕切り等を設置して確保することも有効である。

○高等学校施設整備指針（平成28年3月25日改正）
小学校、中学校とおおむね同じであるが、各室計画⑶以降は以下の表現となっている。

⑶　必要に応じ生徒が養護教諭に自由に相談できる空間を、保健室に隣接した位置又は保健室内に間仕切りを設置する等してプライバシーに留意しつつ確保することも有効である。
⑷　健康教育に関する掲示・展示のためのスペースや委員会活動のためのスペースを、室内又は隣接した位置に確保することが望ましい。
⑸　保健室に近接した位置に便所を計画することが望ましい。

※用語のとらえ方
・「～重要である。」：学校教育を進める上で必要な施設機能を確保するために標準的に備えることが重要なもの
・「～望ましい。」：より安全に、より快適に利用できるように備えることが望ましいもの
・「～有効である。」：必要に応じて付加・考慮することが有効なもの

○**特別支援学校施設整備指針**（平成28年3月25日改正）

小学校、中学校とおおむね同じであるが、平面計画及び各室計画に以下の内容が加えられている。

〈平面計画〉

⑶に追加

【肢体不自由又は病弱に対応した施設】：病院等に併置する場合は、病院等との日常的な連携を考慮し計画することが重要である。その際、病院等との往来のための出入口部分に計画することも有効である。必要に応じ生徒が養護教諭に自由に相談できる空間を、保健室に隣接した位置又は保健室内に間仕切りを設置する等してプライバシーに留意しつつ確保することも有効である。(⑷は省略)

⑸ 処置、検査、休養等に必要な空間や、保健室に付随した相談室及び医師等の控え室を適切に構成できる規模のものを、便所等の施設と一体的に配置することが望ましい。(以下番号繰り下げ)

〈各室計画〉

⑴ 各種業務に柔軟に対応し、各種機器・器具等を適切に配置・収納し、ベッドを配置する空間又は畳敷きの空間を適切に区画できる面積、形状等とすることが重要である。また、必要に応じ、医療的ケアに対応できるよう必要な機器・器具等の設置や洗浄、点滴等が実施できる面積、形状等とすることが重要である。

⑵ 明るく落ち着いた心を和ませる雰囲気の空間とすることが重要である。

⑶～⑹は高等学校の⑵～⑸と同じ

⑺ アレルギー疾患などに対応できるよう、シャワー等の設備を設置できるように計画することも有効である。

2 保健室との位置関係

○学校施設整備指針において、次の場所は保健室との関連が示されている。

- 教育相談室（心の教室）：児童（生徒）の立ち寄りやすい位置に保健室との連携を考慮し計画することが望ましい。
- 特別支援学級関係室：職員室及び保健室との連絡、便所等との関連に十分留意して位置を計画することが重要である。
- 便所：低学年のための普通教室、特別支援学級、保健室等に近接した位置にもそれぞれ計画することが望ましい。
- 特別支援学校の普通教室：医療的配慮から、保健室から近い位置に配置することが望ましい。
- 特別支援学校は、必要に応じて、職員室や保健室等の一部又は隣接した位置に看護師のための室・空間を計画することが重要である。

3 保健室の広さ

⑴ 保健室の広さの基準

学校施設整備指針やその他の法令・規則のいずれにおいても具体的な保健室の面積は規定されていない。

保健室の広さについては、1949（昭和24）年の「中等学校保健計画実施要領（試案）」で「おおむね普通教室の広さであることが望ましい」とされた。しかし普通教室の広さについても明確な基準があるわけではない。公立学校施設費国庫負担金等に関する関係法令等の運用細目において、総面積の計算式の中に74平方メートルといった数字がみられるのみである。そしてこれはあくまで国庫補助の算出のためのもので、建築の基準として示されたものではない。

これらのことから、保健室の広さに関する基準はないが、おおむね1教室分74平方メートル程度が望ましいと考えられてきたといえる。

⑵ 保健室の広さの実態

（財）日本学校保健会「保健室利用状況に関する調査報告書」（平成14年）によると、「保健室の広さ」は小学校、中学校、高等学校いずれも1教室分の広さが最も多かった。しかし小学校36.6％、中学校32.7％では1教室より狭い保健室であった。また「今の広さでは狭い」と回答した学校が小学校54.5％、中学校54.3％、高等学校52.8％と過半数であった。これらは平成13年度の調査結果であり、以後同様の調査は行われていない。多様化する保健室利用者の傾向を考えると、様々なニーズに対応できる保健室経営のためには1教室分以上の広さ（理想的には1.5～2教室分）が必要であると考えられる。

⑶ 保健室に付随した相談室の実態

保健室には相談機能が求められる中、「保健室利用状況に関する調査報告書」（平成28年度）によると、保健室に付随した相談室があるのは小学校19.0％、中学校31.4％、高等学校47.3％、保健室内の相談コーナーがあるのは小学校37.5％、中学校44.5％、高等学校45.9％であり、5年前の調査より微増していた。今後はいっそうの充実が求められる。

（鈴木　裕子）

Question 8　保健室経営に必要な備品とは

【Answer：押さえたいポイント】

①児童生徒の実態や時代の変化に対応し備品の見直しを行う。
②学校保健のセンターとして機能するよう備品の充実を図る。
③廃棄及び購入は計画的に行う。

保健室は、学校教育法及び学校保健安全法に定められた学校教育施設の一つである。学校保健安全法第7条に規定された「健康診断」「健康相談」「保健指導」「救急処置」「その他の保健に関する措置」を行うのに必要な備品を備えることが必要である。

1　保健室の備品の基準

○保健室の備品については、昭和33年に学校保健法等の施行に伴い文部省体育局長通達として出された「学校保健法および同法施行令等の施行にともなう実施基準について」（昭和33年6月16日文体保第55号）が元になっている。そこでは「保健室には、最低別紙の備品を備えることが適当であるが、その品目、数量等については、学校の種別、規模等に応じて適宜措置するものとし、例えば、騒音計等の品目については、数校の兼用としても差し支えないものであること。」として、当時最低限必要と考えられた備品がリストアップされた。

○そのリストは、昭和61年に体育局長通知「保健室の備品等について」（昭和61年4月1日文体保第105号）により改正された。その際に示された備品は以下のとおりである。

表1　昭和61年に示された保健室の備品（文体保第105号　文部省体育局長通知）

一般設備品	健康診断・健康相談用	救急処置・疾病の予防処置用	環境衛生検査用
机・いす（救急処置用、事務用） ベッド・脱衣かご 寝具類及び寝具入れ 救急処置用寝台及び枕 長いす・ついたて 薬品戸棚・書類戸棚 器械戸棚・器械卓子 万能つぼ 洗面器及び洗面器スタンド 健康診断票格納庫 湯沸器具 ストップウォッチ 懐中電灯・温湿度計 黒板・冷蔵庫 各種保健教育資料	身長計・体重計・座高計 巻尺・遮眼器 国際標準式試視力表及び照明装置 色覚異常検査表 オージオメーター 額帯鏡・捲綿子・消息子 耳鏡・鼻鏡・舌圧子 耳鼻科用ピンセット 咽頭捲綿子 歯鏡・歯科用探針 歯科用ピンセット ツベルクリン反応測定板 聴診器・打診器 肺活量計・握力計 背筋力計・血圧計 照明灯	体温計・ピンセット ピンセット立て 剪刀・膿盆・ガーゼ缶 消毒盤 毛抜き 副木、副子 携帯用救急器具 担架 マウストゥマウス用マスク 松葉杖 救急処置用踏み台 洗眼瓶・洗眼受水器 滅菌器 汚物投入器 氷のう・氷まくら 電気あんか	アスマン通風乾湿計 カタ温度計 黒球温度計 照度計 ガス検知器 塵埃計 騒音計 黒板検査用色票 水質検査用器具 プール用水温計 プール水質検査用器具

○平成18年に義務教育諸学校施設費国庫負担法等の一部改正に伴い義務教育諸学校の施設整備費等の見直しが行われた。それにより保健室の整備に必要な費用も一般財源化され、備品の整備は地方の裁量によるものとなった。そのため、それ以降、国としての保健室備品基準の見直しは行われていない。上記の表にある備品が示された昭和61年から30年以上が経過しており、現状に合わない基準となっているのは当然である。

○現在、保健室備品に関する基準や予算措置は、学校の設置者（地方自治体の教育委員会あるいは学校法人等）によって様々である。関連する答申の趣旨や法令・規則等の改正の内容を正しく理解し、それらに対応するとともに、各学校の状況に応じて保健室の機能を十分に発揮することができるよう検討して、必要な備品の購入・整備、不要な備品の廃棄を計画的に行う必要がある。

2　審議会答申等にみる保健室の施設・設備と備品

○平成９年保健体育審議会の答申

いじめ、保健室登校等の心身の健康問題で悩む児童生徒へのカウンセリングの実施など、保健室の役割の変化に対応する観点から、保健室の機能を見直す必要がある。まず、心の健康問題を抱える児童生徒に対して、プライバシーを保持しつつ健康相談活動ができる相談室を、保健室に整備することが重要である。また、健康教育に関する資料や教材を集積し、健康情報センターとしての機能を担っていく観点から、例えば保健室にパソコンを設置して、外部の関係諸機関から先進的な医学的知識、保健問題の現況、適切な処置対応及び指導法などをタイムリーに収集し、活用できるようにすることも必要である。

○平成20年中央教育審議会の答申

（前略）養護教諭が充実した健康相談活動や救急処置などを行うための保健室の施設設備の充実が求められる。

○学校保健法等の一部を改正する法律の公布について（通知）（平成20年7月9日20文科ス第522号）

学校の設置者においては、第4条及び第26条の規定に基づき（中略）、当該学校の施設及び設備並びに管理運営体制の整備充実その他の必要な措置を講ずるよう努められたいこと。
（中略）「施設及び設備並びに管理運営体制の整備充実」としては、例えば、保健室の相談スペースの拡充や備品の充実、換気設備や照明の整備、自動体外式除細動器（AED）の設置など物的条件の整備（中略）などが考えられること

3　保健室の備品の実態

○「保健室利用状況に関する調査報告書」（平成23年度調査結果）における保健室の備品に関する調査結果によると、学校規模そして小学校・中学校・高等学校と学校段階があがるほど備品が整備されている状況にあった。
○設置状況が低いものは、肺活量計、背筋力計、握力計等の体力測定器具、塵埃計、騒音計、黒板検査用色票等の環境衛生検査器具など兼用で対応可能な器具の他、消息子、捲綿子、咽頭捲綿子、電気あんか等、時代とともにディスポーザブル製品や代替品が普及したものなどが多い。
○昭和61年の例示にないもので整備状況が高かったのは、空調設備（エアコン）、電話、コンピュータであり、保健室に備えたい備品は、シュレッダー、プリンタ、製氷機、各教室との連絡設備（インターホン）等であった。

4　これからの保健室に求められる備品

保健室が学校保健活動のセンター的機能を果たすために、今後備品としてさらに充実が必要と考えられるものを保健室の機能別に示す。

一般設備品	健康診断・発育測定	環境衛生検査用	保健情報センター
バリアフリー構造 電話（内線・外線） パソコン（インターネット接続） 保健室専用洗濯機 乾燥機 汚物洗浄機 物干し台 加湿器・空気清浄機 プリンター シュレッダー 掃除機 多言語対応の各種マニュアル 緊急通報装置・警報機 車いす対応トイレ（保健室の近くに）	体脂肪計 指示棒 ペンライト パルスオキシメータ **救急処置（休養を含む）** 折り畳み式ベッド 温水シャワー 足洗い設備 タイマー 車いす 製氷機 使い捨て手袋 携帯用救急かばん 救急用医薬品・救急箱 携帯用救急器具	ガス検知管 水質検査用器具 **健康相談・保健指導** 保健室に付随する相談室 応接セット テーブルセット 関係図書	健康教育資料・図書 視聴覚教材 ホワイトボード 各種人体模型 テレビモニター パソコン・タブレット スクリーン・プロジェクター **保健組織活動センター** 会議用テーブル・椅子

（(財) 日本学校保健会：「養護教諭の専門性と保健室の機能を生かした保健室経営の進め方」を筆者一部改変）

（鈴木　裕子）

Question 9　保健室のレイアウトの視点は

【Answer：押さえたいポイント】

①保健室経営の目標・方針を踏まえる。
②児童生徒の発達段階、学校の特色や児童生徒の実態、校舎や保健室の環境条件を踏まえる。
③学校保健活動のセンター的役割など保健室の機能を十分に果たせるようにする。
④PDCA の考え方に基づき、保健室のレイアウトの評価・改善を行う。
⑤根拠に基づいた改修や予算確保を要望していく。

1　レイアウトを考える際の基本

保健室の条件は学校によって異なる。築年数、校舎内の位置・環境（校庭に面しているか、職員室に近いか、児童生徒の通行量の多い場所か、日照や風通しはどうか、床や壁の材質は何か、隣接する相談室や収納庫があるか等）、広さや間取り（１教室分の広さがあるか、水回りの位置、収納の大きさは）などによって様々な制約がある。また固定設備（ドアや窓、水道・ガスの配管、コンセントの位置、固定家具など）や備品により配置が限定される場合もある。それぞれの事情に応じて、独自に工夫する必要がある。

○保健室は「養護教諭の部屋」ではない。レイアウトの変更は、養護教諭の趣味や好みで行うものではなく、また単なる模様替えでもない。学校教育活動の一環として、学校教育目標や児童生徒の発達段階・実態を踏まえ、保健室経営の目標を達成できるように考える。

○学校保健安全法第７条に示された保健室の目的（健康診断、健康相談、保健指導、救急処置その他の保健に関する措置を行う）を意識する。特に新たに規定された「保健指導」などの機能の充実を図る。

○教育的機能、管理的機能、学校保健活動のセンター的役割を最大限発揮できるようにする。
何よりも児童生徒が安心して利用できると同時に、養護教諭が保健室経営計画に沿って活動しやすいものにする。

○PDCA の考え方に基づき、これまでの保健室のレイアウトの評価を活かした改善を行う。

2　保健室の機能に沿ったコーナーの設置

○保健室の機能に沿って、保健室内をいくつかのコーナー（エリア）に区切り、それぞれの機能を発揮できるようにする。一般に次のようなコーナーが考えられる。

保健室の機能	保健室のコーナー（エリア）の例
保健管理事務（執務） 情報収集・情報管理 各種計画・企画、評価 健康観察・各種記録・諸表簿・資料の保管	保健事務（執務）コーナー
養護診断、救急処置活動の場 緊急対応・危機管理 衛生材料や救急処置のための物品の整備・保管	救急処置コーナー
休養、経過観察 クールダウン	休養コーナー
身長・体重測定、視力検査 その他の健康診断にかかわる機材の管理・活用	測定コーナー
心と体の健康相談 個別の保健指導	健康相談コーナー
図書・教材・資料の保管・掲示・活用 保健情報の啓発、心身の健康に関する学びの場	保健情報コーナー 学習コーナー
談話、情報交換、組織活動 児童生徒の自治活動（委員会活動など）	組織活動コーナー

○このほか、学校保健活動のセンター的役割を果たし、保健室経営計画に示した目標を実現するために、各学校の特色に応じて必要なコーナーを工夫する。
可能であれば保健室の中から行き来できる相談室や、特別支援学校等ではケアルームを保健室に隣接して設置できるようにする。

○各コーナーを衝立・カーテンや家具で仕切るか、あるいは安全を考慮し、できるだけ視界を遮らないようにするか、それぞれの利点を考慮し、児童生徒の実態に応じて工夫する。

3　レイアウトや配置の工夫

備品の配置、その他の工夫を行う際のポイントとして、以下のような視点が考えられる。

○児童生徒が利用しやすく、安心して利用できるようにする（入りやすい出入口の工夫、プライバシーが守られる衝立やパネルの配置など）。

○児童生徒の動線、養護教諭の動線を考えた配置を考える。

・動線はシンプルにわかりやすく

・児童生徒の利用頻度の高いものを出入口付近に配置する。

・外傷の処置スペース、水場、冷蔵庫を近い位置に

○児童生徒の行動できる範囲、立ち入らせない範囲を明確にする。

○養護教諭の執務机は全体を見渡せる位置に

・PC の画面の向き、資料の取り出しやすさを考慮

・複数配置の場合、常に連携・相談しやすい配置

○児童生徒の目線の高さ、心理的な効果に配慮

○健康診断等の行事の会場として使用する場合を考慮し、可動式の備品の配置を考える。

○災害など非常時に備え危険箇所がないように（物品の落下・転倒防止、非常持出し袋整備等）

○各コーナーの目的に沿って、その機能が発揮できる最善の形を考える。

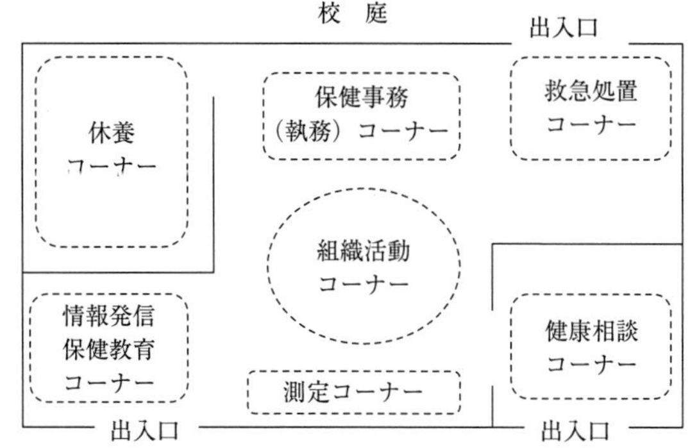

4　その他の配慮事項

○プライバシー、個人情報への配慮（戸棚や引き出しの施錠、PC のデータ管理、休養や相談）

○発達障害や様々な障害、外国につながりのある児童生徒等に配慮したユニバーサルデザイン

○アレルギー等に配慮した材質の使用（壁紙・床・塗料・備品）

○備品の大きさ、高さ、形状（ベッドや診察台の高さ、児童生徒が手に取るものの位置や見やすさ）

○保健室全体の雰囲気づくり

・清潔感のある空間（隅々まで清掃を心がける、清潔・不潔の区別、使い捨ての消耗品の活用）

・ベッドカバー・カーテン・壁・ドア・家具等の色彩

・円型や曲線のテーブルや家具、応接セット

・掲示物、植物、ぬいぐるみ、テーブルクロス、音楽、香りなどの工夫（好みが分かれるもの、アレルゲンとなるもの等に留意する）

○目的別の非常用持ち出しセットの整備

○常に整理・整頓し、障害物や無駄なものを置かない。

○書類や物品の所在がわかりやすいよう配置し、ラベルシール等でわかり易く表示

○保健室入口に養護教諭の動静を表示する。

5　PDCA を踏まえた働きかけ

○新たな備品の購入は、製品の情報を集めたうえで、計画的に購入する。
（物品だけでなく、シャワーブースの設置、パーティションパネルの設置なども考えられる）

○新築・改築などの機会がなくても、増築や改装、保健室の移動などが可能になる場合もある。制度の改正、児童生徒の実態やヘルスニーズ、施設設備の現状などをふまえ、根拠に基づいて必要性を根気よく訴えることが大切である。

○養護教諭だけでなく、組織的に、保健室経営計画の評価をふまえデータの裏付けをもって要望を出すことにより理解が得やすくなる。

○日ごろからアンテナを高くもち、情報収集を心がけてチャンスを逃さない。

（鈴木　裕子）

<計　画>

Question 10 「保健室経営計画」とは

【Answer：押さえたいポイント】
①保健室経営の基本的な考え方を理解する。
②保健室経営計画の作成の基本を理解する。

1　保健室経営計画とは

保健室経営計画とは、当該学校の教育目標及び学校保健目標などを受け、その具現化を図るために、保健室の経営において達成されるべき目標を立て、計画的・組織的に運営するために作成される計画である。

（(財）日本学校保健会：保健室経営計画作成の手引（平成26年度改訂））

保健室は、学校の教育活動を進めるうえで必要不可欠な施設であり、学校保健活動のセンター的な役割を担う場であることから、経営にあたっては次のような視点が重要である。

(1)　学校教育目標の達成に向けて、保健室はどのような役割を果たしていくか。
(2)　保健室という場を活かして、養護教諭の専門性をどのように発揮して活動するか。

養護教諭には、保健室の設置目的を理解して、地域・学校・児童生徒の実態に応じて機能していく保健室づくりとその運営が求められる。保健室内の施設・設備のレイアウト、整備する文書類や参考資料、物品や植物の置き方等細部にわたって意図的・計画的に行い、健康診断、健康相談、保健指導、救急処置その他の保健に関する措置を行うという保健室の設置目的（学校保健安全法第７条）を果たし、これらを行う場としての機能させる観点から運営をすることが重要である。

保健室経営は図１で示すように、【保健室経営計画の策定の段階（Plan)】から【保健室経営計画の実施の段階(Do)】へ、さらに【保健室経営の確認･評価の段階(Check)】、そして【保健室経営の改善の段階(Action)】という一連のプロセスによって展開される。この「計画（Plan)→実施（Do)→確認・評価（Check)→改善(Action)」のプロセスは、年間を通じた保健室経営の活動の過程であり、【保健室経営計画に基づいて実施する段階（Do)】における一つ一つの具体的な活動の過程でもある。

図１　保健室経営の基本的な流れ

各種法令、当該学校の教育目標を踏まえ、児童生徒の保持増進を図ることを目的に、養護教諭の専門性と保健室の機能を最大限生かしつつ、教育活動の一環として計画的・組織的に運営する。

（(財）日本学校保健会：養護教諭の専門性と保健室の機能を生かした保健室経営の進め方、平成16年）

教育目標及び学校保健の目標等を受け、その具現化を図るために保健室経営において達成されるべき目標を立て、計画的・組織的に運営するために計画を作成する。

（(財）日本学校保健会：保健室経営計画の手引（平成26年改訂））

◆健康診断、健康相談、保健指導、救急処置その他の保健に関する措置を行うという保健室の設置目的（学校保健安全法第７条）を果たし、これらを行う場として機能させる。

保健室経営計画の策定の段階（Plan)

保健室経営計画の作成

○各種法令、地域、各学校の実態や特色を把握する
○過年度の学校評価や保健室経営の評価を確認する
○学校の教育目標や学校保健目標を確認し、学校経営方針（重点・努力点など）や学校保健計画・学校安全計画等と関連づける
○児童生徒の心身の健康実態と保健室経営との関連を明確にする

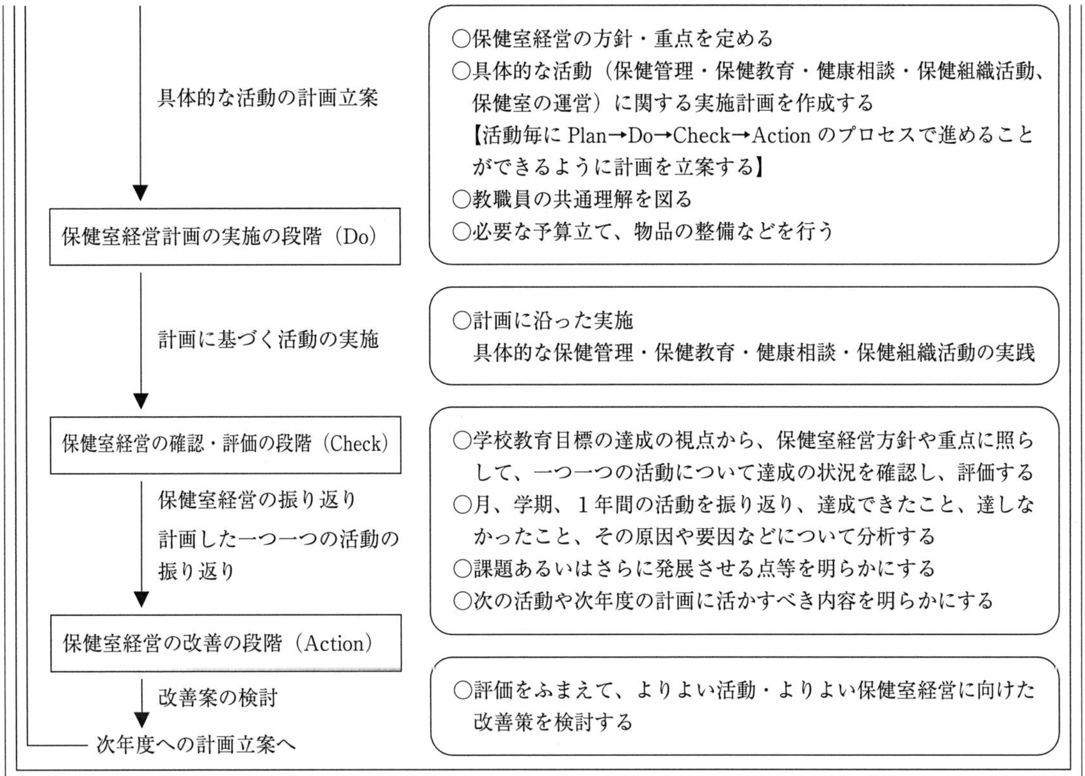

具体的な活動の計画立案	○保健室経営の方針・重点を定める ○具体的な活動（保健管理・保健教育・健康相談・保健組織活動、保健室の運営）に関する実施計画を作成する 【活動毎に Plan→Do→Check→Action のプロセスで進めることができるように計画を立案する】 ○教職員の共通理解を図る ○必要な予算立て、物品の整備などを行う
保健室経営計画の実施の段階（Do）	
計画に基づく活動の実施	○計画に沿った実施 具体的な保健管理・保健教育・健康相談・保健組織活動の実践
保健室経営の確認・評価の段階（Check）	
保健室経営の振り返り 計画した一つ一つの活動の振り返り	○学校教育目標の達成の視点から、保健室経営方針や重点に照らして、一つ一つの活動について達成の状況を確認し、評価する ○月、学期、１年間の活動を振り返り、達成できたこと、達しなかったこと、その原因や要因などについて分析する ○課題あるいはさらに発展させる点等を明らかにする ○次の活動や次年度の計画に活かすべき内容を明らかにする
保健室経営の改善の段階（Action）	
改善案の検討 次年度への計画立案へ	○評価をふまえて、よりよい活動・よりよい保健室経営に向けた改善策を検討する

２　保健室経営計画作成の基本

◆計画（Plan）の段階では
- 学校経営や学校保健計画と保健室経営とをどのように関連づけるかを考える
- 養護教諭が各種情報等から専門的に分析し、捉えた心身の健康実態から健康課題を的確に整理する

◆実施（Do）の段階では
- 保健室経営計画に則った具体的な実施計画（実施のための計画）を立てる
- 養護教諭の教師性、医学の知識・看護技術、心と体の両面への対応などを児童生徒等の健康課題解決のためにどのようにいかすかを考える
- 保健室の設備・備品・空間等の特性を保健室で行う活動にどのようにいかすかを考える

◆確認・評価（Check）の段階では
- 「保健室経営計画」を立案したか、作成したか、振り返る
- 「保健室経営計画」の立案・作成、実施、確認・評価、改善について検討を行ったか振り返る
- 計画した一つ一つの活動の実施状況について、「目的」「目標」「時期」「手順・準備」「役割分担」「時間配分」「内容」「方法」「成果」「課題」などについて確認し、修正が必要か、発展させていく必要があるか、スクラップして別の活動を検討するべきか・・・、等の検討をする（一つ一つの活動は、１年間まとめずに、実施した都度確認・評価しておく工夫をする）

◆改善（Action）の段階では
- 確認・評価（check）の段階で明らかにした課題を改善できるように検討する
- 改善の方法は、広い視野から具体的に検討する。次年度に向けて、資料として整理しておく

（平川　俊功）

Question 11 「保健室経営計画」の内容と様式は

【Answer：押さえたいポイント】

①保健室経営計画は、養護教諭個人のための計画ではなく、「保健室経営の定義」に基づいてその内容を学校の状況に応じて具体的に示す。

②「基本的な内容」と「具体的な資料」「実践の状況」「評価」を枠組みとする。

保健室経営計画の基本的内容

1　保健室経営計画の様式

『保健室経営計画作成の手引（平成26年度改訂）』で、学校経営の観点に立った保健室経営の在り方として、保健室経営の構造図（例）や保健室経営計画の作成手順（様式例と作成のポイント）の例を示している。しかし、保健室経営計画の様式は、特にきまりはなく、保健室経営計画を作成するにあたっては、枠組みとしてどのような項目をたてるかが重要である。

以下に、保健室経営計画の様式に盛り込むべき基本的な内容の項目と、保健室経営計画の枠組みとその記述内容、活動を進めるにあたって必要な具体的資料の例を示す。

(1)　基本的な内容

◆学校・地域等環境の状況
◆学校保健目標（ほか学校経営方針・学校経営の重点）
◆保健室経営の目標
◆保健室の経営方針
◆児童生徒の心身の健康実態と課題
◆保健室経営における重点活動（課題解決のための方法や対応など）
◆活動の進捗状況の記述（別のページに記入することもあり）
◆評価
◆改善点等

○○○○学校　　○○○年度　　保健室経営計画　　養護教諭名

学校・地域等環境の状況	学校教育目標	学校保健目標	保健室経営の目標

⇩

	児童生徒の健康実態	保健室来室状況	個別の健康相談	個別の保健指導	特に配慮する児童生徒
児童生徒の心身の健康実態・健康課題	・定期健康診断結果 ・生活習慣等の調査結果 ・スポーツテストの結果 ・健康観察の結果等	・来室者数傾向等 ・保健室登校 ・感染症の状況等	〈対象者〉 ・日常の健康観察から ・保健調査から ・保護者からの希望 ・本人からの申し出 ・慢性疾患等 ＊学校保健安全法第８条対応	〈対象者〉 ・日常的な観察により、把握した心身の状況から、健康上の問題があると認める児童生徒等 ・健康相談とのつながり ・保護者への助言 ＊学校保健安全法第９条対応	〈対象者〉 ・保健調査の結果 ・学校生活管理指導表 ・生徒指導との関連 ・特別な支援を必要とする児童生徒 ・医療的ケア等
健康課題の解決のための活動・対応	上記「児童生徒の心身の健康実態」から把握された「健康課題」の解決のために、取り組む活動や対応の概要を記述する。				

<table>
<tr><td>評価</td><td colspan="2">評価は、記述あるいは上記枠内に「よくできた◎」「概ねできた○」「課題が残った△」等の記号を記述する方法もある。</td></tr>
</table>

<table>
<tr><th colspan="3">活動実施計画</th></tr>
<tr><td>・学校保健委員会（　）回
開催時期
・健康相談（　）回
・保健指導（　）回</td><td>・環境衛生活動（定期検査等）（　）回
・職員保健委員会（　）回
・PTA 保健部会（　）回</td><td>・児童生徒保健委員会（　）回
開催時期</td></tr>
</table>

児童生徒の健康課題解決のための活動

<table>
<tr><td rowspan="4">保健室運営の工夫</td><td>センターとしての保健室</td><td>〈記述内容〉
・児童生徒の健康の情報の収集と分析・処理に関すること及びその情報の発信に関すること
・学校保健安全法第７条に規定されている保健室の設置目的に「保健指導」があることを踏まえ、保健指導に関わる教材や資料の作成と保管に関すること
・学校保健に関わる関係職員や地域の関係機関のリスト及び所属マップなどの作成（人材の円滑な活用）に関すること
・学校保健安全法第８条「健康相談」は、学校医、学校歯科医、学校薬剤師、養護教諭、担任教諭等すべての関係職員が対応することを踏まえ、資料や設備などの環境整備に関すること
・学校保健委員会の工夫や人材の活用、専門家の紹介などに関すること</td></tr>
<tr><td>連携・分担
チームで進める</td><td>健康面の指導だけでなく、生徒指導面でも大きな役割を担っているという観点から、現代的な健康課題を抱える児童生徒を他の教職員や専門スタッフとも連携しつつ、支援するための手順等について具体的な記述（『現代的健康課題を抱える子供たちへの支援　―養護教諭の役割を中心として―』文部科学省　参照）
・「対象者の把握」「課題の背景の把握」「支援方針 支援方法の検討と実施」「児童生徒の状況確認及び支援方針支援方法等の再検討と実施」及びこれらの点検において、養護教諭が、保護者・担任・管理職等に行うこと</td></tr>
<tr><td>ト・教材管理
保健室レイアウ</td><td>・保健室のレイアウトの観点（例：設置目的を果たす、児童生徒の動線、養護教諭の動線など）
・留意点（例:文書管理、薬品管理、備品･消耗品、衛生材料など法に基づく保管。個人情報漏えい防止の観点、プライバシーの保護の観点、環境衛生基準、スタンダードプリコーション、教材や資料の保管の工夫など）
・レイアウト図</td></tr>
<tr><td>その他</td><td></td></tr>
<tr><td colspan="2">改善策
まとめ</td><td>「改善策」は、新たな「計画」となる。</td></tr>
<tr><td colspan="3">保健室経営計画作成・保健室運営後のまとめ等</td></tr>
</table>

⑵　具体的な資料例

保健室経営計画の様式に盛り込むべき基本的内容と項目を前述⑴によって示したが、これらを進めていくために種々の補足資料を用いる。この種々の補足資料は、適宜教職員や保護者に提示したり、加工して活用したり、整理して保健室に保管したりする。その時期や方法は学校によって、また活動によって異なる。

◆保健室の利用のきまり及び利用のしかた
◆校内救急連絡体制
　・傷病発生時における救急連絡体制
　・養護教諭在・不在時の救急連絡体制
◆心身の健康管理上、特に配慮の必要な児童生徒の情報（一覧表・個別ファイル等）
◆保健室における諸帳簿及び文書の管理
◆保健室の設備・備品の管理状況（台帳、非常持ち出し等）
◆保健室における薬品の管理状況
◆児童生徒保健委員会活動に関する事項
◆学校保健委員会に関する事項
◆医療機関、相談機関等に関する情報
◆地域の関係機関等に関する情報
◆その他

・（財）日本学校保健会：「保健室経営計画作成の手引（平成 26 年度改訂）」、平成 27 年

（平川　俊功）

様式例

○○○○学校　　　　　　○○○年度　　保健室経営計画　　養護教諭名

学校・地域等環境の状況	学校教育目標	学校保健目標	保健室経営の目標

⇩

	児童生徒の健康実態	保健室来室状況	個別の健康相談	個別の保健指導	特に配慮する児童生徒
児童生徒の心身の健康実態・健康課題					
健康課題の解決のための活動・対応					
評価	到達度　３達成できた（よくできた）　２ほぼ達成できた（ほぼできた） １あまり達成できていない（あまりできなかった）　０達成していない（まったくできなかった）				
	【自己評価】 達成度　３・２・１・０ １・０の理由、改善の方向 【他者評価】 達成度　３・２・１・０ 意見・助言等 〈教職員から〉 〈保健部から〉 〈学校医等から〉 〈保護者から〉	【自己評価】 達成度　３・２・１・０ １・０の理由、改善の方向 【他者評価】 達成度　３・２・１・０ 意見・助言等 〈教職員から〉 〈保健部から〉 〈学校医等から〉 〈保護者から〉	【自己評価】 達成度　３・２・１・０ １・０の理由、改善の方向 【他者評価】 達成度　３・２・１・０ 意見・助言等 〈教職員から〉 〈保健部から〉 〈学校医等から〉 〈保護者から〉	【自己評価】 達成度　３・２・１・０ １・０の理由、改善の方向 【他者評価】 達成度　３・２・１・０ 意見・助言等 〈教職員から〉 〈保健部から〉 〈学校医等から〉 〈保護者から〉	【自己評価】 達成度　３・２・１・０ １・０の理由、改善の方向 【他者評価】 達成度　３・２・１・０ 意見・助言等 〈教職員から〉 〈保健部から〉 〈学校医等から〉 〈保護者から〉

<table>
<tr><th colspan="3">活動実施計画</th></tr>
<tr><td>・学校保健委員会（　　）回
開催時期
・健康相談（　　）回
・保健指導（　　）回</td><td>・環境衛生活動（定期検査等）（　　）回
・職員保健委員会（　　）回
・PTA 保健部会（　　）回</td><td>・児童生徒保健委員会（　　）回
開催時期</td></tr>
</table>

児童生徒の健康課題解決のための活動

<table>
<tr><td rowspan="4">保健室運営の工夫</td><td>センターとしての保健室</td><td></td></tr>
<tr><td>チームで進める連携・分担</td><td></td></tr>
<tr><td>保健室レイアウト・教材管理</td><td></td></tr>
<tr><td>その他</td><td></td></tr>
<tr><td colspan="2">改善策まとめ</td><td></td></tr>
<tr><td colspan="3">保健室経営計画作成・保健室運営後のまとめ等</td></tr>
</table>

（三木とみ子一部改変、2019）

・三木とみ子編集代表：「新訂　養護概説」、ぎょうせい、平成 30 年

（平川　俊功）

Question 12 「保健室経営計画」作成の手順と留意点は

【Answer：押さえたいポイント】

①保健室の設置目的と果たすべき機能を理解し、養護教諭の専門性を活かす。
②学校経営を意識し、養護教諭自ら経営の視点を持つ。
③児童生徒の実態と課題を的確に把握し、その課題解決のための重点目標、具体的な活動を検討する。
④保健室の利用のしかたを示すことやレイアウトを決めることは、保健室経営の一部であり、保健室経営の重点目標の具現化のための具体的な活動の一つとして捉える。

【保健室経営計画の作成の手順と留意点】

［点線枠］は、参考にすること　◇は、留意点

〈保健室設置の法的根拠〉
学校教育法施行規則第１条
学校保健安全法第７条

〈各種法令・答申・施策など〉
・各種審議会答申
・国・県・市・区・町・村の施策等

保健室の設置目的
果たすべき機能の確認

◇好きなものを好きなように配置したり、居心地のよさだけを考えたりするのではないことをおさえる。

学校保健活動のセンター的役割

〈保健室の設置目的〉
学校保健安全法第７条
　学校には、健康診断、健康相談、保健指導、救急処置その他の保健に関する措置を行うため、保健室を設けるものとする。

〈保健室の場としての機能〉（例）
①健康診断、発育測定を行う場
②個人及び集団の健康課題を把握する場
③健康情報センター的機能
④健康教育推進のための調査及び資料の活用・保管の場
⑤疾病や感染症の予防と管理を行う場
⑥児童生徒が委員会活動を行う場
⑦心身の健康に問題のある児童生徒等の保健指導、健康相談を行う場
⑧けがや病気などの児童生徒等の救急処置や休養の場

（(財）日本学校保健会：養護教諭の専門性と保健室の機能を生かした保健室経営の進め方、平成16年）

・前年度の学校評価
・前年度の保健室経営の評価及び改善策
・前年度の学校保健の各活動の状況
・健康診断結果
・スポーツテストの結果
・保健室利用状況
・傷病の発生状況
・健康相談の記録
・保健調査結果
・各種調査結果
・心身の健康管理において特に配慮の必要な児童生徒の情報
・提出されている学校管理指導表
・教職員や保護者からの要望
・特別な教育ニーズのある児童生徒の情報
・その他

児童生徒の心身の健康実態の把握
課題の整理・明確化

◇前年度の種々の評価、教職員や保護者、学校医等の関係者の意見を踏まえる。
・前年度に達成できていること、達成できていないことは何か？発展させることは何か？
◇「実態」を把握するために各種資料及び記録等を分析する。
◇児童生徒の心身の健康課題を明らかにする。
・本年度の児童生徒の心身の課題はなにか？
・自校が目指す児童生徒像に対して、心身の健康の保持増進の面で、現在「出来ていること」「出来ていないこと」はなにか？

・学習指導要領
・教育課程
・発達段階
・学校保健安全法による規定
・学校保健委員会、職員の研修等

学校教育目標及び経営方針
学校保健目標

学校教育目標や学校保健目標との関連の確認

◇自校では、どのような学校目標を掲げ、どのような経営方針で学校経営がなされるのか。それによって、どのような児童生徒を育てようとしているか確認する。
◇学校保健ではどのような目標を設定し、心身の健康の保持増進の面からどのような児童生徒の育成を目指しているのか確認する。
◇学校保健活動では保健教育・保健管理・保健組織活動をどのように計画しているか、学校保健年間計画を確認する。
・学校保健活動推進において養護教諭はどのような役割を担っているかを確認する。

〔学校保健計画の策定等の法的根拠〕
学校保健安全法第5条

保健室経営の重点目標の設定

◇把握した児童生徒の心身の健康課題の解決に向けて、何を保健室経営の重点目標として設定するか検討する。
◇重点目標達成の視点から、自校の児童生徒の心身の健康課題解決のために、特に力を入れて取り組むべきことは何か、優先順位を検討して決める。

『生徒指導の手引（改訂版）』
生徒指導提要など

保健室経営方針を設定

◇養護教諭自身の「教育観」「健康観」、思いや願いを織り込む。
◇保健室を機能させる視点から考える。
◇生徒指導の観点にも留意する。

保健室経営計画の原案作成

◇学校教育目標、学校保健目標、保健室経営計画の関連性を持たせる。
◇保健室経営の重点目標に対して、養護教諭が行うことの具体的な活動計画を立てる。
◇前年度の保健室経営の評価、教職員・保護者・学校医等の関係者の意見を踏まえる。
◇併せて、評価・計画も作成する。
◇原案を職員保健部等の関係組織に提案し、意見を求める。

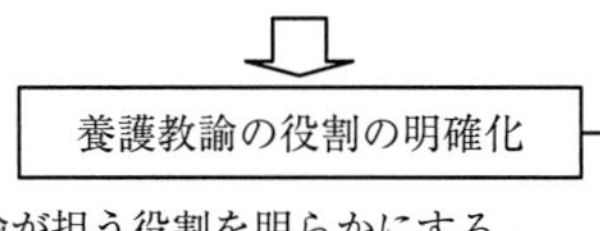

◇保健室経営を進めるうえで養護教諭が担う役割を明らかにする。
◇他の教職員との関わりや関係各組織等との関わりや分担を明らかにする。

実施計画の作成

・学年学級経営との関連
・教育課程との関連・位置づけ
・関係各組織との関連・連携
・予算措置・人的配置・時間配分

職員会議等での提案
周知・共通理解

実施

・保健室利用のきまり
・緊急時救急連絡体制
・保健室の設備・備品の点検
・各種器械、器具の整備と管理
・諸表簿、資料、文書等の整備
・掲示、レイアウトの工夫　等

評価

改善

〈養護教諭の職務〉
学校教育法第37条
「児童（生徒）の養護をつかさどる」
＊職務内容
・学校保健情報に関すること
・学校保健情報の収集・分析及び健康問題の把握に関すること
・日常の指導、関連教科、道徳、総合的な学習の時間に関すること
・救急処置及び救急体制の整備に関すること
・健康相談に関すること
・健康診断の実施と事後措置及び事後指導に関すること
・児童生徒保健委員会に関すること
・学校保健に関する計画と運営に関すること
・疾病等の管理及び指導に関すること
・伝染病予防に関すること
・保健室の運営に関すること
（平成13年度：文部科学省養護教諭中央研修会資料　一部改変）

〈現在の養護教諭の役割〉
・救急処置、健康診断、疾病予防等の保健管理
・保健教育
・健康相談（健康相談活動を含む）
・保健室経営
・保健組織活動
＊学校保健活動推進に当たっての中核的役割
・関係職員や関係機関とのコーディネーター的役割
（平成20年中央教育審議会答申）

〈生徒指導において自己指導能力の育成を図るために留意すべき事項〉
・生徒に自己存在感を与えること
・共感的人間関係を育成すること
・自己決定の場を与え自己の可能性の開発を援助すること

〈評価の観点〉
・保健室経営計画の作成に関して
・重点目標達成のための各活動に関して

・三木とみ子編集代表：「四訂　養護概説」、ぎょうせい、平成21年
・（財）日本学校保健会：「保健室経営計画作成の手引」、平成21年

（平川　俊功）

Question 13 「保健室経営計画」の周知と活用は

【Answer：押さえたいポイント】

①保健室経営計画は職員会議で提案し、全教職員に周知し共通理解を図る。

②「保健室利用のきまり」や「緊急時の救急連絡体制」など、一つ一つの活動の実施計画等の具体的かつ詳細な資料は、保健室経営計画の基本部分とは別に、職員会議や研修会等、適宜効果的な時機に提示し、活用する。

1 保健室経営計画の周知の意義と活用

(1) 養護教諭が、職務の特質と保健室の機能を活かし、教育と管理を一体的に進めていくうえで経営の視点を持つことができる。

→・養護教諭が経営的視点をもって保健室経営を進めるために活用する。

・教育活動全体と保健室経営の関連について確認しながら進めることができる。

・一つ一つの活動の学校経営及び保健室経営上の位置づけを確認し、何に向かっているのかを見失わないために活用する。

(2) 教職員や保護者、学校外の人々に保健室経営について知らせることができる。

→・養護教諭が、学校教育目標達成の視点に立って計画的に保健室経営をしていることの理解と周知を図るために活用する。

・保健室が計画的に運営されていることの理解を得るために活用する。

・学年・学級経営計画や各種教育計画・全体計画等と同時期に提示することで、保健室経営が教育活動の計画の一つとして理解されるために活用する。

・保健室がどのように機能するのか周知することに活用する。

(3) 養護教諭の職務について理解を深めることができる。

→・養護教諭が行う一つ一つの活動の目的や意義に対する理解を深めるために活用する。

(4) 保健室経営に協力を得ることができる。→協力を得るために活用する。

2 保健室経営計画の周知の時期及び方法

(1) 保健室経営計画の基本の部分

以下の基本的内容は、職員会議で提案し、校長の決裁を得る。詳細は、学年経営案や学級経営案、学校保健年間計画、各教育活動全体計画等を提出する同時期（新年度のはじめ）に提示するのが現実的である。（＊健康診断や保健調査等の結果を踏まえないと計画できない状況もある）

◆学校教育目標（ほか学校経営方針・学校経営の重点）
◆学校保健目標
◆保健室経営の重点目標
◆保健室の経営方針
◆児童生徒の心身の健康実態と課題
◆保健室経営における重点活動計画（課題解決ための方法や対応など）

・教職員への提示のしかたは、他の経営案や年間計画と同様にしていく。紙媒体あるいはパソコンを活用して校内で決めている所定のフォルダに格納して、どの教職員も閲覧できるようにするなど、各校の方法に依る。

・「保健室経営の重点目標」「保健室の経営方針」は、学校のHPや保健だよりなどで保護者にも周知する。

(2) 具体的な資料の提示と活用

保健室経営を進めるにあたり、具体的な資料や活動の実施要項は随時、時機を捉えて提示・活用する。その方法は、各学校の実態や活動計画による。これは保健室経営計画の「実施」の部分にもあたる。

〈例〉

◆保健室の利用のきまり及び利用のしかた

→年度当初の職員会議で提案、保健だより等で広報、保健室内の掲示等。保健室は「いつでも、誰でも、どんな理由でも」利用できる場所ではあるが、目的やルールがあること、必要によっては、そのルールの根拠も併せて説明することもある。

◆校内救急連絡体制

・傷病発生時における連絡体制（感染症発生時についてもあるとよい）

・養護教諭在・不在時の連絡体制

→年度当初の職員会議・長期休業の前の職員会議での提案、教室や職員室・保健室などに掲示（提示の際は、実物を見せながらわかりやすく説明）する。長期休業前の提示の場面では、保健室の利用方法が変則的になることや、養護教諭以外の教職員が傷病発生の対応にあたる場合が多いことを想定して、救急処置を行う場所や学校における救急処置の範囲、医療受診の判断基準、救急車要請の基準、医療機関への搬送方法（それに活用するタクシー利用の方法なども）、報告・連絡・相談の留意点等についてわかりやすく説明する。

◆心身の健康管理上、特に配慮の必要な児童生徒の情報（一覧表・個別ファイル等）

→一覧表は教育活動開始前、年度当初に配付する。また、年度途中で傷病の発生などにより新たに配慮を必要とする児童生徒が出てきた場合は、その都度全教職員に提示する。

一覧表は、取扱注意文書として配付。ナンバリングや㊙等の印をつけて情報漏えい等に十分注意して扱うよう周知する。個別ファイルは整備して保健室に保管し、必要に応じて関係者が閲覧できるようにする。一覧表や個別ファイルは、鍵のかかる書架や引き出しなど、児童生徒や外部者の目に触れないように保管する。

◆保健室における諸帳簿及び文書

→文書管理のきまりに従い、整理してファイリングし、必要に応じて閲覧できるようにしておく。規定に則った保存年限を確認する。保存年限が過ぎたものは適切な方法で廃棄する。ファイルは、鍵のかかる書架や引き出しなど、児童生徒や外部者の目に触れないように保管する。

◆保健室の設備・備品の管理状況（台帳、非常持ち出し等）

→台帳を作成し、必要に応じて閲覧・加筆できるようにしておく。設備・備品の修理・廃棄及び購入などの資料とする。廃棄は規定に従って行い、廃棄に必要な手続きをとる。購入は予算配分に関係し、監査の対象となることもあることに留意する。

→非常持ち出し用の物品・救急用品などを日常から点検し、養護教諭だけでなく他の教職員も非常持ち出し用の物品がどこにあるのかを周知する。

◆保健室における薬品の管理状況

→台帳を作成し、購入・廃棄について記録しておき、いつでも所有している数量や、保存有効期限等を確認できるようにしておく。

→購入、管理、使用、廃棄などについて、『学校における薬品管理マニュアル』（日本学校保健会）に従って、取り扱う。

→救急処置に必要な薬品は、日常の救急処置で使用する分量を最小限に使い勝手がよいように備える。嘔吐物処理等に使用する薬品は児童生徒が容易に持ち出すことができない場所に格納するが、教職員は必要時にすぐに持ち出すことができるように保管方法及び保管場所を考慮する。

◆児童生徒保健委員会活動に関する事項

→委員会活動は特別活動なので、学習指導要領に則り、校内の特別活動の担当の計画に沿って、担当する保健委員会をどのように運営していくかを委員会発足時に児童生徒に提示していく。

→保健委員会活動は何を目指すか、どのような活動なのかを明示し、年間・学期・月・週・毎日の活動の計画をわかりやすく示す。

◆学校保健委員会に関する事項

→学校保健委員会は、各学校の学校保健委員会規約によって運営されるが、保健室が組織活動の拠点として活動の記録や資料などを整備し、必要に応じて閲覧できるようしていることを学校保健委員会発足時に提示する。

◆医療機関、相談機関等に関する情報

→医療機関については、診療科・診療時間・休日等を整理して一覧表にしたものを作成し、保健室、職員室等に掲示するなど見やすく工夫しておき、そのことを職員会議で「救急連絡体制」を提案する際に提示する。

→相談機関は、教育相談主任や特別支援コーディネーター等と情報交換しながら、資料を整備しておき、必要に応じて活用することを各種校内委員会等で示す。

◆地域の関係機関等に関する情報

→関係する地域の機関の情報を積極的に収集し、整備しておき、必要に応じて活用する。

（平川　俊功）

Question 14 「保健室経営計画」の進め方は

【Answer：押さえたいポイント】

①保健室は、養護教諭の好みや得手・不得手を優先して経営するものではないこと。
②「計画（Plan）」→「実施（Do）」→「評価（Check）」→「改善（Action）」のプロセスで進める。
③具体的な活動を検討し、実施時期等を決めて実行する。
④保健室経営計画に示した目標・重点・方針のもとに立案した具体的な活動を「計画（Plan）」→「実施（Do）」→「評価（Check）」→「改善（Action）」のプロセスで進める。

1 保健室経営計画を進めるプロセスの全体像

保健室の経営は行き当たりばったり、その日その日を過ごすことではない。養護教諭の好みだけで保健室のレイアウトを決めたり、得意なことだけを積極的に進めたり、不得手なことには着手しないという状況をつくってはならない。

「保健室経営計画」には、「計画（Plan）」→「実施（Do）」→「評価（Check）」→「改善（Action）」があり、その中の「実施（Do）」にあたる具体的な活動一つ一つに「計画（Plan）」→「実施（Do）」→「評価（Check）」→「改善（Action）」がある。その全体構造は以下のとおりである。

【保健室経営計画の進め方】全体像

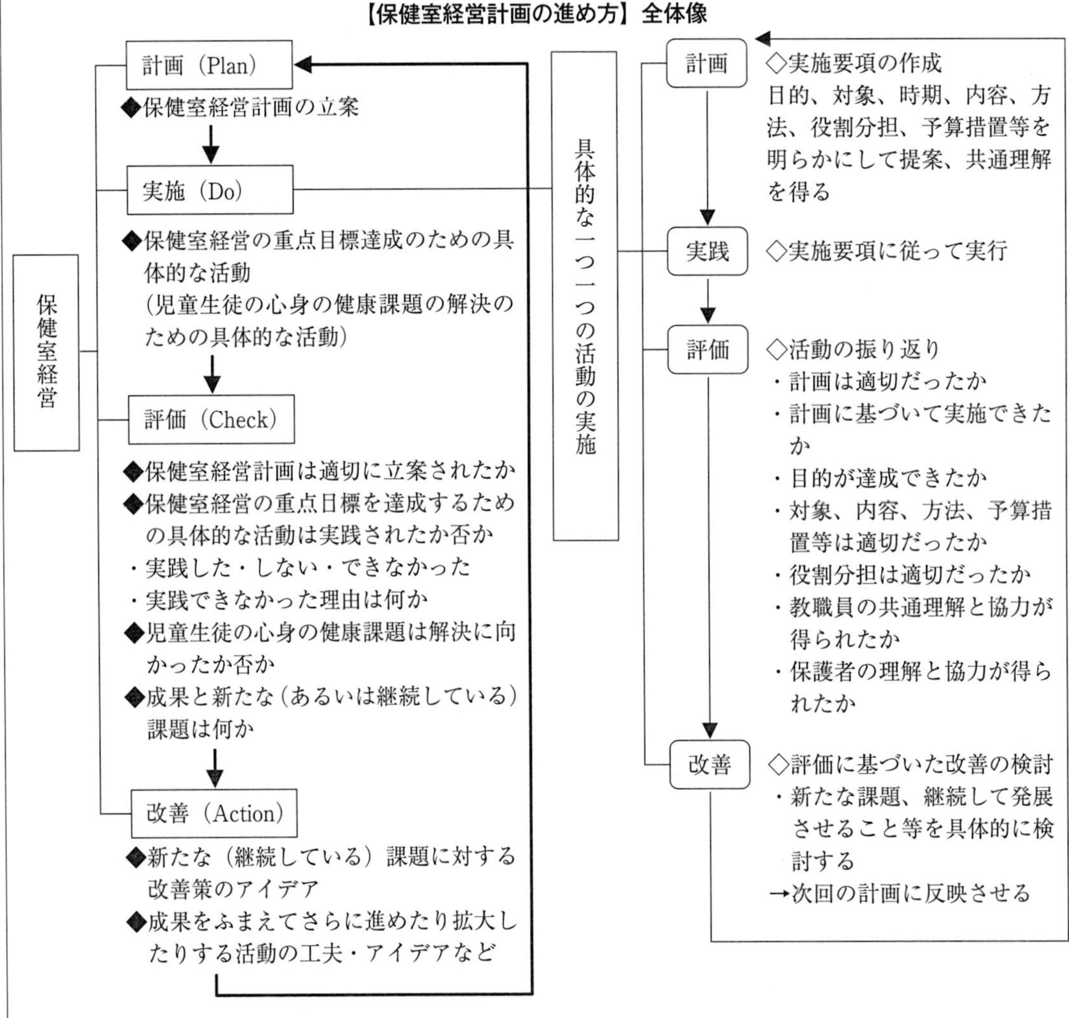

2　保健室経営計画に示した目標・重点・方針のもとに立案した具体的な活動を進める

⑴　どのように課題を把握するか（養護教諭は何をするか）

保健室経営重点目標達成に向けて、「児童生徒の心身の健康実態」、把握した「健康課題」の解決のために取り組む活動や対応を年間計画に位置付ける。それをふまえて保健室経営を進める。

〈保健室経営計画の記述の例〉

①　健康実態・健康課題の把握の方法

◆「児童生徒の心身の健康実態」

○定期健康診断の結果のまとめ（4～6月）
・身長、体重の平均算出と比較・分析
・成長曲線による分析
・要観察者、要精密検査者、要治療者のリスト作成
○保健調査票の内容確認（4～6月）
・要観察・要指導者のリストアップ
○学校管理指導表の整理（随時）
・当該児童生徒の状況と内容の照合
・主治医への確認とその内容整理
○生活習慣調査の結果のまとめ　（調査実施後速やかに）
○スポーツテストの結果の分析　（実施後速やかに）
○心身の保健管理上特に配慮を必要とする児童生徒の把握（4月当初・随時）
・リスト作成
・教職員への資料提供（周知・共通理解）

◆「保健室来室状況」

○保健室来室記録のまとめ
・救急処置記録簿の準備　（4月）
・救急処置記録のまとめ（日、週、月、学期、年度、学年別、男女別、行事ごと）
・保健室来室者の分析（週、月、学期、年間、行事ごと）
・保健室利用者まとめ（救急処置、相談、その他）（3月末）
○保健室登校の記録とまとめ分析（随時、年度末）
・該当者の有無及び支援計画及び支援の振り返り
○感染症の状況のまとめ

◆健康相談

○健康相談対象者の把握
・健康観察の集計結果からの分析
・保健調査による要相談者のリストアップ（4月、各行事実施時等）
・担任、保護者等からの相談希望の集約（随時）
・学校管理指導表の記載内容と要管理児童生徒の状況確認
・健康診断の結果のまとめからの要相談者リストアップ
・生活調査で特記事項のある児童生徒
・保健室来室状況や養護教諭の気づきによる対象者のリストアップ
・その他

◆個別の保健指導

○保健指導対象者の把握
・健康観察の集計結果からの分析
・保健調査による要指導者のリストアップ（4月、各行事実施時等）
・担任、保護者等からの相談及び指導の希望の集約（随時）
・学校管理指導表の記載内容と要管理児童生徒の状況確認（随時）
・健康診断の結果のまとめから要指導者リストアップ（4～6月、随時）
・生活調査等で特記事項のある児童生徒
・その他

（例示した左記の方法等により把握した健康課題の解決のための活動を実施しようとする時期（日・週・月・学期）を年間計画に位置付ける）

◆特に配慮する児童生徒

○定期健康診断の結果のまとめから対象者抽出（年度当初～随時）
・要観察者、要精密検査者、要治療者のリスト
・保健調査票のまとめから要観察・要指導者のリストアップ
・学校管理指導表提出者のリストアップ
○主治医の指示内容確認
○医療的ケアが必要な児童生徒とその連絡調整の内容確認等

② 保健室運営の工夫

◆センターとしての保健室

○定期健康診断の結果のまとめの整備
・身長、体重の平均算出と比較・分析
・要観察者、要精密検査者、要治療者のリスト
○心身の健康に関して要観察・要指導者・要配慮の児童生徒リスト・個別ファイルの整備
○各種調査の結果ファイルの作成と整備
○保健指導に関わる教材や資料の作成と保管
○学校保健に関わる関係職員や地域の関係機関のリスト及び所属マップの作成
○健康相談や保健指導に必要な資料・文献等の整備
○医療機関、各種相談機関等のリストの作成と整備
○学校保健委員会の会議録、資料等の整備
○児童生徒保健委員会活動に関係する記録・資料、活動に必要な物品の整備

（左記について具体的な実施時期などを示す）

◆チームで進める連携・分担

○対象者の把握
・体制整備　・気づく、報告、対応
○課題の背景の把握
・情報収集分析　・校内委員会におけるアセスメント
○支援方針・支援方法の検討と実施
・支援方針、支援方法の検討　・支援方法、支援の実施
○児童生徒の状況確認及び支援方針・支援方法等の再検討と実施
・児童生徒の状況確認及び支援方法等の再検討と実施

（ケースによって養護教諭が、管理職・担任、保護者等に行うことを確認する）

◆保健室のレイアウト・教材

＊基本編 「Question 12 「保健室経営計画」作成の手順と留意点は」参照

○救急処置・休養、相談・指導、委員会活動、養護教諭の執務スペース等各コーナーの整備
・必要物品、器械・器具、衛生材料等補充、購入のための予算措置、計量検査受検、破損等の点検
○教材・教具、掲示物の作成・保管
・関連教科の授業に関わる教材の作成及び保管
・掲示物の作成及び保管

＊利用のきまりの周知
＊非常持出物品の周知

（実施する時期、保管・活用の方法を決める）

⑵ 具体的な活動

一つ一つの活動を実際に進めていくときには、学校の実態に応じてその都度、実施する日時、対象、教育課程上の位置づけ、方法、内容、担当（分担）などを明記した実施要項を作成して共通理解を図り、協力を得ながら進める。

〈例〉

◆健康相談の実施

①職員会議での提案資料

健康相談実施計画

○○○学校　保健室

1　法的根拠:学校保健安全法第８条

2　担 当 者:養護教諭その他の職員

3　目的:児童生徒が心身の健康に関する問題について、児童生徒や保護者に対して、関係者が連携し相談等を通して問題の解決を図り、学校生活によりよく適応していけるように支援していくこと。

4　対象者
①健康診断の結果、継続的な観察指導を必要とする者
②保健室等での児童生徒の対応を通して健康相談の必要があると判断された者
③日常の健康観察の結果、継続的な観察指導を必要とする者(欠席・遅刻・早退の多い者、体調不良が続く者、心身の健康観察から健康相談が必要と判断される者等)
④健康相談を希望する者
⑤保護者からの依頼による者

5　年間計画
(1) 学校医(精神科)による健康相談:毎学期１回実施
(2) 学校医・学校歯科医等による健康相談:健康診断時
(3) 養護教諭による健康相談
・「学校管理指導表」提出者
・健康診断、健康観察により相談が必要と判断した場合
・宿泊行事の保健調査により必要と判断した場合
・児童生徒本人、保護者、担任等から依頼があった場合
・随時、必要と判断した場合

・活動ごとに、適宜職員会議等で提案する

・詳細の資料は学校によって、他の活動も併せて冊子で一括して配付したり、実施日近くに配付したりして周知・共通理解を図る

②健康相談の実施に際して養護教諭が行うこと

○学校医による健康相談
・日時の相談・決定
→校内教職員に周知・保健だよりで保護者へ案内
・相談場所の確保、出席者の決定
・必要な資料の準備、学校医に資料の送付
・記録と報告の準備（用紙の準備、記録者の決定、報告の方法の決定）
・実施の連絡、担任等との打ち合わせ
・実施後の報告及び環境調整への働きかけ等

＊各活動は、目標達成の視点から実施後の評価について意識する。

○養護教諭が行う健康相談
・計画的に実施する相談の準備
→日時、方法、出席者の決定
・関係資料の確認
・相談場所の整備
・記録と報告の準備（ファイル、各種会議などとの関連等）
・その他

計画的に実施する相談、随時行う相談どちらも円滑に進めることができるように準備し、指導につなげる準備

・文部科学省：「教職員のための子どもの健康相談及び保健指導の手引」、平成23年

（平川　俊功）

＜評　価＞

Question 15 「保健室経営」の評価の考え方と実施者は

【Answer：押さえたいポイント】

①保健室経営の評価は、学校評価につなげ、学校経営に反映させていくものである。
②評価は、「自己評価」と「他者評価」の両方でとらえる。
③学校保健活動の評価と保健室経営の評価は別に行う。
④「保健室経営計画の作成・周知・活用」と「保健室経営の重点目標達成の視点から計画した一つ一つの活動」をそれぞれ評価する。

保健室経営の評価の結果を踏まえ、養護教諭が自らその改善に取り組むことは、経営的視点に立った保健室経営のさらなる発展に寄与し、ひいては学校の教育力が高められていくことが期待できる。

1　保健室経営の評価を学校評価につなげて学校経営に反映

学校評価は、以下の３つを目的として実施される（文部科学省）。

○各学校が、自らの教育活動その他の学校運営について、目指すべき目標を設定し、その達成状況や達成に向けた取組の適切さ等について評価することにより、学校として組織的・継続的な改善を図ること。
○各学校が、自己評価及び保護者など学校関係者等による評価の実施とその結果の公表・説明により、適切に説明責任を果たすとともに、保護者、地域住民等から理解と参画を得て、学校・家庭・地域の連携協力による学校づくりを進めること。
○各学校の設置者等が、学校評価の結果に応じて、学校に対する支援や条件整備等の改善措置を講じることにより、一定水準の教育の質を保証し、その向上を図ること。

保健室は学校の中にあり、教育の場である。保健室経営は、学校教育目標及び学校保健目標をうけ、児童生徒の健康の保持増進を図るという立場から、教育活動の一環として保健室を計画的・組織的に運営する。その具体的な活動一つ一つが教育活動であって、保健室経営を進めるうえで捉えた課題は学校の課題として捉え、課題解決の成果は学校教育の成果として考える。保健室経営における課題と成果を学校評価にフィードバックして学校全体で共通理解を図ることが大切である。

保健室経営は、学校評価において、各学校の教育活動・学校教育目標達成に向けた取組の一つとして評価する事項であり、保健室経営の評価に基づく保健室経営の改善と発展は、学校の教育活動の改善と発展を図ることにつながる。

2　評価者（「自己評価」と「他者評価」）と評価の機会

⑴　評　価　者

保健室経営の評価は、まず経営の担い手である養護教諭の自己評価を行う。さらに、教職員等による他者評価を行い、その両方で捉える。

①　自己評価：養護教諭が自ら評価

保健室経営は、養護教諭の職務の一つであることから、養護教諭が責任をもって評価し、成果や課題を次年度の保健室経営に活かす必要がある。

②　他者評価：養護教諭以外の教職員や保護者による評価

他者から評価を受けることで、養護教諭個人では気づきにくい成果や課題を知ることができる。他者評価を取り入れて広い視野から多面的・客観的に分析・検討する。

〈評価者の例〉

・学級担任等の教職員
・児童生徒
・保護者
・学校（地域）保健委員会委員
・学校医、学校歯科医、学校薬剤師等

⑵　機　　会

①　学校評価の時期における実施

保健室経営計画の作成と実施、設定した重点目標の適否、重点目標に対しての達成の状況、成果と課題について、年度末に評価を行う。他者評価を行う機会としては、学校評価項目に保健室経営の評価の項目を設定して、全教職員が学校経営について評価する機会をとらえて実施することが効果的だと考えられる。（「基本編：計画Q12「保健室経営計画」作成の手順と留意点は、計画Q14「保健室経営計画」の進め方は」参照）

② 具体的な活動ごとの実施

児童生徒の健康課題解決のための活動･対応の具体的な一つ一つの活動ごとに「計画（目的、対象、時期、内容、方法、役割分担、予算措置等）」「実践（計画に基づいて実施できたか）」を振り返り、その都度成果と課題を評価しておく。それらの集積が月ごと、学期ごと、１年ごとの取り組みとして重要な参考事項となる。活動ごとの評価は、活動によっては次年度にいかすものもあれば、翌月、次の学期の同活動にいかしていくものもある。

関係分掌や係等で検討したり、改善策などを練ったりする必要のある事項については、十分検討し、次年度からの改善・実施に備える。

３ 「学校保健活動」の評価と「保健室経営」の評価

学校保健活動は、すべての教職員で推進するものであり、保健室経営は養護教諭の役割である。したがって、「学校保健活動」の評価と「保健室経営」の評価それぞれ別に行う。

また、保健室経営の評価は、養護教諭の勤務態度を評価するものではなく、健康診断・健康相談・保健指導・救急処置・発育測定・保健組織活動のセンターとして保健室が機能したか（機能させたか）、当該校の児童生徒の心身の健康課題解決のための重点目標とその目標達成のための諸活動の実施状況、保健室の経営方針に対して評価するものである。

４ 評価の方法

評価は、どの段階で、何について、誰が行うかによって評価項目を設定する必要がある。評価の方法は、記述のほか、記号、数値など評価項目や内容に即して適した方法を用いると、簡便かつ客観的になる。

〈評価の例〉

① 教職員（養護教諭を含む）の観察や体験による評価を行う。

保健室経営計画作成時に、評価項目を検討しておき、それに従って評価を行ったり、観察や体験による気づいたりしたことを言語化する。個々の教職員、学年、職員保健部などで実施する。

② 学年会や職員保健部に意見を求める。

③ 児童生徒、保護者等の意見を収集する。

・アンケートや聞き取り等の方法を通して評価を行う。

④ 学校保健委員会での意見を聴取する。

⑤ 学校評価項目に加える。

５ 評価の対象と観点の検討

評価は、「保健室経営計画」の作成に対してと、保健室経営の重点目標達成のための具体的な一つ一つの活動に対して行う。

⑴ 「保健室経営計画」の作成に対しての評価の観点

① 「保健室経営計画」を作成したか否か

② 「保健室経営計画」の内容に対する評価の観点

・健康課題の把握に関して
・学校教育目標、学校保健目標の達成に関して
・保健室経営の重点目標に関して
・保健室経営方針に関して
・保健室経営計画の原案に関して
・保健室経営計画の提案・周知・共通理解に関して

⑵ 保健室経営計画に基づく具体的な活動に対する評価

・活動毎の「計画」「実践」について

・（財）日本学校保健会：「保健室経営計画作成の手引（平成26年度改訂）」、平成27年
・http://www.mext.go.jp/b_menu/shingi/chousa/shotou/041/siryo/attach/1367488.htm
・三木とみ子編集代表：「四訂　養護概説」、ぎょうせい、平成21年

（平川　俊功）

Question 16　保健室経営の評価の内容と進め方は

【Answer：押さえたいポイント】

①評価は、計画と対応した内容とする。

②評価は、いつ、誰から、どのような方法で行うか「保健室経営計画」作成時に計画する。

③評価の方法は、記号や数値、記述などを用いて評価項目の内容に沿って適した方法を工夫する。

1　作成した「保健室経営計画」に対する評価

(1)「保健室経営計画」を作成したか否か

(2)作成した保健室経営計画案に対して

①　立案時

・各種法令、答申、各自治体の施策などを確認したか。

・保健室の設置目的は何か、場としてどのように機能するかを確認（自覚）したか。

・養護教諭の役割を確認（自覚）したか。

②　児童生徒の心身の健康実態を把握する過程

・前年度の種々の評価の結果や資料や記録を分析し、実態を的確に把握したか。

〈例〉

前年度の学校評価、前年度の保健室経営の評価及び改善策、前年度の学校保健の各活動、健康診断結果、スポーツテストの結果、保健室利用状況、傷病の発生状況、健康相談の記録、保健調査結果、各種調査結果、心身の健康管理において特に配慮が必要な児童生徒の情報、提出されている学校管理指導表、教職員や保護者からの要望、特別な教育ニーズのある児童生徒に関する資料や記録を参考にしたか。

・教職員や保護者、学校医等の関係者の意見をふまえたか。

③　児童生徒の心身の健康課題の整理・明確化の過程

・自校が目指す児童生徒像に対して、心身の健康の保持増進の面で、現在「出来ていること」「出来ていないこと」はなにかを明らかにしたか。

・本年度の児童生徒の心身の健康課題はなにか明らかにできたか。

④　学校教育目標・学校保健目標との関連の確認の過程

・自校では、どのような学校目標を掲げ、どのような学校経営方針で学校経営がなされるのか。それによって、どのような児童生徒を育てようとしているか確認したか。

・学校保健活動では、どのような目標を設定し、心身の健康の保持増進の面からどのような児童生徒の育成を目指しているのか確認したか。

・学校保健活動では保健教育・保健管理・保健組織活動をどのように計画しているか、学校保健年間計画の内容を確認したか。

・学校保健活動推進において養護教諭はどのような役割を果たしているか確認（自覚）したか。

⑤　保健室経営の重点目標設定の過程

・児童生徒の心身の健康課題の解決に向けて、何を保健室経営の重点目標として設定するか検討したか。

・重点目標達成の視点から、自校の児童生徒の心身の健康課題解決のために、特に力を入れて取り組むべきことは何か、優先順位を検討して決めたか。

⑥　保健室経営方針の設定の過程

・養護教諭自身の「教育観」「健康観」、児童生徒の成長に対する思いや願いを織り込んだか。

・保健室を機能させる観点から考えたか。

・生徒指導の観点に留意したか。（児童生徒に自己存在感を与えたか、共感的人間関係を育成したか、自己決定の場を与え自己の可能性の開発を援助することに貢献したか）

生徒指導とは、学校教育の中で児童・生徒などの日常生活について、指導・助言を行うことによって、その人格形成を助ける活動のことである。学校教育においては、学習指導・進路指導とともに重要な事項の１つである。生徒指導の方法として、児童・生徒などの一人一人に対して行う個別指導のほか、道徳の時間や学級活動・ホームルーム活動など集団で行う指導もある。校内だけでなく学校以外の場所で行う場合もある。 学校の教育目標を達成するための重要な機能の一つであり、一人一人の児童生徒の人格を尊重し、個性の伸長を図りながら、社会的資質や行動力を高めるように指導、援助するものである。

⑦　「保健室経営計画」原案作成の過程

・学校教育目標、学校保健目標と保健室経営計画との関連性を持たせたか。

・保健室経営の重点目標に対して、養護教諭が行うことを具体的にしたか。
・前年度の保健室経営の評価、教職員・保護者・学校医等の関係者の意見をふまえたか。
・評価計画も作成したか。
・原案を職員保健部等の関係組織に提案し、意見を求めたか。（ひとりよがりになっていないか）

⑧　養護教諭の役割の明確化の過程
・保健室経営を進めるうえで養護教諭が担う役割を明らかにしたか。
・他の教職員との関わりや関係各組織等との関わりや分担を明らかにしたか。

⑨　実施計画の作成の過程
・目的を明らかにしたか。
・学年学級経営との関連、教育課程との関連・位置づけ、関係各組織との関連・連携、予算措置・人的配置・時間配分等を考慮したか。

⑩　職員会議等での提案・周知・共通理解の過程
・「保健室経営計画」について職員会議等での提案・周知・共通理解を図ったか。

⑪　実施の過程
・「保健室経営計画」に基づいて各活動を実施したか。

⑫　評価の過程
・「保健室経営計画」全体及び各活動について評価（振り返り）を行ったか。

⑬　改善策検討の過程
・「保健室経営計画・作成・周知・活用」の評価を踏まえ、改善策を検討したか。

2 「保健室経営の重点目標達成の視点から計画した一つ一つの活動」に対する評価

⑴　重点目標の達成度
・設定した重点目標は適切だったか。
・重点目標はどの程度達成できたか。（何がどの程度達成し、さらに進化・発展させたいことは何か。達成できたとは言えないことは何か。どのような課題があるのか。見直すこと、改善すべき点は何か、等）

⑵　一つ一つの具体的な活動の実践
・活動の目的、実施内容及び方法、役割分担等は教職員や保護者の共通理解を得られたか。
・計画した活動を実施したか。
・活動は児童生徒の実態に即していたか。
・活動は児童生徒の発達段階に即していたか。
・活動のための予算措置や物的準備は適切だったか。
・役割分担は適切だったか。
・時期、教育課程上の位置づけ、時間配分は適切だったか。
・児童生徒は、活動に取り組むことができたか（意思決定、行動決定に結び付いたか）。
・その他

＊保健管理、保健教育、保健組織活動等において計画した一つ一つの活動について、実施するごとに「計画（目的、実施方法及び内容、役割分担、予算措置等）」「実践の状況」「課題」等を評価して記録しておく。それらの活動ごとの評価の記録の集積が次年度の保健室経営計画に活かす重要な資料となる。

3 「保健室経営計画」の活用に対する評価
・養護教諭が経営的視点を持って進めるために保健室経営計画を活用したか。

〈例〉
・教育活動全体と保健室経営について確認しながら進めるために活用したか。
・一つ一つの活動について、学校経営及び保健室経営上の位置づけを確認し、何に向かっているのかを見失わないために活用したか。
・保健室経営計画は教職員や保護者、学校外の人々に保健室経営について知らせることができたか（そのために活用したか・役立ったか）。
・養護教諭の職務について理解を深めることができたか（そのために活用したか・役立ったか）。
・保健室経営に協力を得ることができたか（そのために活用したか・役立ったか）。

4 進 め 方
⑴　「いつ、だれが」、どのような方法で評価し、それらをどのように集約するか、計画しておく。
⑵　評価基準・記述

〈例〉
「よくできた・ほぼできた・あまりできなかった・まったくできなかった」の４件法や「適切だった・実施したが課題がある・実施せず」の３件法等を用いて、評価する。「あまりできなかった」「まったくでき

評価

なかった」と評価した場合や「実施したが課題がある」「実施せず」の評価の場合は、その理由や課題の具体的内容を記述し、それを踏まえて今後に向けてどのように改善していくか、具体的な工夫やアイデア、あるいは考え方の転換等について検討し、記述しておき、次年度の計画立案に反映させる。

(3) 評価項目及び評価の例

保健室経営の評価例

【自己評価】

＊評価基準：3 できた（達成できた） 2 おおむねできた（おおむね達成できた）
1 できたが課題がある 0 できない（行わない）

保健室経営計画の評価	
1 保健室経営計画を作成したか	作成した　作成していない（作成しない理由　　）
2 保健室経営計画作成にあたって	反省・課題・改善策等
(1)各種法令や施策をふまえたか 十分ふまえた 3 ／ おおむねふまえた 2 ／ ふまえたが課題がある 1 ／ ふまえてない 0 (2)前年度の各種評価や学校医等の意見等をふまえたか 十分ふまえた 3 ／ おおむねふまえた 2 ／ ふまえたが課題がある 1 ／ ふまえてない 0 (3)児童生徒の心身の健康実態を的確に把握したか 的確に把握できた 3 ／ おおむね把握できた 2 ／ 把握したが不十分である 1 ／ 把握してない 0 (4)学校教育目標をふまえたか（関連性を持たせたか） 十分ふまえた 3 ／ おおむねふまえた 2 ／ ふまえたが課題がある 1 ／ ふまえてない 0 (5)学校保健目標をふまえたか（関連性を持たせたか） 十分ふまえた 3 ／ おおむねふまえた 2 ／ ふまえたが課題がある 1 ／ ふまえてない 0	
3 立案した保健室経営計画について	反省・課題・改善策等
(1)①保健室経営の重点目標は心身の健康課題の解決に向けて適切だったか 適切だった 3 ／ まあまあ適切だった 2 ／ あまり適切ではなかった 1 ／ 適切ではなかった 0 ②重点目標は達成できたか 達成できた 3 ／ まあまあ達成できた 2 ／ あまり達成できていない 1 ／ 達成できていない 0 (2)保健室の経営方針は保健室を機能させることに適していたか 適切だった 3 ／ まあまあ適切だった 2 ／ あまり適切ではなかった 1 ／ 適切ではなかった 0 (3)養護教諭その他の教職員の役割を明確にしたか 明確にした 3 ／ まあまあ明確にした 2 ／ あまり明確にできなかった 1 ／ できなかった 0 (4)一つ一つの活動に実施計画を作成したか 全ての活動に作成した 3 ／ 多くの活動で作成した 2 ／ 活動によって作成した 1 ／ 作成しない 0 (5)保健室経営計画の周知・共通理解を図ったか 図った 3 ／ まあまあ図った 2 ／ あまり図ることができなかった 1 ／ 図らない 0 (6)立案した保健室経営計画について評価したか 自己・他者評価を行った 3 ／ 自己評価を行った 2 ／ 活動によって評価した 1 ／ 評価を行わない 0 (7)保健室経営計画の改善策を検討したか 検討した 3 ／ まあまあ検討した 2 ／ あまり検討しない 1 ／ 検討しない 0	
4 作成した保健室経営計画の実施について	反省・課題・改善策等
(1)計画に基づいて遂行できたか できた 3 ／ ほぼできた 2 ／ あまりできなかった 1 ／ できなかった 0 (2)目標は達成できたか できた 3 ／ ほぼできた 2 ／ あまりできなかった 1 ／ できなかった 0 (3)教職員の共通理解と協力が得られたか できた 3 ／ ほぼできた 2 ／ あまりできなかった 1 ／ できなかった 0 (4)学校医等の理解と協力を得られたか 得られた 3 ／ まあまあ得られた 2 ／ あまり得られなかった 1 ／ 得られなかった 0 (5)教育活動全体と保健室経営について確認しながら進めたか 進めた 3 ／ まあまあ進めた 2 ／ あまりそうしなかった 1 ／ そうしなかった 0	

○○○年度　保健室経営計画　養護教諭名

学校・地域等環境の状況	学校教育目標	学校保健目標	保健室経営の目標

児童生徒の心身の健康実態・健康課題	児童生徒の健康実態	保健室来室状況	個別の健康相談	個別の保健指導	特に配慮する児童生徒
	・定期健康診断結果 ・生活習慣等の調査結果 ・スポーツテストの結果 ・健康観察の結果等	・来室者数と課題 ・保健室登校 ・感染症の状況	〈対象者〉 ・日常の健康観察や健康診断の結果から ・保健調査から ・保護者からの訴え ・本人からの申し出 ・慢性疾患など ＊学校保健安全法 第８条対応	〈対象者〉 ・日常的な観察により、把握した心身の状況から、健康上の問題があると認める児童生徒 ・健康相談とのつながり ・保護者のへの助言 ＊学校保健安全法 第９条対応	〈対象者〉 ・保健調査の結果 ・学校生活管理指導表 ・生徒指導との関連 ・特別な支援を必要とする児童生徒 ・医療的ケア　等
健康課題の解決のための活動・対応	上記「児童生徒の心身の健康実態」から把握された「健康課題」の解決のために、取り組む活動や対応の概要を記述する。 評価は、記述あるいは上記枠内に「よくできた◎」「概ねできた○」「課題が残った△」の記号を記述する方法もある。				
評価	到達度　３達成できた（よくできた）　２ほぼ達成できた（ほぼできた） １あまり達成できていない（あまりできなかった）　０達成していない（まったくできなかった）				
	【自己評価】 達成度　３・２・１・０ １・０の理由、改善の方向 【他者評価】 達成度　３・２・１・０ 意見・助言等 〈教職員から〉 〈保健部から〉 〈学校医等から〉 〈保護者から〉	【自己評価】 達成度　３・２・１・０ １・０の理由、改善の方向 【他者評価】 達成度　３・２・１・０ 意見・助言等 〈教職員から〉 〈保健部から〉 〈学校医等から〉 〈保護者から〉	【自己評価】 達成度　３・２・１・０ １・０の理由、改善の方向 【他者評価】 達成度　３・２・１・０ 意見・助言等 〈教職員から〉 〈保健部から〉 〈学校医等から〉 〈保護者から〉	【自己評価】 達成度　３・２・１・０ １・０の理由、改善の方向 【他者評価】 達成度　３・２・１・０ 意見・助言等 〈教職員から〉 〈保健部から〉 〈学校医等から〉 〈保護者から〉	【自己評価】 達成度　３・２・１・０ １・０の理由、改善の方向 【他者評価】 達成度　３・２・１・０ 意見・助言等 〈教職員から〉 〈保健部から〉 〈学校医等から〉 〈保護者から〉

＊「基本編：Question 11 「保健室経営計画」の内容と様式は」の内容の評価欄の例の引用

具体的な活動一つ一つの評価の例

【保健室経営の重点目標】	
【具体的活動（活動名）】	
【評価】	
１　重点目標の達成度 達成できた　ほぼ達成できた　あまり達成できていない　達成できていない ３　２　１　０	反省・課題・改善策等
2(1) 活動の目的、実施内容及び方法、役割分担等は教職員や保護者の共通理解を得られたか 得られた　まあまあ得られた　あまり得られなかった　得られなかった ３　２　１　０ (2) 計画した活動を実施したか 実施した　まあまあ実施した　実施したが課題がある　実施できなかった ３　２　１　０ (3) 活動は児童生徒の実態に即していたか 即していた　まあまあ即していた　あまり即していない　即していない ３　２　１　０ (4) 活動のための予算措置や物的準備は適切だったか 適切だった　まあまあ適切だった　あまり適切ではなかった　適切ではなかった ３　２　１　０ (5) 役割分担は適切だったか 適切だった　まあまあ適切だった　あまり適切ではなかった　適切ではなかった ３　２　１　０ (6) 時期、教育課程上の位置づけ、時間配分は適切だったか 適切だった　まあまあ適切だった　あまり適切ではなかった　適切ではなかった ３　２　１　０ (7) 児童生徒は、活動に取り組むことができたか（意思決定、行動決定に結び付いたか） よくできた　まあまあできた　あまりできなかった　できなかった ３　２　１　０ (8) その他	

(4)　評価結果のフィードバック

評価結果は次年度の保健室経営計画に反映させる。

・文部省：「生徒指導の手引（改訂版）」
・文部省：「生徒指導資料集第 20 集　生活体験や人間関係を豊かなものとする生徒指導」

（平川　俊功）

【「実践編」「用語解説編」の掲載にあたって】

実践編は、保健室経営を行う上で「誰にも聞けない」「こんなこと聞いていいのかな？」「他校の養護教諭はどうしているのだろう？」といった日常の小さな疑問や悩みをＱ＆Ａ方式で解説する。現場ですぐに取り組めるよう、２～４ページに重点やポイントを詰め込んでいる。

Question の構成は、保健管理、救急処置活動、健康相談、組織体制・連携、危機管理、保健教育の６項目の見出し（49の質問）と用語解説（９の質問）である。

①保健管理について

保健管理は、保健室のレイアウトや保健室で保管する文書のファイリング項目、保健室で使用する寝具等の衛生管理、健康実態の把握方法、情報の活用方法、健康観察や健康診断の工夫など、ハード面とソフト面双方の Question を掲載している。

②救急処置活動について

救急処置活動は単なる「けがや病気の手当」だけではない。重症度緊急度を判断する場面→処置・対応→学校内、保護者等関係者への連絡→経過観察→再発防止の保健指導などのプロセスがある。これらが実際に機能する救急処置活動及びその体制について掲載している。

③健康相談について

健康相談は保健室経営の要である。なぜなら心身の観察、問題の背景の分析、解決のための支援、関係者との連携など養護教諭が中核的な役割を果たし、保健室の機能をフル活用して行うからである。複雑化多様化した喫緊の課題に対応できるよう掲載している。

④組織体制・連携について

保健室経営は、計画的・組織的に行うことが求められる。「チーム学校」としての保健室が機能するためには、「存在としての保健室」から「機能する保健室」への転換が必要である。保健室の機能が絶え間なく子供たちのために行き届くよう、異動時の円滑な引継ぎ方法、複数配置の役割分担、保健室登校への対応、保護者からの要求への応え方など、関係者や関係機関との信頼関係を重視する工夫について掲載している。

⑤危機管理について

危機管理は日常管理である。危機発生時には迅速な対応が求められるため、日常的にその準備をしておく必要がある。中でも、健康の危機管理は養護教諭の専門性が試される。慌てず焦らず対応ができるよう、そのプロセスや対応のポイントをまとめた。

⑥保健教育について

保健教育は学校教育活動全体で行われる。カリキュラム・マネジメントの視点においては教科横断的に保健教育を展開することが求められる。保健室からの情報発信は、専門性が高く子供たちの興味関心を引く内容といえる。養護教諭の専門性を発揮した掲示物や教材教具の工夫は、他の教職員や子供たちからも好評である。それらの工夫について掲載している。

「用語解説編」では保健室経営を推進するために必要な「用語」を解説した。これらの用語を正しく解釈することは、今求められている学校教育を理解することにつながる。多様化・複雑化する現代的健康課題の解決に大いに役立てていただきたい。

（大沼　久美子）

＜保健管理（保健室の施設・設備）＞

Question 1　保健室のレイアウトの工夫（小学校）

【Answer：押さえたいポイント】

①養護教諭が保健室経営の目的にそって活動しやすい（動線を考えた）レイアウトにする。
広い空間を、子供の動線、養護教諭の動線を考えながら、「○○コーナー」のように場所をある程度区切ることで多くの人が使いやすい保健室になる。

②望ましいと考える保健室と、勤務校の児童の実態に合う保健室の機能を書き出し、予算を考えながらその学校にとってベストだと思う保健室レイアウトにする。

③整理整頓をし、誰もがどこに何があるか分かりやすいようにする。段ボールや紙類はすぐに片づける。

④小学生の発達段階を考え、温かみのある色彩のカーテンや椅子・テーブル等にし、視覚的な掲示物や柔らか味のある物を配置する。

	実践の内容	☜ここがポイント！

より機能的にするために見取り図を書きコーナー決定

望ましい保健室（理想）
・子供の健康づくりを効果的に推進できる部屋
・保健室の相談スペース拡充
・機能的で清潔な家具類、水回り（流し・シャワー等）
・備品の充実
・活用できる収納棚とその棚内の統一されたファイルや仕切りで、すっきり整理整頓

【事例1】児童数300人程度の小規模校

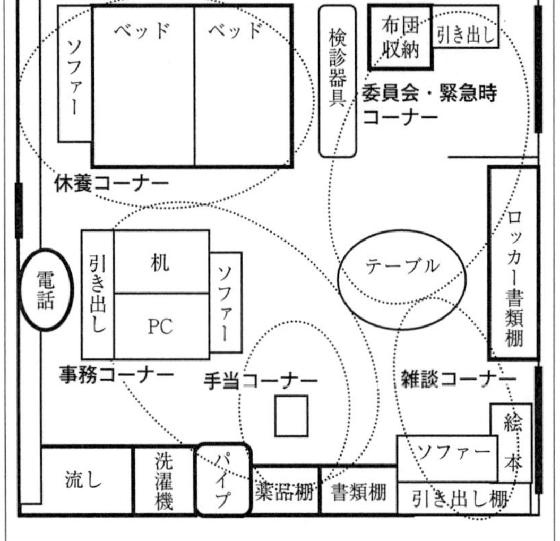

○児童の実態にあった保健室
・傷病者が安心して利用できる。
・多数在籍する「外国につながる児童」にも配慮し、すっきりと全体を見渡しやすくした。
・絵本や健康に関する本、外国の本などを活用し、児童とのコミュニケーションをとる。
・保健相談室がないので、保健室登校児童やクールダウンが必要な児童が保健室で過ごせるよう、安心できる雰囲気・場所に。
・校庭から離れており、一か所が主な出入り口となっている。入口に救急用品を置き、使いやすくする。
・委員会活動が盛んで、保健委員児童の来室が多い。委員会児童にもわかりやすく活動しやすい動線

⇩

・カーテンを他校から譲り受け、モスグリーンからクリーム色へ
・洗濯機の設置
・統一したファイル購入
・灰色の薬品棚をピンクと白の新しい棚へ
・生活科室の不要な絵本棚を譲り受けて設置
・棚を整理し、不要な棚・引き出し等を廃棄
・着替え、下着類はサイズが分かるよう表示
・引き出し、棚にあるものをラベルで表示
・委員会のものは、入り口付近に分かりやすく整理

◆4・5年目でやっと購入できた薬品棚
◆入口にあった書類棚を執務机の近くに移動。便利になった。カギをかけて保存文書類を入れた。
⇒入口周辺を、委員会・緊急時必要品コーナーとする。
◆保健室登校児童の作品を展示
◆検診等で使用できるよう部屋の中央に仕切りカーテンを付ける。

◆保健室登校児やクールダウンが必要な児童のための場所。保健相談室がないため、必要に応じ、レイアウトを変え、コーナーを作る。

◆不用品だった絵本棚を設置
◆不用品だった画用紙入れを保健教育の教材入れにした。学年や学習ごとに仕分けする。
◆引き出しにはラベルで何があるか表示
◆ぬいぐるみを置いて触れられるようにする。

不要なものを処分　誰が見てもわかる表示と整理整頓

【事例２】児童数 600 人程度の中規模校

○以前の保健室の環境

・段ボールや古い書籍・書類など、保健室には不要の物があふれていた。保健相談室なし。

◆上部には月ごとの保健目標をカラフルに掲示
◆来室時間が分かるよう、時計を移動
◆あらゆる棚の中は、必要なものを展示するように分かりやすくしておく。
◆流しには、嘔吐物消毒に必要なものを置き、養護教諭不在時も対応できるようにしておく。
◆急な嘔吐に備えて嘔吐用洗面器を分かるようにしておく。

◆委員会児童が石鹸補充などの活動がしやすいように入口に委員会コーナー

◆けがの部位にシールを貼る。
◆保健室登校児童や保健委員会の当番が使用する机・椅子

◆受診医療機関や連携機関の電話番号が分かるようにしておく。

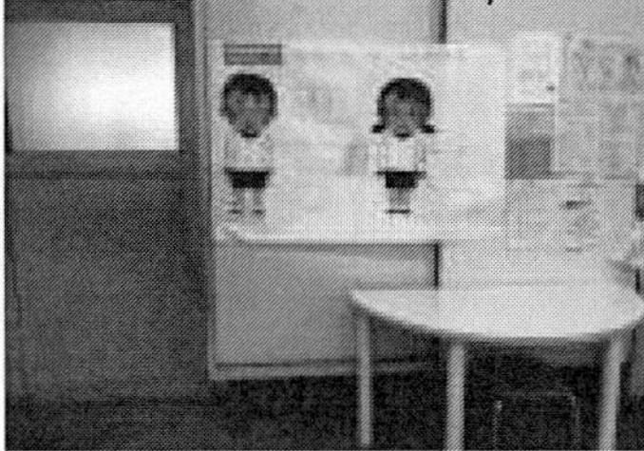

（写真は横浜市立上飯田小学校、横浜市立飯田北いちょう小学校保健室より）

（徳永　久美子）

Question 1　保健室のレイアウトの工夫（中学校）

【Answer：押さえたいポイント】

学校保健活動のセンターとして機能的な保健室をめざし、レイアウトを工夫する。

①スペース毎の目的を明確にする。

②動線を大切にする。

	実践の内容	☞ここがポイント！
①スペース毎の目的を明確にする	○中学校保健室において必要と思われる保健室の機能として、次のスペースが挙げられる。 ※〔　　〕内は必要な物品・設備 ・ベッドで休養できるスペース 〔ベッド、寝具〕 ・内科の問診や座位で休養できるスペース 〔テーブル、いす〕 ・外科の問診や救急処置を行うスペース 〔流し、処置用ワゴン、救急処置品、診察台、製氷機や冷蔵冷凍庫〕 ・健康相談のスペース 〔ソファやいす、衝立〕 ・執務スペース 〔執務机、パソコン、プリンター〕 ・組織活動スペース ・測定スペース 〔身長計、体重計、視力表〕 ・情報発信スペース 〔書籍、掲示物〕 ○保健室内の固定されている設備からスペース毎の目的を決める。	・学校での備品・消耗品の購入には、予算に限りがあるため、まずは保健室や校内にあるもので工夫する。購入が必要なものは優先順位をつけ、数年間での購入計画を立てる。 ・多くの学校では、ベッドと流しは固定されており、ベッドでの休養スペース、外科問診・手当てスペースが決まる。 ・ベッドは、すぐに利用できるよう、寝具を整えオープンにしておく。 （生徒が勝手にベッドを利用してしまう等、困難な状況にある場合は、生徒指導を通して保健室・ベッドの利用ルールを浸透させていく。） 安全で、安心して休養できる環境づくり  ・保健室に付随した相談室がない場合、衝立を利用し、健康相談スペースを設置する。特別な支援を必要とする生徒のクールダウンのスペースとしても利用できる。 （いじめや虐待など特別な配慮が必要な場合は、別室に移る必要がある）
②動線を大切にレイアウトを工夫する	○スペース毎の目的を明確にしたら、生徒・養護教諭両者の動線や視線を考え、備品や物品のレイアウトを学校の実態に合わせ工夫する。 ・測定スペースや問診スペースでは、生徒の声が大きくなることがあるため、ベッドでの休養スペースから距離をとれるとよい。 ・外科の救急処置のスペース近くに、冷蔵冷凍庫や製氷機があると便利である。	・執務スペースは、保健室全体を見渡すことができ、出入口から入ってくる生徒を観察できる場所が理想的である。 ・パソコンで生徒の個人情報を扱うため、机やパソコンのレイアウトは、生徒の動線や出入口からの視線に配慮する。 ・一方の出入口の閉鎖や、生徒の動線の制限を行うことで、様々な機能を有する保健室を、より効果的に運営できる。   **出入口の表示**

保健室レイアウトの例

保健相談室が隣接している場合：健康相談スペース、組織活動スペースが保健相談室で行える。

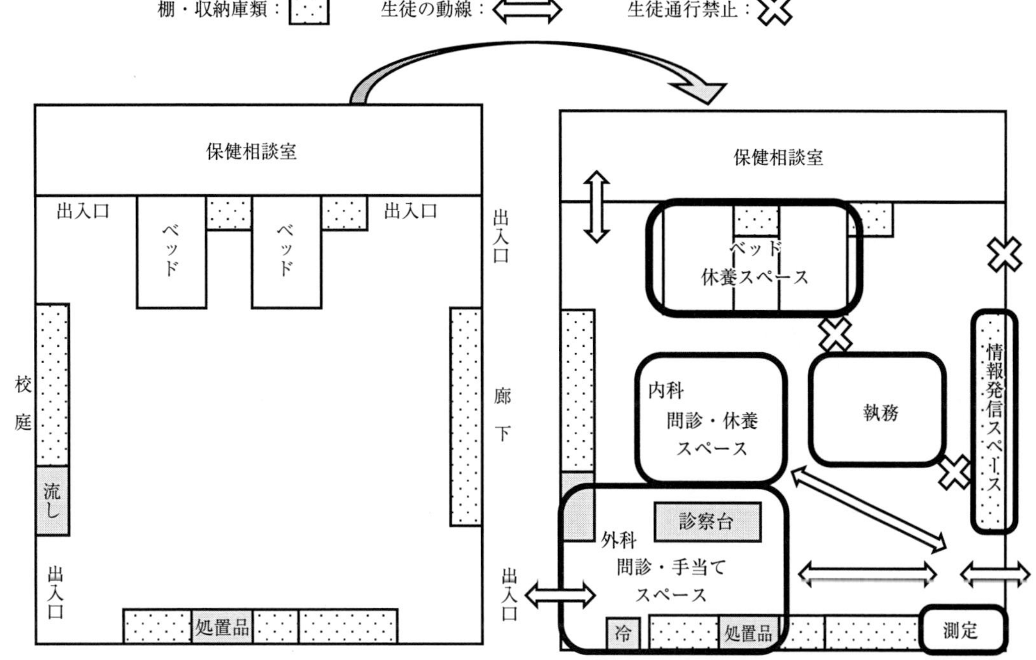

救急処置用品を、メディカルワゴンではなく、薬品戸棚のオープンスペースに置いている。診察台をオープンスペース前に配置している。

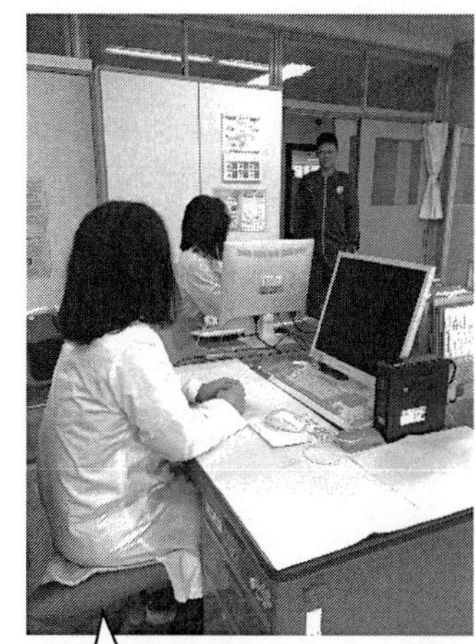

養護教諭複数配置の学校の例。両者が保健室全体及び出入口が見えるよう、執務机をL字に配置している。

情報発信スペースとしての、廊下掲示版。

保健室内には、保健に関する書籍を、手に取って読めるコーナーも設置。

・三木とみ子編集代表：「改訂　保健室経営マニュアル」、ぎょうせい、平成24年

（大内　雅代）

Question 1　保健室のレイアウトの工夫（高等学校）

【Answer：押さえたいポイント】

①保健室には、学校保健活動のセンター的役割を果たす機能があること。
②それぞれの機能をもつスペースが、適切かつ効率よく配置されていること。
③養護教諭が保健室全体を管理でき、安全であること。

	実践の内容	☜ここがポイント！
保健室の出入り口を考える	**1　保健室の出入口の工夫** ・自校の保健室の立地条件、校舎内の配置等を考慮し、（ドアが２つある場合）通常使用する出入口を決める。 ・入室前に保健室内の状況や養護教諭の様子が見えるようにする。 ・外部からの侵入者対策、火事や地震の際の逃げ道確保のため、外部に通じるドアはいつでも使用可能な状態にしておく。	・保健室の出入り口は、教室、体育館、グラウンド、実習室等、どこから生徒が来ても、安心して入ることができる配慮が必要である。 ・起こり得る体調不良や外傷は、学校の特色により異なるため、自校の生徒の状況を把握していることが重要である。
保健室内の機能を全体の中に配置する	**2　備品等配置の工夫** ・養護教諭の目が行き届くようにするため、死角を作らないよう配置する。 ・学校保健活動に必要のないものは保健室におかない。 ・地震に対して安全対策を講じる。	学校保健安全法第７条（保健室）「学校には、健康診断、健康相談、保健指導、救急処置その他の保健に関する措置を行うため、保健室を設けるものとする。」
	3　保健室全体をエリア区分する際の工夫 ・生徒が安心して利用できるエリアと、生徒が自由に入ることができないエリアを作る。 ・エリアの区分は背の高い備品等で区切らず、生徒の動線を考えることにより、必然的に生徒がいる場所を区分する。 ・養護教諭の執務机は、入室する生徒の様子を観察でき、保健室全体を見ることができる位置にする。	・保健室のレイアウトは、養護教諭の保健室経営を具体化するために検討されるものである。 ・校舎が古いと設備が整わないことが多いが、関係者に相談し具体的な希望を伝え、毎年少しずつ改良に取り組む姿勢が大切である。
保健室の各機能とエリア	**4　主なエリア** **⑴　救急処置・生徒対応・経過観察エリア【生徒利用可】** ・バイタルサインがチェックできる機器を手近な場所に置いておく。 ・外傷に対する救急処置を行うスペースは、創傷部位を十分に適切に洗えることが必要である。具体的には、給湯シャワーの設備があること、無理なく下肢が洗える高さであること、処置台のすぐそばにあることが望ましく、また、衝立等を利用し、目隠しができる。 **〈既設の流し台を下肢が洗えるように改善した例〉** この点線の位置にあった流しを下げ、足が洗えるように改良。小型瞬間湯沸かし器のホースを長いものに交換し、お湯で創傷部を丁寧に洗えるようにした。	来室した生徒の中で、養護教諭が救急処置の必要「有」と判断した生徒の割合は、高等学校では50％である。[1] ・古い施設が多い高等学校において設備等を改善することは困難が伴うが、養護教諭は医療の進歩を学び、正しい知識を根拠にした保健指導を行える機能を保健室に整えたい。

保健室の各機能とエリア	・記録用紙等を生徒が書く、資料を見ながら保健指導を受ける、健康相談を受けるためにテーブルがある。 ・処置台、ソファーが適切に配置されている。 ・座位でも経過観察ができる。	養護教諭の対応で多く行われているのは、健康観察（見る・聞く）、バイタルサインの確認、休養、けがの手当て、健康観察（見る・聞く）である。
	⑵　保健管理エリア【生徒利用不可】 ・個人情報の資料は養護教諭の執務机の近くにあり、すぐに確認できる状態に準備されている。 ・生徒が近づかない位置にする。	・資料は施錠できるロッカー等に整理されていなければいけない。
	⑶　計測・学習エリア【生徒利用可】 ・身長・体重等が生徒自身で計測できる。 ・解剖図、身体のしくみがわかる資料は、その他保健指導に必要な新しい資料が手に取りやすい場所に整えてある。	・今後は必要に応じてタブレット等を利用できる環境が望まれ、最新の情報を伝えることが必要である。
	⑷　休養・経過観察・相談エリア【生徒利用可】 ・ベッドで休養している生徒の様子が、養護教諭の執務机からカーテン越しに確認できる。 ・必要に応じ、カーテンで周囲の視線を遮断し、話を聞いたり様子を観察することができる。	・高校生の健康上の課題は、多様化・複雑化し、その内容が極めてプライバシーに関わることが多く、保健室内に相談スペースを作っても、有効に活用することが難しい。プライバシーに配慮した健康相談を行う際は、別室対応や放課後等に行うなどの対応が必要である。
	⑸　資料・情報共有エリア【生徒利用不可】 ・日常的に必要な資料（法令、通知も含む）は、すぐに確認していくことができる。 ・教職員と情報共有を行うスペースを作る。 ・生徒対応で中断されることが多いため、生徒の情報や資料を一時的に置いておく保管場所が必要である。	・高等学校では、97.7％の学校で教職員の保健室利用があり、最も多い理由は「情報交換」である。[1)] ・保健室に来室する生徒の情報を組織の中で共有するためには資料としてまとめておくことが必要である。

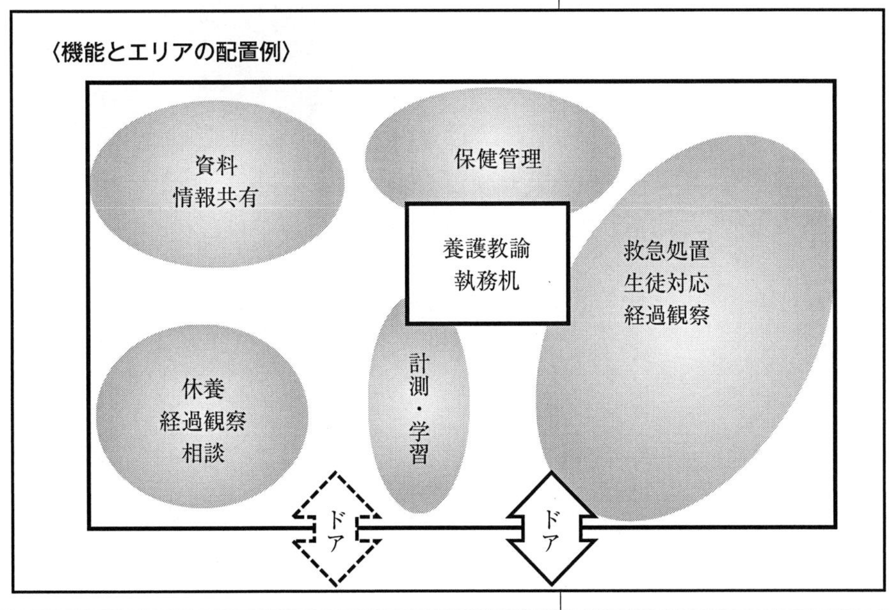

1）（財）日本学校保健会：「保健室利用状況に関する調査報告書」、平成30年

（今富　久美子）

Question 2　保健室で用意しておきたい「あると便利グッズ」は

【Answer：押さえたいポイント】

①学校の教育現場で児童生徒の健康を保持増進するために「効率的」で「わかりやすく」「使いやすい」物品を準備する。

②限られた予算内で購入したり工夫したりして、必要に応じて活用できる物品を準備する。

	実践の内容	ここがポイント！
現代的健康課題に対応できる便利グッズ	・保健室用 IT ソフト これからの保健室においては、必需品とも言える。定期健康診断の結果を入力・集計すると、保護者宛の結果通知文書も簡単に印刷ができ、迅速かつ正確に児童生徒の健康情報を処理できる。さらに、保健室来室記録や、健康相談記録、出欠席登録なども、入力さえすれば、自動的に集計できるため、仕事の効率化が図られることで、児童生徒と関わる時間を確保することができる。	・手軽に健康情報を処理できる反面、データの保存や、個人情報の取り扱いには十分に注意する必要がある。ソフトのアップデートや次年度への引き継ぎの際は、管理職やソフトの開発会社と連携し、慎重に行う。
	・熱中症計（WBGT 計） 近年の地球温暖化により、猛暑日が多くなってきている。児童生徒が安全に学校生活を送るために、適切な温湿度管理をすることが求められている。特に、熱中症の予防には、気温のみならず、湿度、輻射熱などを取り入れた指標である、WBGT（暑さ指数）を計測し、客観的科学的な判断ができるようにする。この数値を活用し、管理職や教職員に示すことで必要に応じて、屋内外の活動の中止や延期の判断ができるようにする。	・卓上型はもちろん、ストラップやカラビナ付き（下写真右参照）のものは、運動会や遠足などの行事の際、養護教諭の荷物につけるなどして持ち出せるため、便利である。  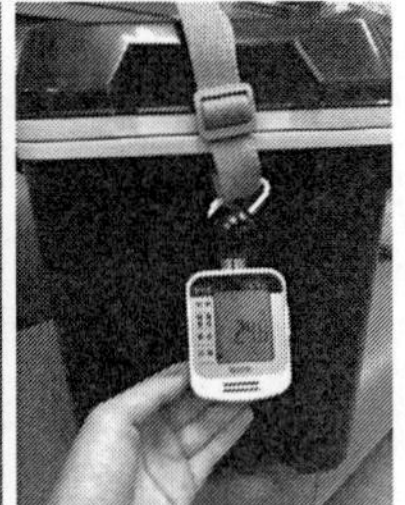 **熱中症に使えるグッズ**
ヘルスアセスメントに便利なグッズ	・パルスオキシメータ 皮膚を通して動脈血酸素飽和度や心拍数を手軽に測定できる装置である。バイタルサインの測定時の正確さや、手軽さから、喘息のある児童生徒の来室時や、緊急時対応の際に、保健室にあると便利である。 ・ペンライト 眼部外傷時の視診、瞳孔反射の有無の確認等の際に活用する。 ・舌圧子 ペンライトと一緒に使い、喉の視診に活用する。 ・聴診器 腹部打撲の際に、腸蠕動音の確認に有効。	・客観的に確認できる。 ・これらの問診グッズを使って、問診、視診を行い、養護教諭が観察した様子を、丁寧に伝えることで、児童生徒は「診てもらえた」という安心感を持つことができる。 こんなときにも使えるペンライト！ 「耳に虫が入った！」といって大騒ぎで保健室に来室した児童。校外活動の際に虫が入ったらしい。ペンライトで耳の中を照らすと虫は出ていきました。

適温の管理に便利なグッズ	・クーラーボックス 運動会や遠足、宿泊行事など、長時間外に出る際に、氷や保冷剤、清涼飲料水などを冷やしておくことができる。 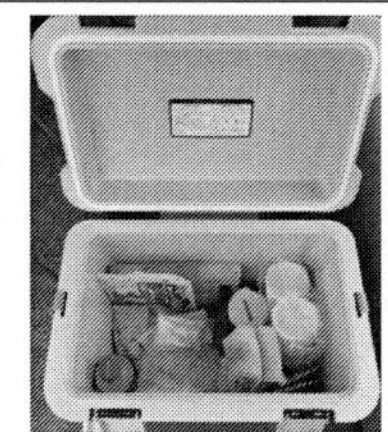 ・電気ポット 湯たんぽの湯、器具の滅菌、急な来客時の湯茶接待などに利用できる。湯の温度調整ができるため、便利である。	・保冷剤や湯たんぽで保冷、保温をする際は、必ずカバーをして、凍傷、やけどに十分注意する。 卒業生が奉仕作業で作ってくれた保冷剤カバー 家庭で余っていたハンカチ、バンダナで作成。 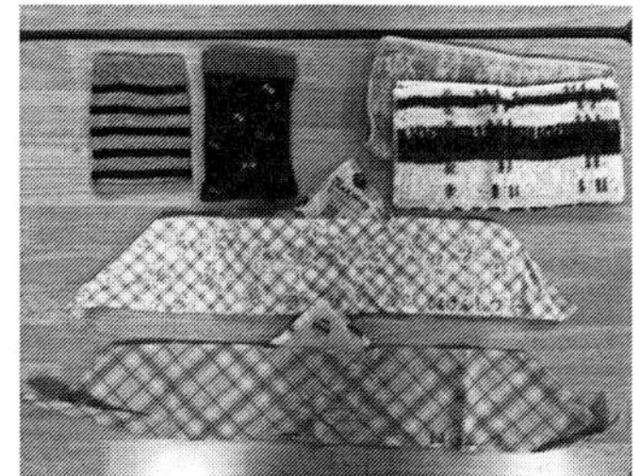 ←ぬいぐるみ型の湯たんぽカバーは、かわいらしさもあり、子供たちの安心感が抜群。
ディスポーザブルで便利グッズ	・ディスポーザブル（使い捨て）品 学校では、洗浄、消毒、滅菌、保管の工程を、適切に行うことができる設備が整っていないことが多い。ディスポーザブル品は、使用後に廃棄するため、感染防止の点からも、衛生的に使用することができ、比較的安価で購入することができる利点がある。 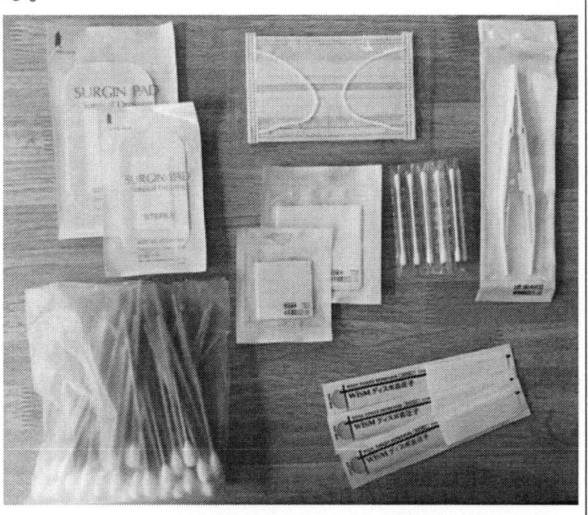	・日用品である新聞紙、牛乳パックも、使用後の廃棄に便利である。嘔吐物や用便の処理などに使用することができる。 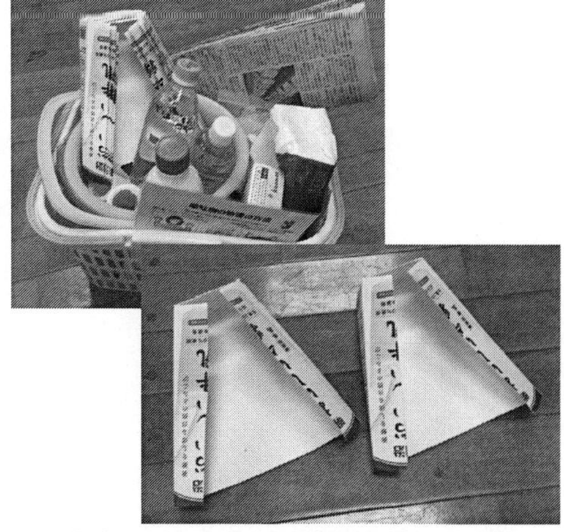 牛乳パックで作った使い捨てちりとり
保健教育・健康相談に便利グッズ	・ホワイトボード 書く、消すが何度もできるため、頻繁に更新される情報を知らせる場合に適している。 例）熱中症注意のお知らせ、感染症発生状況　等 ・痛みスケールや怒りスケール 特に低学年では、痛みや怒りを上手く伝えられないことがあるため、その程度を把握する際に使う。 ・キッチンタイマー 手当てや休養、健康相談の際の時間の目安として使用することができる。	・数字やよく使う言葉などを印刷してラミネート加工し、マグネットシートを付けると、ホワイトボードに磁石のように付けることができ、何度も使えて便利。 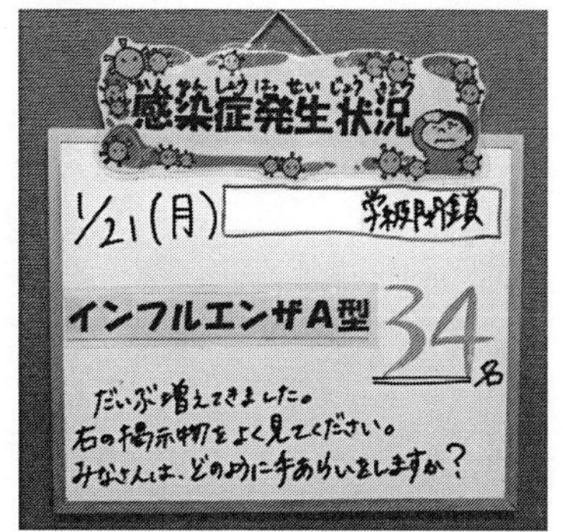

（加藤　春菜）

＜保健管理（文書）＞

Question 3　保健資料のファイリングはどのように

【Answer：押さえたいポイント】

①円滑な業務の遂行や効率化（必要な時に、必要なものを、必要な場所に提示できる）に加え、「不要な情報は収集しない、提示しない、適切に管理・廃棄する」といった原則に基づいた管理を徹底する。

②養護教諭の専門性を生かし指導と管理を一体化した保健室経営を行うために、各種資料を効果的に活用できるファイリングを行う。

③学校保健の領域は関連する法令が多岐にわたるため、その取扱いにあたっては法令等の規定に十分配慮する。

	実践の内容	☜ここがポイント！
ファイリングの活用	**【収納文具を使用したファイリング】** ①モノの整理、②情報の整理、③頭（思考）の整理 ○ホルダーなどを利用する。 ①覚えきれない知識のストック ②片づけられない情報の処理 ・モノがあふれ過ぎると思考は停止してしまうので、クリアホルダーなどをうまく利用し、仕事を手順化する。  	【ファイリングとは】 書類や資料、新聞・雑誌の切り抜きなどを、業務に役立つように分類・整理すること。 （デジタル広辞林より）
学校における文書管理の基本	**【学校における文書管理の基本】** ○文書収受の把握と処理 ・簡略な文書整理簿を作成し､収受や処理状況を「見える化」する。 ○起案 担当者起案→（関与者：分掌主任・学年主任等）→校長決裁→担当者による発送という手順を踏む。 ○保健室と文書管理の在り方 法的根拠に基づいて諸帳簿を整理・管理・保管する。 ○機密書類の把握と保管 ・保健室が保有・管理する書類の中で、何が機密書類にあたるかを把握し、該当する書類のファイルの背表紙には、特定の色のテープ（情報の不適切な取扱いの事故防止のため）を貼り、重要度の「見える化」を行う。 ・鍵のかかる保管庫に入れ、利用・管理が簡素化されるよう集約する。 ○文書の廃棄 ・ファイリング後、保存年限が過ぎた文書は、廃棄対象の文書の一覧、廃棄予定日時、廃棄方法（業者委託による裁断処理や焼却・溶解処理など）について、起案・決定の手続きを経て廃棄する。	**【文書受理の把握と保管のポイント】** ・文書整理簿を活用することで大量の文書の中から必要な文書をスピーディーに探すことや報告漏れを避けることができる。 ・前年度の文書の処理状況についても参考になる。 ・日本スポーツ振興センターの医療費給付関係についても同様に、収受や処理状況の一覧表が役に立つ。 **【学校における文書管理のポイント】** ・個人情報を含む機密文書・書類の管理と廃棄に対しては徹底して取り組む。 保健関係文書についても細心の配慮が必要である。 **【「情報公開」と「個人情報保護」】** ・情報公開は憲法 21 条が定める表現の自由に基づいて保障される「知る権利」を実現するために情報の不特定多数への「公開」を目的とし、個人情報保護は公的機関が保有する自らに関する個人情報の適正な取扱いと保護を求める本人への「開示」を目的としており、それぞれ性質が異なる。 **【廃棄にあたっての留意事項】** ・廃棄も学校が行う事務業務の一環。 ・学校保健関係の文書の中には、児童生徒の心身の健康状態など、個人情報が数多

ファイリングと保管・ファイリングと記録	**【一般的な文書の把握と保管】** ○文書のファイリングと保管 ・分類 文書はフォルダ分類に従いキャビネットで保管。年度末に下段のキャビネットに移し、翌年度の１年間、下段で保管をする。 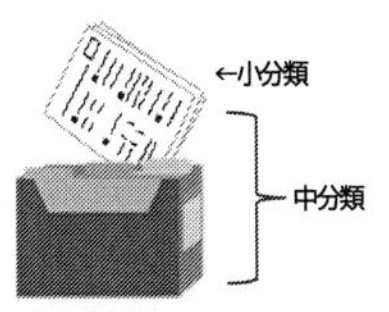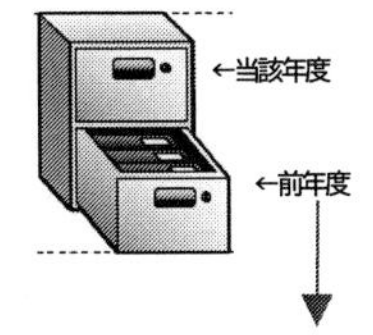 ○公文書の編冊 ・年度末に、保存１年以上のものを編冊。 ・文書保存箱に入れ、文書庫（集中管理場所）にて保存する。保存期間が経過したものは廃棄する。 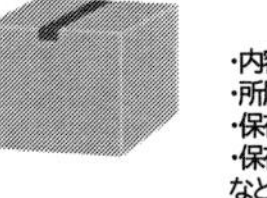	く含まれている。そのため、プライバシーの保護に十分配慮した上で廃棄処理を進める必要がある。 ・保存年限内の文書を廃棄してしまうという事故があると学校としての信用を大きく低下させることにつながる。ダブルチェックなどで保存年限を十分に確認すること。 ・文書の分類や保存期間については、各都道府県（市区町村）教育委員会が定めている文書管理規則または文書取扱規程に示されている。また、これらの規定以外に都道府県教育委員会や市区町村教育委員会の規定等に規定された表簿があり、それぞれ確認しておく必要がある。
	【児童生徒健康診断票、日本スポーツ振興センター災害共済給付関係などのファイリング】 ○保存年数を確認し、見えるところに保存期間を明示する。 **【ファイリングと記録】** ○生徒健康診断票はファイリングだけでなく、児童生徒の進路変更などに伴い、いつ、だれにその書類をどのように提出したかを説明できるよう、取扱い一覧表を表紙につけて記録しておく。	**【文書名と保存期間の明示】** ・「５年保存」「10年保存」のものなどは、保存年数を明示し、まとめて保管しておくと、年度ごとに処分しやすい。 ・養護教諭が取り扱う情報であってもすべて保健室で管理するとは限らない。学校の実態に応じ、保管場所を検討する必要がある。
指導と管理の一体化	**【保健教育や健康相談に役立つファイリング】** ○集団指導用 歯、眼、生活習慣病、性教育、食に関する指導、睡眠に関する指導、メンタルヘルスなど、テーマごとにアルタートバッグに保管し、すぐに活用できるようにしておく。 保健管理や安全管理で把握した各種統計情報なども、このバッグに入れておく。 ○個別指導 上記のテーマに関しての資料や詳細な情報、実践のための用紙（例：睡眠日誌）を入れておき、健康相談としていつでも対応できるようにしておく。 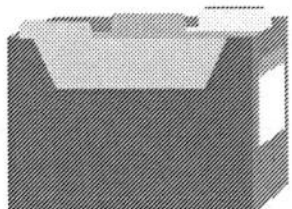	**【指導と管理の一体化した保健室経営】** ・保健室でとらえた情報（自校の児童生徒の実態や最近の健康情報、すぐに活用できるワークシートやパンフレット等）を管理し、すぐに取り出せるようファイリングしておくことは、保健教育だけでなく、健康相談にも活用できる。 **〈参考文献〉** 1）薄井和久・新井知恵・赤木光子：「毎日の執務とその工夫」、第一法規、第１章―10　保健関係文書の管理 2）福島哲史：「クリアホルダー整理術」、すばる舎、平成20年

（片寄　ゆうや）

Question 4　個人情報の管理はどのように

【Answer：押さえたいポイント】

①学校保健活動及び保健室経営をすすめる上で情報収集は不可欠である。そのため収集や利用にあたっては目的を明確にするとともに、保管にあたっては細心の注意を払うこと。

②いざという時に教職員が利用できるように保管場所を明確にし、利用にあたっては全職員で共通理解をしておくこと。

<table>
<tr><th colspan="2">実践の内容</th><th>☜ここがポイント！</th></tr>
<tr><td rowspan="3">収集時の管理のポイント</td><td>

保健調査票・健康診断前の調査票など

【収集時の注意点について】

令和○年○月○日

1年生の保護者 様

○○○立○○中学校
校長　○○○○

「健康調査票」及び「心臓病調査票」、「運動器検診問診票」の作成について(依頼)

「健康調査」は、子ども一人ひとりについてよく理解し、そのお子さんにあった指導ができますよう、また急な病気や事故の場合に慌てたりせずに適切な対応ができますよう、実施しています。

「心臓病調査票」は心臓検診時の参考資料として、「運動器検診問診票」は身体を支え動かすのに必要な運動器について、その疾患の早期発見と適切な指導管理を行うことを目的として行う、運動器検診の貴重な資料となるものです。

ご多用の折ですが、○月○日（○）までに調査票を作成し、提出されますようお願いいたします。

個人情報の提出となりますので、一緒に配付しました『保健関係書類用封筒』に入れてご提出ください。提出された個人情報については、管理を厳重にいたしますことを申し添えます。

【　記入上の注意　】

健康調査票

1　記入漏れがないようにご注意ください。
2　「事故発生の場合の連絡先」は、自宅に連絡がつかない時にすぐに連絡がとれる、お勤め先などの電話番号や携帯電話番号などを記入してください。
3　事故発生のおり、ご家庭と連絡が取れなかったり緊急時には、病院に搬送することがあります。「かかりつけの病院」があれば、記入してください。記入がない場合は、原則として校医の所へ搬送したいと思います。
4　「家庭連絡」については、気にかかることや知らせておきたいことなど、ご記入ください。

運動器検診問診票

それぞれの項目について、該当するものに○をつけてください。
また、『3』については、具体的に記入してください。
※　御不明な点がありましたら、担当までお尋ねください。

本件に対するお問い合わせ
○○立○○中学校
養護教諭　○○ ○○
TEL　○○○（○○○）○○○○

○回収には『保健関係書類用封筒』などを活用し、記入したものが他の児童生徒の目に触れることのないよう、配慮する。

○回収期間中の文書の保管方法、回収する際の注意事項など、配布する際に全職員で確認しておく。

・特に直接回収にあたる担任との連携を密にする。

</td><td>

●保健調査票には、①住所、電話番号、②緊急連絡先、連絡先電話番号及び携帯電話、③予防接種と既往歴、④アレルギー情報、⑤最近の健康状態・生活習慣などの記入欄があり、児童生徒個々の健康情報を収集する（平成27年度改訂版　児童生徒の健康診断マニュアル）。

●「保健調査票記入のお願い」「運動器検診問診票記入のお願い」など、実施の際に保護者に注意事項を呼びかけるプリントを配布する。

●保健室で収集する調査票や問診票はすべて個人情報であるので、特に教室などで回収する際は注意が必要になる。

●『保健関係書類用封筒』を安易に教室で開封することのないよう、取り扱いについては事前に全職員で確認しておく必要がある。

</td></tr>
<tr><td colspan="2">

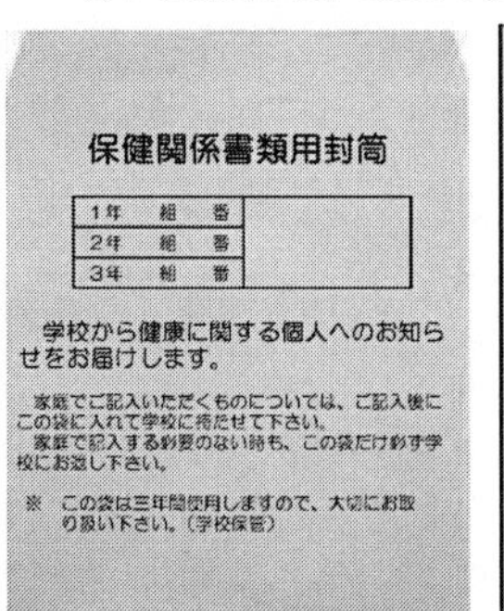

保健関係書類用封筒

1年　組　番	
2年　組　番	
3年　組　番	

学校から健康に関する個人へのお知らせをお届けします。

家庭でご記入いただくものについては、ご記入後にこの袋に入れて学校に持たせて下さい。
家庭で記入する必要のない時も、この袋だけ必ず学校にお返し下さい。

※　この袋は三年間使用しますので、大切にお取り扱い下さい。（学校保管）

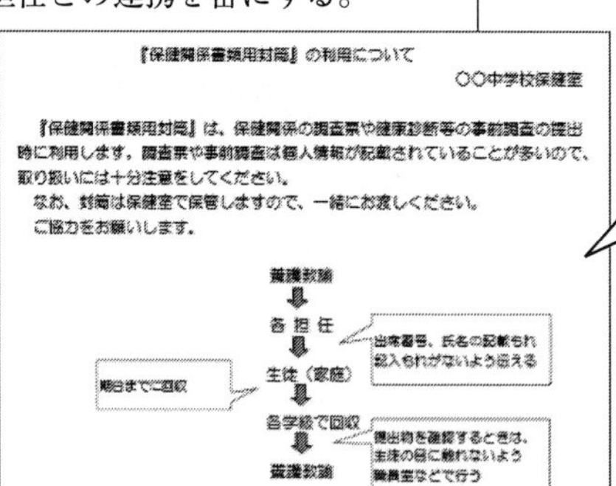

『保健関係書類用封筒』の利用について

○○中学校保健室

『保健関係書類用封筒』は、保健関係の調査票や健康診断等の事前調査の提出時に利用します。調査票や事前調査は個人情報が記載されていることが多いので、取り扱いには十分注意をしてください。

なお、封筒は保健室で保管しますので、一緒にお渡しください。
ご協力をお願いします。

養護教諭
↓
各担任
↓
生徒（家庭）
↓
各学級で回収
↓
養護教諭

出席番号、氏名の記載もれ記入もれがないよう伝える

期日までに回収

提出物を確認するときは、生徒の目に触れないよう職員室などで行う

「保健関係書類用封筒」を配るさいに、依頼文と注意事項も一緒に渡す。

</td></tr>
<tr><td>

アンケート・各種実態調査など

【収集時の注意点について】

○どのような目的で実施するのかをきちんと記し、回収方法や期日、その情報を扱う際の配慮などを伝える。

</td><td>

●健康診断関係の調査票には、保存年が決まっているものもあるので、確認しておく。

・保存年限の確認
・保存保管場所の確認

</td></tr>
</table>

<table>
<tr><td rowspan="3">情報の保存と管理</td><td>

文書及びデータでの管理について

【文書管理について】

○漏洩や紛失などが起きないように、回収後は保存するのか廃棄するのかの判断が必要。

○保管場所を1カ所にまとめ、保存期間を明示して保存期間が終わったものは適切に処理する。

○机上に置きっぱなしではなく、引き出しや鍵がかかるキャビネットなどで保管する。

書庫での保管、及び保健室の戸棚での保管。

</td><td>

●回収後は保存が必要か廃棄するかの判断が必要。

●回収、統計処理後に必要によっては結果の報告や開示をする。

●保健調査票のように緊急時に必要なものについては、どこに保管されているかを全職員に周知徹底しておく。
・保管場所の明示
・保存期間の明示

●廃棄処分する際は、復元か不可能なシュレッダーや焼却など確実な方法で行う。

</td></tr>
<tr><td>

【データ管理について】

○セキュリティには十分配慮する。

・現在はUSBなどでデータを持ち出すことを禁止している自治体も多いので、それぞれの自治体の申し合わせ等を確認する。

・情報流出を防ぐためにも、個人情報は学校内で取り扱い、自宅に持ち帰ったり外部に持ち出したりすることは避ける。

・インターネット上でやりとりする際は、パスワードをかけるなど第三者の目に触れることのないよう配慮する。

・インターネットのセキュリティソフトなどを活用し、ウイルス等には注意する。

○各個人に割り当てられたパソコンを使用する自治体も多く、その際はパソコン本体ではなくサーバーなどでデータを管理する。

</td><td>

●インターネットに接続状態で個人情報を保存しているUSBやCDを取り扱う際は、コンピュータウイルスなどによる情報漏洩が起きないように注意する。

</td></tr>
</table>

<table>
<tr><td>注意点</td><td>

【文書管理について】

○保管場所、保存期間を明確にし、確実に施錠する。

○保健室や職員室での執務中に児童生徒が来ることを想定して、画面がのぞき込まれたりすることのないよう注意を払う。

○児童生徒の対応をする際や、席を離れる際は画面を消し、目に触れないように注意する。

○離席する際はプリント類や書類を裏返したり重ねたりするなど、日頃から注意する。

</td><td>

●養護教諭が取り扱う文書や情報であっても、必ずしも保健室ですべてを管理するとは限らないので、保管場所や保管方法については各学校の施設・設備に合わせる。

●取り扱っている最中の管理にも細心の注意を払う。

●カムフラージュフォルダーを利用するなど、直接目に触れないような工夫をする。

</td></tr>
<tr><td>まとめ</td><td colspan="2">保健室では、保管調査票、各種問診票、各種調査票やアンケートなど「個人情報」を多く取り扱っている。その情報を漏洩したり紛失したりすることのないよう、管理の徹底と適切な運用が求められる。</td></tr>
</table>

・三木とみ子編集代表：「改訂　保健室経営マニュアル」、ぎょうせい、平成24年

（奥井　誉子）

Question 5　保健日誌の記録と活用はどのように

【Answer：押さえたいポイント】

①保健日誌が報・連・相のきっかけとなる。

☞管理職や関係者と情報の共有化ができ、報告・連絡・相談がスムーズに運ぶ。

②保健日誌に記入することで、1日の保健室を中心とした児童生徒の様子や養護実践を振り返ることができる。

③事実を記録することで、あとで振り返ることが可能となり個別の資料作成や情報発信・情報共有の基礎情報として活用できる。

☞生徒指導部会や教育相談部会、個別の支援指導計画会議等への資料作成が可能。

☞個人情報の取り扱いには厳重に管理する。

	実践の内容	☜ここがポイント！
何故必要なのか	・保健室経営における毎日の記録として、学校経営にもつながる重要な意義がある。	・法令上では記録の義務はない。
	・保健日誌は、養護教諭の活動からの評価だけでなく、養護教諭以外の第三者に説明責任を果たすための、活動や情報共有のツールとなる。	・記録として残すことは、抱え込みからの脱却となり、課題の解決策や改善策をとることのできる体制作りがしやすくなる。
	・保健室経営や保健活動を振り返ることができ、自己評価や自己点検につながる。	・学校保健の現状がみえる、対策がみえる。
	・毎日の事象やできごとの整理ができ、実態や課題の整理ができる。	
どのように記録するのか	・保健日誌は、1年間を通じて記入できるものを1冊用意する。当該年度で1冊の保健日誌として管理可能	・帳票簿、冊子タイプのもので1年を通じてまとめると、保管に便利
	・保健ソフトの機能や校務支援システムの機能にあるものを活用すると、冊子型とは違ったメリットもある。 →PCで項目入力し、保健日誌の1ページとして適宜出力し、保存してまとめる。	・校内支援システムの「保健日誌」を活用することで、リアルタイムに、いつでも教職員が保健室の情報にアクセスすることができる。情報を得たいときにすぐに取得でき、児童生徒の支援方法の検討や部会等への情報提供がスムーズにできるメリットがある。
誰に対してか	・校長・教頭・全教職員・生徒指導主任・教育相談関係者等 ・担任や関係者との連携・相談のツールとなる。	・管理職に提出、捺印いただく。
	・教育相談部会や生徒指導委員会等へ情報提供をする手段となる。	・管理職や関係者と保健日誌を通じて、情報の共有化ができ、報告・連絡・相談がスムーズに運ぶ。
何を記入するのか	・日時、天気、気温、湿度 ・環境衛生検査結果、水質検査結果 ・保健関係に関する行事について ・1日のできごとに関すること ☞健康観察状況、欠席状況、災害発生状況 ☞日本スポーツ振興センター災害共済給付申請状況 ☞医療機関搬送や受診状況 ☞感染症の発生状況	・養護教諭の視点で、学校教育活動状況、校内の児童生徒の様子への気づきや健康課題等を記入することで専門性を生かした日誌となる。 ・保健室がみえる。 ・子供たちがみえる。 ・学校健康課題、状況がみえる。

・1日の保健室を通じた気づき等

保健日誌の記入例；中学校

9月4日 曜日（金）	天気	晴	気温	22℃	水質検査	保健室	0.2ppm
						第二校舎	0.2ppm
						第一校舎	0.3ppm

学校行事・時間割	欠席状況						
朝清掃 3年2組 5校時公開授業 専門委員会 教育相談部会	年	組	男	女	合計	出席停止者	理由
	1	1	1	0	1	○　○○	溶連菌感染症
		2	0	0	0		
		3	0	1	1	○○○○	インフルエンザ
		合計	1	1	2		
	2	1	0	0	0		
		2	0	0	0		
		3	1	0	1	○○○○	マイコプラズマ感染症
		合計	1	0	1		
	3	1	0	0	0		
		2	0	0	0		
		3	1	0	1	○○○○○	流行性耳下腺炎
		合計	1	0	1		
	合　計		3	1	4		

主な保健室来室状況

氏　　名	年	組	主　訴	来室時間	応急処置、対応	事後措置
○○○○○	1	2	頭痛	9:15	1時間休養	教室復帰
○○○○	2	1	足を捻った	10:05	○○整形外科受診	保護者連絡、振興センター用紙渡し
○○○○○	3	3	眼に傷	11:35	○○眼科受診	教室復帰
○○○○	3	2	腹痛	12:00	1時間休養	相談室へつなぐ
○○○○	1	3	突き指	14:45	冷湿布、固定	保護者へ連絡、受診勧告
○　○○	2	4	背中擦り傷	15:00	消毒、ガーゼ保護	教室復帰
○○○○	2	1	頭部打撲	16:10	○○脳神経外科受診	医療機関にて保護者引渡し

いつ記入するのか	・帳簿型の保健日誌の場合には、基本的には、毎日の養護活動終了時、児童生徒の帰宅後がよい。 ・保健管理ソフトや校務支援システムの「保健日誌」の場合には、可能であれば、リアルタイムで入力すると教育活動に迅速に活かされ、児童生徒の実態に応じた支援が図れる。 ・学校内のどこにいても子供たちの実態がみえる保健日誌は様々な教育活動や教育支援に活かすことができる。	・児童生徒が帰宅した後（放課後）は、1日を振り返ることができ、かつ児童生徒の目にふれることなく、落ち着いて記録が可能 ・リアルタイム入力は、教職員が必要な時に保健日誌にアクセスでき、保健室の情報を得ることが可能となる。 ・アクセス権等は制限を設置したりする等して、個人情報管理や情報セキュリティに十分に留意する。
どこで記入保管	・主に保健室で記入・入力し、適宜、職員室等でも記入力 ・PC 入力に当たっては、画面管理や個人情報漏洩等に細心の注意を払う。 ・保健日誌の保管は、保健室あるいは職員室の施錠できる書庫にいれる。関係者が共有できるような場所に保管する。	・記入や入力については、児童生徒の目に触れないようにする。 ・法律上の保管年数は定められていない。 ・学校日誌は5年間保存であることから、保健日誌も5年保存とする。（有事の際に関連付けてみられるため）

（力丸　真智子）

＜保健管理（実態把握）＞

Question 6　自校の心身の健康実態の把握はどのように

【Answer：押さえたいポイント】

①パソコンを使ってデータ管理を行うことにより、実態を迅速かつ正確に集計するとともに、結果を「見える化」する。

②「見える化」した健康実態から健康課題を明らかにするとともに、その後の保健活動による改善の成果も可視化できる。

実践の内容	☜ここがポイント！

「データは語る」客観的数値からの実態把握

1　定期健康診断結果

定期健康診断の結果は、表計算ソフトや学校保健統計ソフトなどを活用し、結果を入力することにより、迅速かつ正確に集計を行うことができる。

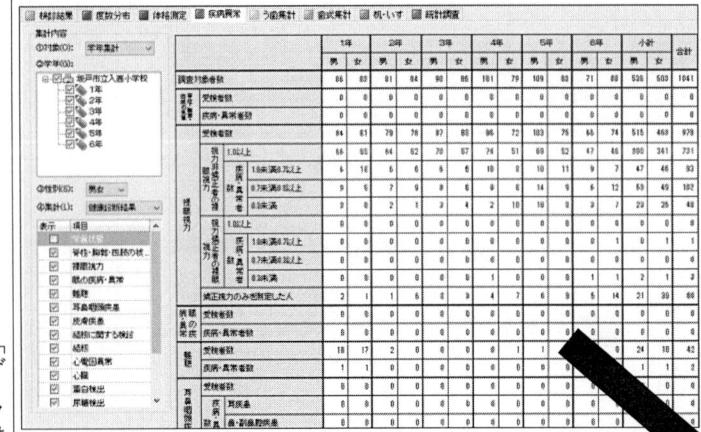

表やグラフにして、健康課題を見える化して提示

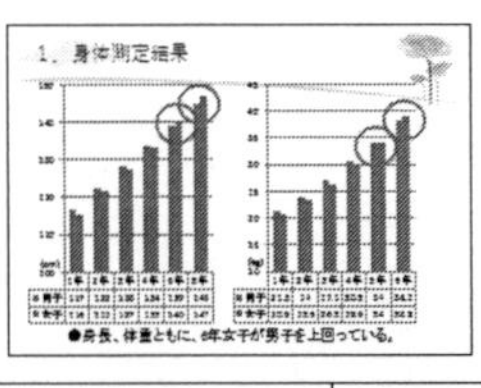

1．身体測定結果

学年	身長（cm） 男子	身長（cm） 女子	体重（kg） 男子	体重（kg） 女子
1年	116.5	115.6	21.3	20.9
2年	122.4	121.6	24.0	23.5
3年	128.2	127.4	27.1	26.3
4年	133.6	133.4	30.5	29.9
5年	138.9	140.1	34.0	34.0
6年	145.0	146.7	38.2	38.9

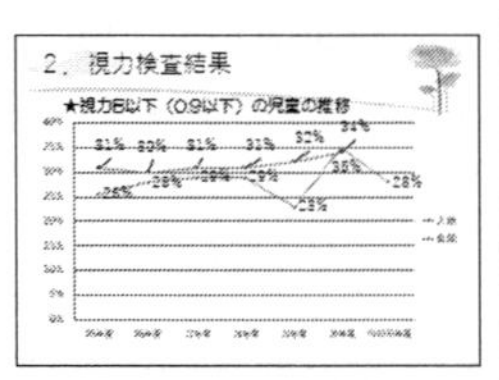

〈活用にあたって〉

①学校全体、各学年別の平均値や割合を算出する。

②前年度からの推移を経年的に見ることで、増減がわかり、課題が明らかになる。

③自校の健診結果を、全国や市町村の統計調査の結果と比較すると、自校の課題か、そうではないかがわかる。

④教職員や保護者へ周知する際に表やグラフで提示すると、説得力のある資料になる。

2　保健室来室記録

保健室来室記録は月末に集計する。

〈活用にあたって〉

①外科的な訴え、内科的な訴え、その他に分類することで実態を把握する。

②保健室来室記録の集計結果を通じて集団の健康状況（感染症や熱中症の発生状況等）を把握する。

③頻回来室者や特別な支援を要する児童生徒の状況を継続して把握できる。

④年間を通じた保健室来室状況を把握し、次年度の保健室経営上の改善方策の根拠とする。

☜ここがポイント！

校内で比べる視点

・平均値、割合の算出
・男女比（性差はあるか）
・学年比（年齢差はあるか）
・年次推移（前年度比）

自校のデータを比較する材料

・全国学校保健統計調査
・各都道府県　保健統計調査
・市町村　体位疾病統計調査
・子供白書
・文部科学省や厚生労働省の統計サイト等

保健室来室の実態把握の視点

・学年
・月、曜日別推移
・ケガや病気の種類
・ケガの発生場所
・頻回来室者、保健室登校児童

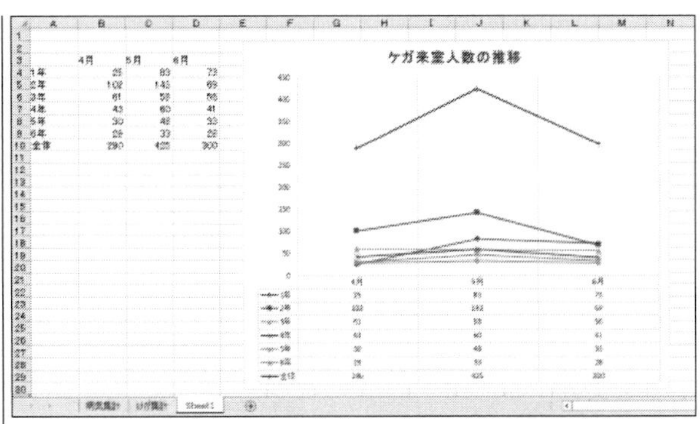

折れ線グラフによるケガ来室人数の実態把握

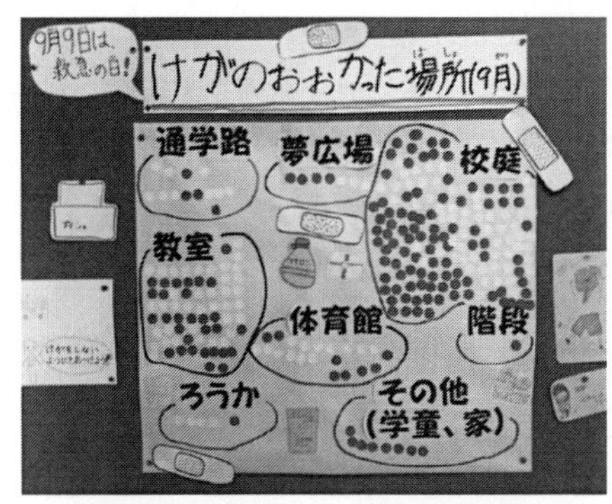

児童保健委員会のケガ発生場所調べ

3　日本スポーツ振興センター災害共済給付申請状況

日本スポーツ振興センターへの災害共済給付申請数は、自校の医療機関を受診したけがの実態である。年間の申請数で、医療機関受診者数を把握し、前年度比で増減の要因を検討する。けがの再発防止策を検討し、職員に周知する。継続治療中の児童生徒を把握し、状況の転帰を管理する。

・年間災害発生件数÷在籍数×100＝年間災害発生率
→他校と比較する際も、学校の規模に関係なく、自校の医療機関受診件数が多いか少ないかを把握できる。

4　保健調査

保護者の記入により、児童生徒の個々の健康状態を把握できる。特に、学校生活において配慮が必要な児童生徒については、当該児童生徒の入学前から現在の学年に至るまでの経過を知ることができる。年度当初に必ず目を通し、その経過や最新の状況を把握する。また、表計算ソフト等を活用し、配慮が必要な児童を一覧にまとめておくと、どの学年の児童生徒が、どのような疾患を持っているのかが一目瞭然になり、自校の現状をつかみやすい。

取り扱い注意　健康面で配慮を要する児童一覧

	学年	組	名前	よみがな	性別	疾患名	持参薬	備考
1							カロナール（内服薬）：本人	
2								
3						肺動脈弁狭窄症		運動制限なし。
4						先天性心疾患（完全大血管転位Ⅰ型）		心配な症状があったら、保健室へ。意識のない場合は、救急車要請、AEDの使用。
5						心室中隔欠損症		運動制限なし。
6						心室中隔欠損症・小児弱視		運動制限なし。
7						先天性股関節脱臼（左）		経過観察中。
8								
9						脱毛症		ウイッグを着けている。
10						先天性股関節脱臼		運動制限なし。他の人の負荷がかかるもの（準備運動、ストレッチ）は禁止。
11						偏頭痛	カロナール・ナウゼリン：ランドセル	まぶしい光、音などで、頭痛が誘発されることがある。

・保健調査票の記入の状況や保護者からの申し出に応じて、担任や管理職と連携し、保護者との面談の必要性を検討する。保護者面談による情報収集も、児童生徒の個々の健康実態の把握につながる。

主観的視点からの実態把握

5　日常的な健康観察

毎朝、担任が教室で行う健康観察の集計は、感染症の流行状況、長期欠席児童生徒、不登校傾向児童生徒を把握できる。学校保健統計ソフトなどの活用により、連続欠席の児童生徒を把握しやすい。

養護教諭が、保健室や校内巡視で捉えた児童生徒の様子や、学級担任、教職員との日頃のコミュニケーションから、詳細な児童生徒の言動や動向がわかり、健康実態が把握できる。その際は、教職員の主観にならないよう、必要に応じてアンケート調査などを行う。

例）学級担任が、教室での児童生徒の会話から、スマホ所持率が多いと感じた。
　養護教諭が、保健室来室者の問診から、夜遅くまでスマホゲームをしている児童生徒が多いと感じた。
→スマートフォン所持率のアンケート調査の実施等

（加藤　春菜）

Question 7　保健室の利用状況のデータの活用は

【Answer：押さえたいポイント】

①保健室利用状況のデータ活用における目的や視点を明確にする。
②保健室経営計画に位置付け、計画的に更新する。

<table>
<tr><th></th><th>実践の内容</th><th>☜ここがポイント！</th></tr>
<tr><td>事前準備</td><td>◆記録はその日のうちに入力する。
・保健管理ソフトや表計算ソフトを利用し、データ化することで後に統計や分析に用いることができる。
・児童生徒の話から知り得たキーワードは備考欄等に入力することで、背景に何か隠れていることに気付くことができる。</td><td>●個人情報のため、データの入力は児童生徒が在室していない時間帯に行うことが望ましいが、やむを得ない場合は、子供の目に触れないよう十分な配慮のもとに行う。</td></tr>
<tr><td>データを分析する視点</td><td colspan="2">◆自身の保健室経営の特徴をデータから読み取る。
・曜日別・教科別・校時別・部活動別・男女別・学年別・クラス別等の様々な視点で集計結果を分析することで、自校の特徴や傾向を客観的に知り、保健室経営に役立てる。
〈けがが多い〉
…生徒自身が予防するための保健指導につなぐ。
…簡単なけがの手当てについて保健体育の授業にTTとして組み込む。
〈体調不良者・不定愁訴が多い〉
…長期休業の過ごし方について集会で触れる。
…生徒保健委員会による生活リズム点検を行う。
…アサーショントレーニングのミニ保健指導を採り入れる。
◆保健室から他の教職員へ発信する。
・生徒指導部会や教育相談部会の際の資料とする。
生徒指導部会、教育相談部会　→　マル秘扱いとし、子供の目に絶対に触れないよう配慮する。
・データを通して養護教諭以外の教職員が保健室利用状況を客観的に把握でき、子供たちの変化を探る手掛かりとする。
・個人の利用状況を複数年にわたって遡った分析結果データは、医療機関や外部機関につなぐ際に効果的である。
・データを通して体や心の不調に隠された背景について、様々な視点から探る。
家庭環境の変化／友人関係の変化／成長曲線との関係／勉強面への不安感等
・クラス別、部活別、教科別など集団としてのデータをグラフ化することで、学年学級経営、部活動の指導方法、教科指導など多面的な視点で学校の現状を把握することができる。
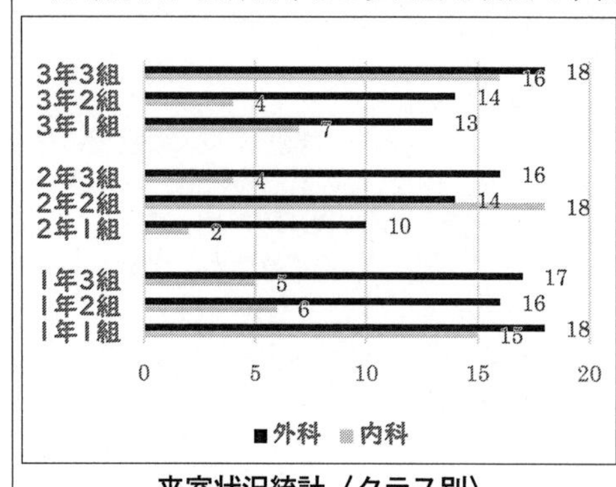

来室状況統計〈クラス別〉
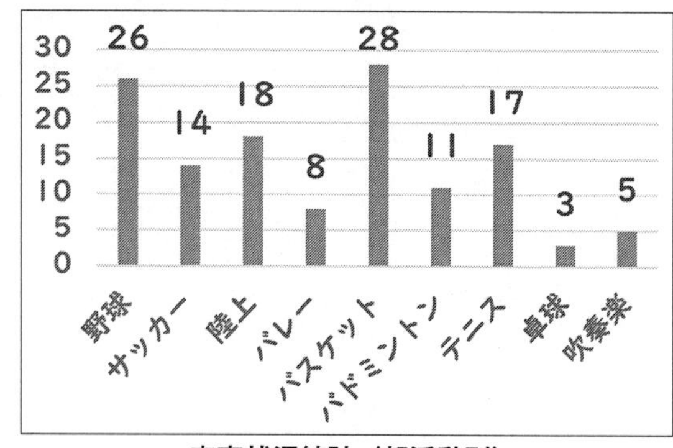

来室状況統計〈部活動別〉</td></tr>
</table>

㊙ ケース会議用資料（保健室利用状況）

3年1組　○○　A子（女）

来室回数

	1年生	2年生	3年生
1学期	2回	3回	13回（6月現在）
2学期	2回	6回	
3学期	1回	5回	

欠席・遅刻・早退状況
1年生：欠)0、遅)0、早)1
2年生：欠)2、遅)0、早)5
3年生：欠)4、遅)2、早)11

来室理由

腹痛（30回）、気持ちが悪い（3回）

…来室理由のほとんどが腹痛である。3年生に進級してからは、クラスになじめないことや睡眠時間が十分に取れていないことも原因にあげている。受診歴有り。

会議内容記録

担任・顧問から

対応・検討内容

個人用シート

9/2~9/6の来室状況

日付	校時	クラス	氏名	主訴	体温	対応	備考
9月2日	始業式		A	めまい	35.8	ベッドで休養→教室へ	
	始業式		B	気持ちが悪い	36.2	OS-1を飲ませ座って休養	
	始業式		C	気持ちが悪い	36.3	ベッドで休養→教室へ	
	始業式		D	頭痛	36.2	ベッドで休養→早退	
	始業式		E	腹痛	37.1	排便指導→教室へ	
9月3日	確認テスト		D	頭痛	36.3	ベッドで休養→早退	早退を訴える
	部活動		F	擦り傷	---	部活動中。洗って絆創膏	
	部活動		G	打撲	---	部活動中。冷却・固定	顧問から保護者に連絡
	給食		H	火傷	---	冷却（20分間）	
9月4日	国語		D	頭痛・腹痛	36.2	心因性を疑う。休養→教室	※ケース予定
	体育		I	擦り傷	---	転倒。洗って絆創膏	

生徒指導・教育相談に関わるデータは、保健室からの発信として一覧の中で検討しやすいよう工夫して提示する。

（週間）来室状況詳細

◆保健室から児童生徒・家庭へ発信する。

・ほけんだよりを通して、保健室利用状況や感染症の統計を分かりやすく発信する。

保護者の皆様へ

1年間、本校の学校保健活動に御協力いただき、ありがとうございました。

保健室では1年間、お子様が毎日元気に過ごせるためのお手伝いをさせていただきました。

1年間の保健室の統計は、今後のお子様の健康を気に掛けるきっかけにしていただけると幸いです。

これから、進級・進学を迎えることになると思いますが、春休み中も生活リズムを崩さぬよう「早寝・早起き・朝ごはん」をご家庭でも徹底していただき、4月のスタートスムーズに切れるよう御配慮ください。

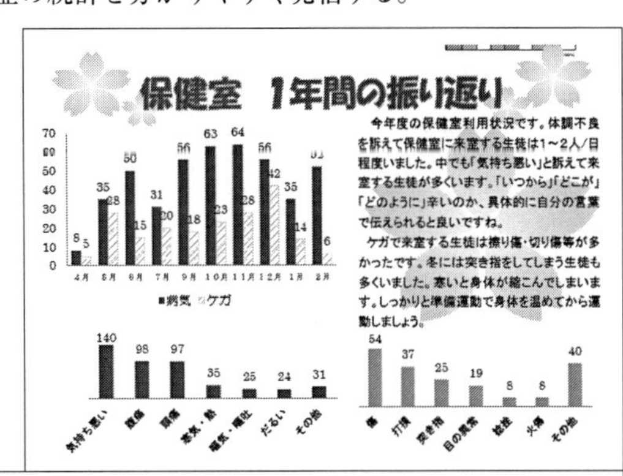

2月インフルエンザ発生状況です。一度は落ち着いたと思われましたが、2月下旬にかけてインフルエンザB型が増えてきました。春はすぐそこですが、まだまだ油断はできません！！このほかに、ウイルス性胃腸炎や溶連菌感染症・水痘等で出席停止になった生徒もいました。

	1週目		2週目		3週目		4週目	
1年	16人	3人	3人	5人	2人	9人	0人	11人
2年	11人	3人	2人	0人	1人	2人	0人	3人
3年	0人	0人	1人	0人	0人	0人	0人	2人

＊＊左側はインフルエンザA型、右の網掛け側はインフルエンザB型です＊＊

保健室だより（来室統計による1年間の振り返り、校内感染症状況）

その他

◆データは蓄積しておく

・該当年度のデータはすぐに取り出せるようにしておくと同時に、在学中のデータも蓄積し適時に活用する。

・パソコンの不具合等も考えられるので、必ずバックアップをとっておく。紙ベースで保存する際には個人情報のため十分な配慮をする。

・今年度の反省、次年度の計画作成のための資料として活用する。

●全教職員に周知してもよいデータと、十分な配慮が必要なデータの取り扱い方法を明確にする。

●文書保存年限を参考にする。データを適宜整理し、不要なデータを残さない。

（新藤　里恵）

Question 8　健康観察の確実な実施と結果の活用はどのように

【Answer：押さえたいポイント】

①健康観察の目的を学級担任はもとよりすべての教職員に周知する。
②養護教諭は健康観察の集計、分析結果を教職員に報告し学校保健活動に活用する。
③日常の健康観察とともにいじめや災害時などの危機管理にも活用できるように日頃から対策を考えておく。

確実な実施と活用をするために

実践の内容

【健康観察の目的と根拠】

「健康観察」は欠席者の状況を把握することはもとより、登校しているすべての児童生徒の日常の心身の状態を継続的に把握し、課題が生じたときにいち早くその異常に気づき迅速な対応をすることが目的である。具体的には以下の項目を挙げる。

①感染症や食中毒などの集団発生状況を把握し、感染の拡大防止や予防を図る。
②いじめや不登校、虐待等メンタルヘルスの問題にいち早く気づき適切な対応を図る。
③日々の継続的な実施によって、自他の健康に興味・関心をもたせ、自己管理能力の育成を図る。

【朝の健康観察の方法及び活用】

□一人ひとり呼名する。
□声の様子、顔色、表情等を確認する。
□子供が自身の体調について申告できるようにする。
□体調不良・遅刻・欠席等が続く場合、個別の対応をする。
□感染症対策に活用する。

【教職員への啓発】

・中央教育審議会答申（H20.1.17）では「（中略）健康観察は、学級担任、養護教諭などが、子どもの体調や欠席・遅刻などの日常的な心身の健康状態を把握することにより、感染症や心の健康課題などの心身の変化について、早期発見・早期対応を図るために行われるものである。」と指摘している、ということを説明する。

【健康観察の機会】

健康観察は、子供が学校で過ごすすべての時間に、全職員で行う。

時間帯	主な実施者	主な観点
朝や帰りの会	学級担任	登校の時間帯・形態・朝夕の健康観察での表情・症状
授業中	学級担任及び教科担任等	心身の状況、友人・教員との人間関係、授業の参加態度
休憩時間	教職員	友人関係、過ごし方
給食（昼食）時間	学級担任	食事中の会話・食欲。食事摂取量
保健室来室時	養護教諭	心身の状況、来室頻度
学校行事	教職員	参加態度、心身の状況、人間関係
放課後	教職員	友人関係、下校の時間帯・形態

☜ここがポイント！

【健康診断の法的根拠】

学校保健安全法第９条（保健指導・健康観察）「養護教諭その他の職員は、相互に連携して、健康相談又は児童生徒等の健康状態の日常的な観察により、児童生徒等の心身の状況を把握し、健康上の問題があると認めるときは、遅滞なく、当該児童生徒等に対して必要な指導を行う。」（平成21年）

【教職員に伝えたいこと】

・その日の欠席者と欠席理由を把握するのみのいわゆる「欠席調べ」になっていないこと。
・子供達が心身共に健康な学校生活を送るために、「健康観察」は日ごろの状態を一人ひとり把握する上で大きな役割を果たしていること。
・健康観察は、登校しているすべての児童生徒の健康状態を把握するための取組であること。
・いじめや不登校、引きこもり、精神疾患、虐待等子供のメンタルヘルスの問題が増加する中、健康観察の適切な実施はこれらの早期発見、早期対応に重要不可欠であること。

（下線加筆）

健康観察の実際

【朝の健康観察実施の方法（小学校例）】

①学級担任が児童の出席を確認しながら１人ずつ呼名する。
☆「東京（太郎）さん」
②児童は自分の健康状態を伝える。
☆「はい　元気です。」→無印
★「はい　かぜ気味です。」→記入
★「はい　頭が痛いです」→記入
★「はい　咳が出ます」→記入
③健康観察表に記入（右表参照）
④１日の学校生活に支障がないかを判断する。
支障なし→経過観察
支障あり→保健室→健康観察・問診
→教室へ戻る、保健室で休養、早退の判断
⑤健康観察終了後午前９時までに、健康観察表を保健室に届ける。又は、養護教諭が直接教室に取りに行く。
⑥養護教諭もしくは学級担任がデータ入力・確認

【健康観察表　記録凡例】
・かぜ…カ　・頭痛…ズ　・熱…ネ
・腹痛…フ　・気持ち悪い（嘔吐）…オ
・下痢…ゲ　・咳…セ　・鼻水…ハ
・胃腸炎…イ　・歯痛…シ　・けが…ケ
・事故欠…∅　・忌引…キ（赤字）
・早退…◯　・遅刻…×　・遅刻早退…⊗
・出席停止…テ（赤字、欄外に病名）
※欠席初日にさかのぼって出停

【健康観察表の実際（例）】

出席日数　　日

	氏名	日	1	2	3	4	5	6	7	8	9	10	11	12	13	14	15	16	17	18	19	20
		曜	金	土	日	月	火	水	木	金	土	日	月	火	水	木	金	土	日	月	火	水
1	東京　太郎					ネ	ネ															
2	保健　幸子		ズ																			
3	○○　○○																					
4	○○　○○						×	×	×													
5	○○　○○																					
6	○○　○○							ズ		テ			テ	テ								
7	○○　○○					セ		セ														
8	○○　○○																					
9	○○　○○					フ	フ															
10	○○　○○																					
11	○○　○○												ネ	ネ								
12	○○　○○																					
13																						

【活用】
・養護教諭は健康観察の重要性を学級担任はもとより、すべての教職員に周知する。
・集計、分析結果から報告し、感染症対策、学校行事の開催時期の検討・調整などに活用する。
・「不登校」の徴候等の発見に活用する。

【その他】
・健康観察は児童生徒の日頃の体の健康状態の把握はもとより、「心の健康状態」も把握できるような項目も日頃から考えておき自然災害やいじめ事故対策などに活用し、健康の危機管理に対応できるように配慮する。まさに、日常の健康観察は危機管理の基本ともいえる。

（東　真理子）

＜保健管理（健康診断）＞

Question 9　効果的な健康診断の工夫は

【Answer：押さえたいポイント】

①計画（Plan）、実施（Do）、評価（Check）、改善（Action）を見える化する。
②健康診断の事前指導・実施時の指導・事後指導を計画的に行う。

	実践の内容	☜ここがポイント！
見える化の意味	・だれもが「ひとめ見てわかる」ように、TO DOリストや写真で健康診断の様子を「見える化」すると健康診断をスムーズに行うことができる。また、引継ぎ資料としても活用できる。 ・健康診断の計画、実施、評価、改善それぞれの工程を記録に残し、「見える化」するとPDCAサイクルを機能させせることができる。	・健康診断は、年に1度しかない。改善点を次に生かすことができるのは来年度になる。健康診断をやりっぱなしにしないで、「次に生かす視点」を持つことが効果的な健康診断の実施につながる。 ・その都度、健康診断の工程を記録に残す習慣をつける。
計画の見える化	・健康診断は養護教諭が一人で準備し、確認しなければならない事項が多い。例えば、耳鼻科検診は当日に「鼻鏡が足りない」となると、健康診断がストップしてしまい学校全体に影響がでる。これらをTO DOリストで見える化すると効率的に健康診断を実施することができる。 **耳鼻科検診　1週間前** □鼻鏡が届く（本数の確認） □指導用ポスターの準備（3日前に配布） □職員の役割分担の確認 □検診器具の動作確認　　など	・1か月前、1週間前、前日、当日、実施後など実施時期ごとにTO DOリストを作成する。 ・TO DOリストに留意事項も入れる。 例）□鼻鏡注文（実施人数＋30本） □前日に学校医へ連絡（10時頃） ・実施した日付を入れておくとよい。 例）☑指導資料配布（㊨5/10）
実施の見える化	・健康診断当日、円滑に健康診断を実施することに集中するあまり、当日の様子を十分に記録できないことがある。会場の写真、学校医の来校時刻、1クラスの所要時間などは必ず記録しておきたい。TO DOリストに記録に残す事項も入れておくことで、計画的に行動できる。 **耳鼻科検診　当日** □スリッパ×2（2F職員玄関） □ウェルカムボード（教頭） □駐車場と門の確認（用務員） □湯茶の準備（事務職員） □欠席者の確認 □会場の写真撮影 □時間の記録　　など	・実施計画や会場図、指導用資料、TO DOリスト等を項目ごとにファイリングすると、「ひとめ見てわかる」ので次年度の実施がスムーズになる。
評価の見える化	・健康診断が終わると、会場の片づけや疾病通知の作成などを進めたくなるが、養護教諭の視点で健康診断実施後の振り返り（評価）を必ず行う。 ・振り返りを行う際は、課題点だけでなく、良かった点についても記録に残しておく。改善案や良かった理由等があれば合わせて記入する。 **耳鼻科検診　実施後** □健康診断実施後の振り返り □会場の片づけ □鼻鏡の梱包（翌日に回収） □疾病通知の作成 □職員にアンケート配布 □医療券の申請 □学校医執務記録簿の作成　など 例）○名札着用を徹底させることで、記録がスムーズにできた。 →朝の会で担任に確認してもらうようにしたのが良かった。 ○指導用ポスターを3日前に配布することで、各クラス指導を徹底することができた。 ▲記録のゴム印が押しにくい。→記録欄を広くしたい。	・TO DOリストに「健康診断実施後の振り返り」を入れる。 ・健康診断実施後の振り返り（自己評価）はその日のうちに行いたい。小さな気づきが、改善につながる。 ・アンケート（他者評価）も有効である。アンケートを行う際は、具体的な改善案も添えてもらうようにするとよい。アンケートは集計し結果を必ずフィードバックする。
改善の見える化	・計画、実施、評価が見える化されていると、改善方法が見えてくる。反省を生かし、必要なことをTO DOリストに加えたり、実施要綱や、記録用紙、指導用資料を改善し、次に生かすようにする。 ・本年度の健康診断の記録（アンケートの集計結果、1クラスの所要時間、会場図など）を来年度の健康診断の実施要項に添付	・PDCAの工程を明確に区切る必要はない。実施しながら評価したり、評価しながら改善をすすめたりする。 例）健康診断実施後の振り返りをしながら、改善案を考える。 TO DOリストに必要なことをその

	すると改善の様子が見える化される。 ・年度内に改善できることは進めておくと、次年度の健康診断の実施がよりスムーズになる。	都度書き足し、改善する。
健康診断の指導	・健康診断における指導の機会は、大きく分けて「事前指導」「実施時の指導」「事後指導」がある。指導する時期や内容を健康診断の実施計画に盛り込むことで効果的に健康診断を実施することができる。 ・保健指導を充実させることで、子供たちが自ら考え主体的に健康診断を受けることができるようになり、健康診断の実施がスムーズになったり、結果を子供たちの生活に生かすことができたりする。	・健康診断は、特別活動の健康安全・体育的行事に位置付けられている。学習指導要領に示されたねらいや内容等を踏まえた指導を行う。
事前指導	**【子供たちが主体的に健康診断を受けるための工夫】** 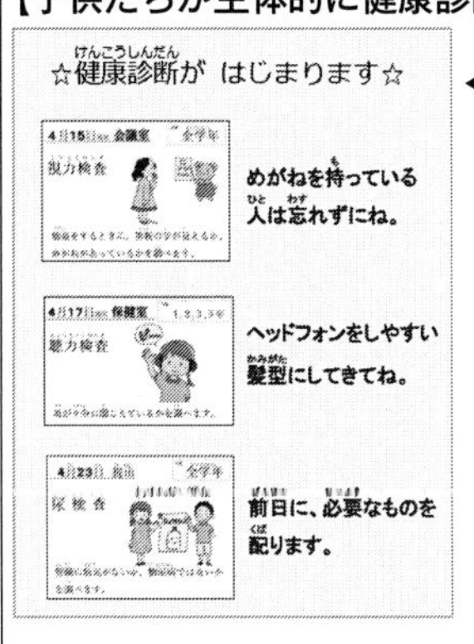 ← 保健室前などに健康診断のガイダンスを掲示 ← 教室での指導資料（ポスター） 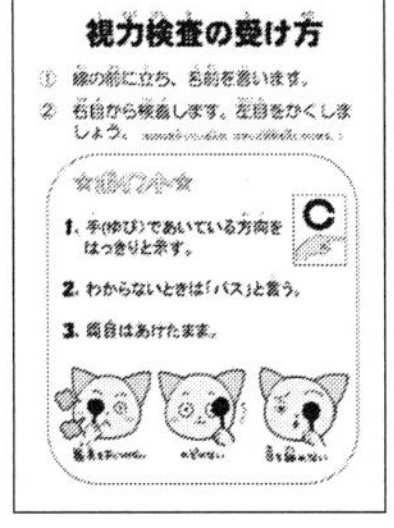 「アクティブ・ラーニング対応！養護教諭の実践に活きるワークシート・資料」23～27頁、養護教諭ワークシート開発研究会（代表・三木とみ子）、ぎょうせい 2016、12	・４月から５月にかけて、本年度の健康診断のガイダンス（実施日や対象学年など）を一覧にして掲示すると、学校全体が見通しを持つことができる。 ・子供たちは自分に関係のある内容のため関心を持って掲示を見る。「次は耳鼻科検診だね」「歯科健診があるから、歯みがきをしっかりしよう」などのつぶやき声が子供から聞こえる。 ・いつ、どこで、だれが、なにを、なぜ、どのようにするかを明確にすることで、子供たちは主体的に健康診断を受けることができる。 ・健康診断の事前指導は、学級担任が行うことが多い。実施しやすいように、指導用資料を配布する。 ・教室での指導資料の配布日を、内容に合わせ、実施３日前、前日など年度当初に計画しておく。
実施時の指導	**【スムーズに健康診断を行うための工夫】** 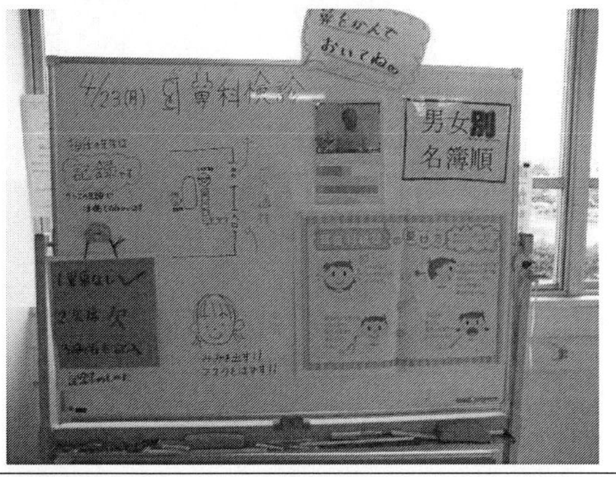 	・ホワイトボードに並び方、教員の役割分担など健康診断当日のことを記載し会場前の廊下に置くと、順番を待ちながら必要なことを確認できる。 しずかに  健康診断の会場では、言葉で指示するより、ノンバーバルな指示が有効である。
事後指導	**【健康診断結果を子供たちの生活に生かすための工夫】**  疾病通知にカードをつけ早期治療を促す。  学校歯科医が認定する。子供たちが、歯みがき指導の内容を日常に生かす姿が見られるようになる。	・「むし歯の治療率80％」「水泳開始までに全員治療させる」など具体的な目標を定めたり、「正しい歯のみがき方が身についていない」「視力低下が○年生に多い」など校内の実態を明確にしたりすることで、いつ、どこで、だれが、なにを、なぜ、どのように働きかけると効果的か明確になり、事後指導が充実する。

（椚瀬　奈津子）

Question 10　入学式・卒業式などでの健康管理はどのように
―養護教諭の視点、立ち位置、用意しておくグッズなどを中心に―

【Answer：押さえたいポイント】

○事前：①入学式、卒業式の進行内容、日程や会場配置の把握、②身体的に配慮を要する児童生徒の把握
③児童生徒、保護者への指導、④傷病者発生時の対応、⑤職員の役割分担の明確化

○当日：①式場及び保健室内の確認、②担任による朝の健康観察の確実な実施

○事後：①振り返りと次年度への課題の明確化

	実践の内容	☜ここがポイント！
事前準備	①養護教諭は、職員会議で決定した入学式、卒業式などの進行内容、日程や会場の配置などを把握する。 ②身体的に配慮を要する児童生徒とその対応について検討する保護者は主治医に相談する。その内容を基に養護教諭は学年主任や担任と連携をとる。また、全職員で共通理解をする。 ③児童生徒への指導内容（担任と協力） ・入学式、卒業式に向けて、規則正しい生活を心がけること。 ・衣服による気温の調節を図ること。 ・体調が悪くなった場合は、遠慮なく先生に申し出ること。 ④傷病者発生時の対応 【傷病者発生時の対応例】 傷病者発見（この時、周囲が動揺したら静かにさせる） ↓ 養護教諭は問診・視診・触診等を行い、救急処置を行う ↓ 医療機関へ搬送が必要：診察依頼をし、保護者へ連絡する 必要ない：保健室で休養させ、状況によっては保護者へ連絡する ↓ 校長・教頭・保健主事・担任に報告、連絡する	**〈儀式的行事のねらいを押さえておく〉** 学校生活に有意義な変化や折り目を付け、厳粛で清新な気分を味わい、新しい生活の展開への動機づけとなるようにすること。行事には、入学式、卒業式、始業式、終業式、修了式などがある。 **〈児童生徒、保護者への指導のポイント〉** ○入学式→入学説明会の時に保護者へ指導 ・早寝早起き朝ご飯の生活を心がける。 ・体調の悪い人がいたら、近くにいる先生へ連絡する。 ○卒業式→事前に子供へ指導も上記と同様 **〈職員の役割分担を明確に〉** 記録、観察、救急処置、保護者への連絡、医療機関への連絡、他の生徒への指導、救急車要請、教育委員会へ報告 ○保護者に説明できるよう子供の症状や対応について記録をとること。また、前日や登校前の健康状態を詳しく聞くこと。 ○医療機関へ搬送する際は、保護者に保険証などを持参するように伝えておく。
当日	①式場及び保健室内の確認―健康・安全の視点から― ・養護教諭の席とともに、式場全体を見回して見えにくい箇所を確認する。 ・式開催中に発生した児童生徒の救急対応を考慮し、保健室での対応の在り方を周知する。 ・傷病者が動けない場合を想定して、式場内にAEDや担架、車いす、毛布などを配置しておく。 ②担任による朝の健康観察の確実な実施 ・少ない時間の中でも、子供の顔色、表情を見る。 ・体調不良の場合、保護者に参加の確認をとる。	**〈これが大事！〉** 緊急時の対応を円滑に行うためには、最悪の事態を考えて、傷病者が発生した場合の対応を想定しておくことが重要です！ 日報とは１日の予定や連絡、出張などを記載し、共通理解を図るためのもの。 当日の朝、連絡する時間がないと思われる場合は、日報を活用するとよい。式に参加する場合は、本人の健康状態を見る。

<table>
<tr><td></td><td>○これだけは伝えておこう！式直前の全体指導
（担任の先生から伝えてもらうと良い）
・養護教諭の座席について事前に知らせておくこと。
・体調の悪い人は、無理しすぎないこと。
・式が始まる前にトイレに必ず行っておくこと。
○保健室はいつでも利用できる状態にしておくこと。
・室内を暖かくしておくと、体調が悪い人もホッと安心する。
・すぐベッドで休養できるように布団を整えておく。</td><td>〈養護教諭としてやっておこう！〉
○身体的に配慮が必要な生徒が式に参加する場合は、本人の健康状態を見ると良い。
○児童生徒が動けない場合は、近くの職員に応援要請し、保健室へ移動。
＊救急処置セットは、ウエストポーチを使用すると両手が空くので対応が円滑かつ効果的である。</td></tr>
<tr><td>事後</td><td>【振り返りと次年度への課題の明確化（主な評価項目）】
①職員の協力体制を得ることができたか。
②子供への事前指導は適切に実施できたか。
③傷病者が発生した場合、救急処置を適切に実施できたか。
④傷病者の保護者に説明ができたか。理解が得られたか。
⑤校長、教頭、保健主事、学年主任、担任への連絡、報告が円滑に行えたか。
⑥次年度への課題を明確にすることができたか。</td><td>〈記録を残して次年度に活かす〉
・式が終わるとついつい反省点は忘れがちになる。
・式終了後、評価と反省点を挙げ、必ずメモに残し次年度に向けて活かすようにする。
・そのためにはその行事が始まる前に振り返り項目を設定し事前に配布する。</td></tr>
<tr><td>Q&A</td><td>【入学式・卒業式に関するＱ＆Ａ】
Q：長期に入院していた子供が卒業式に参加する場合は？
A：・参加の可否と留意事項について健康相談を行う。その際、主治医に相談してもらう。
・緊急時の対応についても併せて共通理解を図る。
・卒業証書を登壇して受け取る場合は、職員のサポートの有無について話し合い、当日の子供の動きを確認する。

Q：養護教諭の席が子供達の最後尾にあるので、顔色などがわかりません。後ろの席から体調不良の子を早期発見するポイントや配慮する点を教えてください。
A：養護教諭は、傷病者に付き添って退席することを想定し、会場の出入口付近に席を設定することがある。最後尾からでは子供の顔色や表情がわからないので、次のことに留意する。
①頭部がふらつく
②体の上下左右の揺れや姿勢を観察
③周囲の行動の変化
（相手に声をかけていたりするので変化に気づきやすい）
④行事関係者担当にあらかじめ養護教諭の座席の位置設定について理由をつけて連絡する。</td><td>〈押さえておく視点〉
・当該する子供の式への参加や行動範囲を確認
・子供の席の付近に保護者の席を用意し表示
・連絡方法等の緊急時の対応の仕方の確認
・職員の協力の仕方（役割分担の明確化）
・車いすや担架などの必要な備品等の確認

・朝の健康観察で、体調不良者の確認
・会場の環境整備に努める（長時間にわたる場合は、途中で換気するなどの配慮）
・脳貧血をおこしやすい子供への対応の仕方の確認
・必要な用具などの準備を日頃から確認
例：担架と車いす、AED、毛布の所在確認、救急処置セット以外で所持する物（膝掛け、タオル、ビニール袋、嘔吐物処理セット等）</td></tr>
</table>

（岡野　容子）

Question 11　宿泊行事の事前事後指導はどのように

【Answer：押さえたいポイント】

①学習指導要領に示された宿泊行事のねらいや内容等を踏まえ、目的や目標を子供や保護者、教職員と共有しながら指導を行う。

②宿泊行事での学びを、子供たちの普段の学校生活に結びつけるよう指導を行う。

	実践の内容	☜ここがポイント！
宿泊行事の説明会	・宿泊行事に向けて子供たちの意欲が高まっている時期に、家庭の協力を得ながら、基本的生活習慣について指導すると効果的である。保護者に子供たちに身に付けさせたい力（十分な睡眠、身の回りの整頓、薬の管理など）を伝え協力を依頼する。 ・宿泊行事の前に月経指導を行うことがある。月経指導を行う際は、指導時期や内容を保護者に伝える。月経が始まっていない児童でも、いずれ必要になるので、宿泊行事に必要な物品を揃えるこの機会に親子でコミュニケーションをとりながら準備してもらうようにするとよい。 **説明会の内容** ○前日までの健康管理 ○当日の健康管理 ○帰宅後の健康管理 ○薬の管理方法 ○保険証の扱い ○事前の保険調査のお願い ○臨時の健康診断について ○食物アレルギーへの対応 ○日本スポーツ振興センター ○子供たちへの事前指導の内容 ○近隣の医療機関について　　など	・実際に子供たちが過ごすタイムテーブルと同じ起床・就寝時刻を家庭でも実践してもらうと、現地で体調不良になる子が少なくなる。 ・宿泊行事で実際に起きたヒヤリ・ハットを例にあげながら説明すると保護者の協力を得やすい。（前日から風邪気味だったが、宿泊行事に参加したところ、夜に高熱が出てしまい、宿まで保護者に迎えに来てもらうことになった。ぜんそくの薬を服用しようとしたところ、薬が鞄のどこに入っているかわからず、夜中に大捜索した等） ・月経指導を行う際は、母親が不在の家庭もあるので配慮する。
臨時の健康診断	・事前調査（保健調査や健康観察など）をもとに、学校医による臨時の健康診断を必要に応じて行う。 ・事前調査に記入漏れが多くては効果的な健康診断ができない。保健調査や健康観察を行う目的について、保護者や子供たちに十分に説明することで、協力が得られ、臨時の健康診断を効果的に行うことができる。 ・宿泊行事前の健康観察では、担任の協力を得ながら、子供たち一人ひとりの体調や服薬の様子、睡眠時間等を毎日確認する。 ・臨時の健康診断の結果は、引率職員で共有する。個人情報なので取り扱いに十分注意する。	・臨時の健康診断の結果、受診が必要になる場合がある。出発前に受診ができるよう健康診断の実施日程について考慮する。 ・職員に健診結果を配布する際は、紛失することのないように工夫する。（スティックのりで、しおりに健康診断結果を貼ったところ、のりがはがれ書類を紛失しそうになるというヒヤリ・ハットがあった。しおりに書類を貼る際は、はがれないよう注意する。）
健康相談	・健康診断の結果や、保護者からの申し出などにより、健康相談を必要に応じて行う。対象となる疾病は、食物アレルギー、ぜんそく、てんかん等がある。 ・健康相談の内容を記録し、引率職員で共有する。個人情報の取り扱いに十分注意する。 **健康相談の記録内容** ○健康相談の実施日時 ○健康相談の参加者 ○配慮事項 ○対応方法 ○かかりつけ医療機関 ○現地で受診可能な医療機関 ○保護者の緊急連絡先 ○保護者や子供のねがい　　など	・健康相談を行う場合は、実施日時を校内で周知する。 ・健康相談の記録をワンペーパーにまとめ、保護者にも内容を確認してもらうと、相互理解が深まる。
薬の管理	・事前の保健調査で子供たちが持参する薬を把握する。 ・薬を持参する時の約束を全体に指導する。（他の人にあげない。服薬時間を守る。体調不良で服用する時は養護教諭に報告する等） ・薬を持参させる場合は、保護者の協力が欠かせない。服用のタイミングについて家庭で指導してもらう。 ・薬については、基本的には児童が自分で管理できるように指導するが、子供任せにするのではなく、必要な薬を服用したか確	・子供たちは、普段の環境と違う場所で生活をしていると、服薬を忘れがちである。保護者に、子供といっしょに服用のタイミングを確認し、しおりのタイムテーブルに書き込んでもらう。

<table>
<tr><td></td><td>認することは欠かせない。現地で服用の確認ができるように服薬確認表を作成する。
・薬は、小さい袋に１回分ずつ小分けにし、いつ、どんな時に服用するか、保護者に書いてもらう。
・酔い止めは、30分前に服用する必要があるものが多い。いつ飲むのが効果的か乗車時間など考慮し事前指導する。
年組　氏名
○月○日
昼食後に服用</td><td>・必要に応じて薬を預かる場合は、養護教諭が病院への引率で不在になることもあるので、保管場所を引率職員で共有しておく。</td></tr>
<tr><td>係活動の事前指導</td><td>・宿泊行事での健康管理に、保健係の子供たちの協力は不可欠である。仲間の体調不良にいち早く気づくことができるのは、いちばん近くで一緒に生活している子供たちである。係別の事前指導では、常に周りの子に気を配ることの大切さを伝える。
・食事の摂食状況に気を配るように保健係に指導する。養護教諭が、食事の際に、各テーブルを回り、保健係の子に食事がとれていない子を報告してもらうようにする。
・現地では、生活班ごとに健康観察カードを活用し、参加児童全員の健康状態を把握する。事前指導で「なぜ、決められた時間までに健康観察カードを提出しなければならないのか」「健康観察カードを時間通り全員が提出できるようにするためにはどうしたらよいか」保健係に考えさせる。
健康観察カード　目標
<table>
<tr><td rowspan="2">名前
(平熱)</td><td colspan="3">月　日(　)</td><td colspan="3">月　日(　)</td><td colspan="3">月　日(　)</td></tr>
<tr><td>朝
(　:　)
(~7:20)</td><td>宿到着
(　:　)
(~4:00)</td><td>就寝前
(　:　)
(~8:00)</td><td>朝
(　:　)
(~6:15)</td><td>宿到着
(　:　)
(~4:00)</td><td>就寝前
(　:　)
(~8:00)</td><td>朝
(　:　)
(~6:15)</td><td>昼食
(　:　)
(~12:00)</td><td>バス
(　:　)
(~4:00)</td></tr>
<tr><td>例 ○○ ○○
(36.5 ℃)</td><td>◎
(36.4 ℃)</td><td>△
(36.4 ℃)</td><td>○
(36.4 ℃)</td><td>△腹痛
(36.4 ℃)</td><td>○
(36.4 ℃)</td><td>○
(36.4 ℃)</td><td>◎
(36.4 ℃)</td><td>○
(36.4 ℃)</td><td>○
(36.4 ℃)</td></tr>
<tr><td>(　℃)</td><td>(　℃)</td><td>(　℃)</td><td>(　℃)</td><td>(　℃)</td><td>(　℃)</td><td>(　℃)</td><td>(　℃)</td><td>(　℃)</td><td>(　℃)</td></tr>
<tr><td>(　℃)</td><td>(　℃)</td><td>(　℃)</td><td>(　℃)</td><td>(　℃)</td><td>(　℃)</td><td>(　℃)</td><td>(　℃)</td><td>(　℃)</td><td>(　℃)</td></tr>
<tr><td>(　℃)</td><td>(　℃)</td><td>(　℃)</td><td>(　℃)</td><td>(　℃)</td><td>(　℃)</td><td>(　℃)</td><td>(　℃)</td><td>(　℃)</td><td>(　℃)</td></tr>
<tr><td>(　℃)</td><td>(　℃)</td><td>(　℃)</td><td>(　℃)</td><td>(　℃)</td><td>(　℃)</td><td>(　℃)</td><td>(　℃)</td><td>(　℃)</td><td>(　℃)</td></tr>
<tr><td>(　℃)</td><td>(　℃)</td><td>(　℃)</td><td>(　℃)</td><td>(　℃)</td><td>(　℃)</td><td>(　℃)</td><td>(　℃)</td><td>(　℃)</td><td>(　℃)</td></tr>
</table>
年　組　班　保健係（　　　）
・「夕食までに全員が健康観察を完了する」などみんなで声を掛け合い協力することで達成できる具体的な目標を立てる。</td><td>・係の子供たちに使命感を持たせるために、係活動の最初に目標を考えさせると効果的である。
・子供たちが自ら考え行動できるように、体調不良のサインや保健係として大切なこと等を事前指導で伝える。
・受診が必要な児童が居ても、健康観察カードがそろわなければ、病院に引率できない。時間までに全員の健康状態を把握することの重要性を指導する。
・担当職員と協力し、近隣の医療機関の受付時間や宿からの距離を考慮し、健康観察を何時までに完了すれば良いかを踏まえ、しおりのタイムテーブルに健康観察の時刻を入れる。
・みんなで協力することで目標を達成できることを価値づけ、集団としての成長を促す指導を行う。</td></tr>
<tr><td>事後指導</td><td>【係活動】
・宿泊行事後の係活動で、振り返り（自己評価）をさせると、宿泊行事での学びを普段の学校生活に生かすことができる。
・事前指導をしっかり行うことで、子供たちは自分の活動を目標に照らして評価することができる。
・子供たちに振り返りをさせる際は、改善点だけでなく、良かった点や頑張ったことを積極的に評価させ、自分たちの成長が実感できるようにする。
【各教科等との関連】
・特別活動や総合的な学習の時間などで該当学年の児童を指導する際、宿泊行事での学びや体験を思い出させ、関連づけるように指導する。
【事後の健康観察】
・宿泊行事から戻った後もしばらくの間、担任と連携しながら、宿泊行事によるけがや疾病等がないか、健康観察をする。
・必要に応じて、日本スポーツ振興センターへの申請を行う。（旅行会社を通して任意の保険に加入している場合は、その適応についても合わせて確認する。）</td><td>・現地で子供たちのがんばりや、良かった点をメモしておき、事後指導の際にフィードバックする。
・普段の学校生活を見守りながら、宿泊行事での学びを生かせるよう時折声をかける。
・体育科の保健領域では、心の健康や、病気の予防などで宿泊行事と関連づけた指導をすることができる。
・宿泊行事後に健康管理で使用することがあるので、事前調査や健康観察はしばらく保管しておく。</td></tr>
</table>

（椚瀬　奈津子）

Question 12　運動会の健康管理はどのように

【Answer：押さえたいポイント】

①運動会・体育祭における緊急時の対応を全教職員が共通理解しておくこと。

②児童生徒の心身の健康状態の把握（保健調査票や健康診断結果の活用、配慮事項）について全教職員が共通理解しておくこと。

	実践の内容	☜ここがポイント！
心身の健康状態の把握	◆健康状態についての情報を把握する ・保健調査票から既往歴、現病歴、健康面で配慮が必要な項目をピックアップし、情報を整理しておく。 ・健康診断の結果をもとに所見があったものについてまとめておく。 ・特別な配慮が必要な児童生徒については、保健調査票や健康診断結果の他に、保護者からの情報や学級担任、部活動顧問等からの情報を整理しておく。 ◆全教職員で情報の共通認識を図る ・誰でもいつでも対応ができるよう、健康面で配慮が必要な生徒についての一覧を作成し、緊急時に即取り出せるようにしておく。 ・特別な配慮が必要な場合は、対応がスムーズに行えるよう、学級担任や学年主任等、関わる可能性のある教職員で事前にシミュレーションをしておく。	●中学校１年生は、小学校からの申し送り事項や漏れがないか確認しながら情報を整理する。小学校、高等学校も同様の視点で進める。 ●既往歴や現病歴がある場合は、主治医の指示のもと参加させる。また、生活管理指導表の有無、緊急時の対応や服薬内容についても確認しておく。 ●個人情報のため、周知の際に全教職員に配布する場合は番号管理し、資料を手元に保管する必要のない職員は返却する。個人情報の一部を鍵のかかる場所に保管するが、誰でも閲覧できることを周知する。当日は、持ち出す責任者を決め、管理を徹底する。
救急体制の整備	◆校内の緊急連絡体制の確認 ・けがや熱中症等、事故が発生した際の連絡系統を確認し、全教職員が共通認識のもと動けるよう、事前に職員保健部会等で検討したことを職員会議で周知する。 ・医療機関一覧を作成し、全教職員が閲覧できるようにしておく。その際に、診療時間、休診日についても明記する。また、運動会、体育祭が休日に行われる場合には、選択できる医療機関が異なる場合もあるので、行事開催日に診療可能な医療機関を一覧にしておく。 ◆救急法の確認 ・心肺蘇生法、AEDの使用方法、エピペンの使用方法、担架の利用等について校内で救急法研修会を行い、養護教諭だけでなく、全教職員が、誰がいつ事故に遭遇しても同じ対応ができるようにする。 ・運動会・体育祭は屋外で行うことを想定し、必要物品はよく見える場所に置き、全教職員が事前に目視にて確認しておく。 ◆記録用紙の活用 ・軽微なけがや内科的な症状は、一覧で記入できるものを用意する。 ・競技続行が難しく医療機関の受診が必要なものは、バイタルサイン、対応した内容が時系列で記入できるものを使用する。	●校内の緊急連絡体制は、１年間で起きた事例をもとに見直す機会を設け、次年度につなぐ。 ●医療機関一覧は複数部作成し、運動会・体育祭当日は必ずAED付近等の本部のよく分かる所に置いておく。 ●救急法研修会は年に１回企画し、本番を想定したシミュレーションで動けるようにする。近年はアレルギー疾患も増えてきていることから、運動誘発性アナフィラキシーの発生も想定しながら研修を行うと良い。

<table>
<tr>
<td>事前の保健指導・啓発</td>
<td>

◆配布物、掲示物の活用
・ほけんだよりに「運動会･体育祭特別号」「熱中症予防号」等､特集を組んで児童生徒や家庭へ啓発する。
・「熱中症フローチャート」や「けがの手当ての手順」を見やすくまとめ、教室や保健室前等の児童生徒の目に触れやすい場所に掲示する。

◆児童生徒保健委員会の活用
・けがの防止・熱中症の予防・体調管理について、学級でミニ保健指導を行うことで、児童生徒同士で互いに意識づけを行う。
けが→傷口を洗うことの大切さ／防止方法／靴の選び方／簡単な手当ての仕方
熱中症→水分補給の方法／水筒の中身／帽子の着用／汗の処理方法
体調管理→生活リズム／体温／食事／排便

ほけんだより にこにこ 5月号 5月1日 ○○中学校保健室

新年度が始まり、1ヶ月あまりがたちました。たくさんの出会いや行事に押し流されるように過ごした人も多いことでしょう。ピンと張りつめていた気持ちがふとゆるんで、急に疲れを感じるのもこの時期。そんな時にはゆっくり休んだり、好きな音楽を聴いたり、友だちとおしゃべりしたりなど、それぞれ自分に合った方法でリフレッシュしてほしいと思います。

5月目標 ケガのないよう落ち着いた生活をしよう

もうすぐ体育祭 練習・予行・本番で… ケガをしたらどうする!?

すり傷 すぐに水道水でよく洗い流す
洗ったあとに消毒をして、出血のひどいときはガーゼや包帯をします。重傷の場合は病院で診てもらいましょう。

ねんざ だぼく つきゆび すぐに冷やす
まだ練習中だし…、なんて放っておいているうちに、はれがひどくなってきて治りが悪くなります。
とにかくすぐに安静にしてよく冷やす!!
はれや変形がひどい場合はすぐに病院へ行きましょう。
軽傷でも痛むうちは運動をひかえましょう。

爪が割れた！はがれた!! すぐに水洗い・消毒
はがれた爪は無理に取らないでください。元の位置に戻して固定します。全部はがれてしまうなど、ひどいときには病院で診てもらいましょう。

蜂に刺された すぐに石けんと水で洗います！
洗ったあと、虫刺され、かゆみ止めなどの薬をぬります。はれているときは冷やします。20分ほど様子をみて、気分が悪くなるときは病院へ行きましょう。

鼻血 鼻をつまんで下を向く！
上をむいたり、横になったり、ちり紙をつめたりはしません。なかなか止まらないときは鼻の上部を冷やします。

本番の日をベストの体調で迎えられるように体調をコントロールしよう

筋肉が疲労するとケガをしやすくなります。
水分補給をする 意外に汗は多く出ています。のどが渇いていなくても飲もう。
十分な睡眠をとる 疲労は睡眠で回復します。
車だって、ガソリンが入らなければ動きません。

熱中症を予防しよう

WBGT 測定器が 職員室と体育館 にあります。

顧問の先生は活動前にWBGTを測定し、安全に活動ができるよう配慮してください。
・体育館部活→体育館の測定器を使用
・外部活、室内部活→職員室の測定器を使用

WBGT（暑さ指数：湿球黒球温度）とは…
気温・湿度・輻射熱（ふくしゃねつ）の3つを取り入れた温度の指標で、熱中症の危険度を判断する数値として使われています。

暑さ指数（WBGT）＝ 1：7：2
気温の効果 湿度の効果 輻射熱の効果

行事に向けてのほけんだより　　WBGT 測定の方法（測定器とセットで入れる）

</td>
</tr>
</table>

<table>
<tr>
<td>当日の配慮事項</td>
<td>

◆熱中症指数の活用
WBGT 測定器を使用し、熱中症指数を判断基準に用いて、起こりうる傷病について管理職や体育科へ情報提供する。

◆健康観察と休養
・健康観察は担任が直接実施し、前日までに健康面で不安を抱えていた場合はさらに丁寧に当日のコンディションを聞いておく。
・お昼休憩は体を休める意味でも長めに設定し、昼食を食べ終わった後も数十分間は休養させて午後の競技に臨ませる。

</td>
<td>

●指数によっては競技時間の短縮や、中止も視野に入れ、児童生徒の体調管理の徹底を第一に、関係職員と連携して進める。

●昼休憩中に、再度クラスで健康観察を必ず行う。朝と比べて体調など気になる生徒がいる場合には午後の参加方法を含めて養護教諭を中心に関係職員で対応を協議する。

</td>
</tr>
</table>

（新藤　里恵）

Question 13　薬品の廃棄の仕方はどのように

【Answer：押さえたいポイント】

①学校では、救急処置に使用する薬品や理科などの実験に使用する薬品のほか、プール、給食施設、便所などの学校施設・設備の管理などに使用しており、日常の管理も含め学校薬剤師の指導助言を受ける。

②学校で使用している薬品は、酸、アルカリ、重金属や有機化合物等種々雑多であるため、原則として、学校で廃棄処理できる化学薬品はないものと考え、産業廃棄物として専門業者に処理を委託する。

③薬品の中には、少量の場合、中和法、希釈法、中和沈殿法で無害化又は廃棄可能な形に処理できるものがある。この場合は、新しくできた反応生成物を考えて、下水道あるいは公共用水域へ流す、ゴミとして出す、処理業者に委託する等の方法を講じることができる。この際、水質汚濁防止法、毒物及び劇物取締法、廃棄物の処理及び清掃に関する法律等の法律で規制されているので十分に注意する。

	実践の内容	☜ここがポイント！
薬品の使用場所の把握	○どのような場所でどのような薬品が使用され、保管・管理されているかを確認しておく。 (1)　保健室：救急処置に使用する医薬品、医薬部外品、消毒薬 (2)　理科室：理科の実験用の化学物質 (3)　プール：プール水の消毒用薬品 (4)　給食・配膳施設：消毒用薬品、洗浄用薬品 (5)　便所：消毒・殺菌用薬品 (6)　校庭、樹木、花壇：除草剤・殺虫剤等の農薬、肥料	・薬品の管理責任者は学校長であるが、校務分掌によって各々担当者を決めておく。 ・薬品は、誤って持ち出され使用されないよう鍵をかけて保管する。
薬品の廃棄方法	1　学校から排出される紙くず・木くずなどは一般廃棄物として処理できるが、酸、アルカリや有機化合物などは産業廃棄物として処理しなければならない。	・廃棄物の処理及び清掃に関する法律により、学校の活動は事業活動とみなされ、学校から排出される紙くず・木くずは事業系一般廃棄物として市町村が処理をしている。また、廃酸、廃アルカリは都道府県の許可を受けた専門業者が処理を受託している。
	2　薬品は成分、分量によって廃棄方法は種々あるが、通常一般の薬品の場合、廃棄が少量であれば一般廃棄物として処理することは可能である。	
	3　液剤等の薬品を下水道に流す場合には、学校薬剤師に相談する。	・学校薬剤師に相談して、指示を仰ぐ。
	4　薬品を水で希釈して公共用水域へ放流する場合 (1)　水質汚濁防止法の規制を受ける。 (2)　小・中学校、中等教育学校、普通高校の排水は規制されていないが、この法の適用を受けない学校もこの規定を準用する。 (3)　薬品を河川に放流する場合、ほとんどの河川に漁業権が設定されており漁業法第23条の規定により、「物権」として認められている。 　このため、薬品の河川への放流により利益を侵害した場合は、民法第709条の不法行為による損害賠償をする責任を負うことになる。特に、魚介類はシアン化合物、ハロゲン化合物、有機塩素化合物（プールの塩素消毒剤も該当する：通常の遊離残留塩素濃度1.0mg/L以下であれば問題はない。）に弱いので注意する。	・水質汚濁防止法は、特定施設の排水を規制している。学校関係では農業、水産又は工業高校等の排水を対象としているものであり、排水基準が設定されている。（参考：実験廃液の処理方法） ・薬品を河川に放流する場合は、漁業権に配慮する。 ・「物権」とは、すべての人に対して権利を主張できる絶対的な財産支配権のこと。

<table>
<tr><td rowspan="2">ラベルの無い薬品の処理</td><td>1　ラベルの無い薬品が何であるか鑑別する方法はあるが、学校薬剤師が個々の薬品を特定することは困難であるため、廃棄に関しては、その都度、学校薬剤師に相談をする。</td><td>・ラベルの無い薬品の廃棄は、学校薬剤師に相談する。
・医薬品に限らず農薬、理科室で使用する薬品などを購入した場合、管理簿を作成して名称、購入年月日、使用期限、開封年月日、使用量などを記録し、薬品使用の適正を図ることが必要である。</td></tr>
<tr><td>2　薬品の成分が不明なものは、原則として処理業者に依頼する。また、校長は廃棄について教育委員会と相談して対応する。廃棄に当たっては専門の特別管理産業廃棄物収集運搬業や特別管理産業廃棄物処理業者に処理を依頼することになる。</td><td>・産業廃棄物処理業者は、都道府県知事・政令市長の許可が必要であり、処理、処分に当たっては、許可証の提示を求め許可内容の確認が必要である。業者の選定に当たっては、自治体の廃棄物担当課又は各都道府県の産業廃棄物協会に問い合わせをし、確認する。</td></tr>
<tr><td rowspan="2">ゴミとして廃棄する処理</td><td>1　市町村で焼却することを考え、加熱又は燃焼によって、爆発する・有害ガスを出す・高熱を出す・悪臭を出す等のおそれのある薬品は有害物とする。
2　市町村で埋め立てをすることを考え、発火したり排水を著しく汚染するおそれのある薬品は有害物とする。
3　容器に残留した薬品や臭気等が原因で事故が起きた例があるので、空ビンはよく洗い、臭気等を確認してから分別ゴミとして廃棄する。</td><td>・ゴミは、廃棄物の処理及び清掃に関する法律で廃棄物としてガス状のものと放射性物質以外は出してもよいことになっているが、有害物を除いた無害なもの、又は無害化処理をしたものに限られる。</td></tr>
<tr><td colspan="2">【参考：実験廃液の処理方法】
実験廃液の収集、貯蔵については、次の点に注意する。
(1)　貯留区分に従って同一処理可能な物質ごとに貯留する。
(2)　貯留容器は破損や腐食しないものを選び、成分、組成等をラベルに記入する。また貯留量は容器の2/3を限度とする。
(3)　投入時に投入年月日、成分、濃度、投入量、重金属溶存の有無等必要事項を収集区分ごとに記入する。
(4)　内容の不明なものは別途保管する。
(5)　発熱や有毒ガスの発生を確かめながら少量ずつ加える。
(6)　悪臭物質（メルカプタン、アミン）、有毒ガス発生（シアン）、引火性物質（エーテル、二硫化炭素）は、洩れないよう適切な処置をし、早急に処理する。
(7)　爆発性物質（過酸化物）は慎重に取り扱う。
(8)　相互に混合してはいけないものは分類して貯留する。
①過酸化物と有機物
②シアン化合物、硫化物、次亜塩素酸塩と酸
③塩酸、フッ酸等の揮発性酸と不揮発性酸
④濃硫酸、スルホン酸、オキシ酸、ポリ燐酸とその他の酸
⑤アンモニウム塩、揮発性アミンとアルカリ</td></tr>
</table>

・（財）日本学校保健会：「学校における薬品管理マニュアル」、日本学校保健会、平成 23 年
・新潟県学校薬剤師会：「学校における薬品管理の手引き―五訂版―」、新潟県学校保健会、平成 18 年

（謝村　錦芳）

Question 14　夏期休業中の水質管理はどのように

【Answer：押さえたいポイント】

①水道事業者は、飲料水を安心して飲めるよう、塩素剤を用いて殺菌して供給している。学校では、末端給水栓で残留塩素があることを確認して児童生徒・教職員に提供する必要がある。

②水道は使用していないと、受水槽、高置水槽及び水道管に滞留した水の塩素が消失し、水中で微生物が繁殖し、事故の原因となることがある。

	実践の内容	☜ここがポイント！
学校環境衛生の基準	1　飲料水の水質の日常点検は、児童生徒・教職員が学校にいる限り必ず実施し、安全の確認をする必要がある。 2　飲料水の水質 (1)　給水栓水については、遊離残留塩素が0.1mg/L以上保持されていること。ただし、水源が病原生物によって著しく汚染されるおそれのある場合には、遊離残留塩素が0.2mg/L以上保持されていること。 (2)　給水栓水については、外観、臭気、味等に異常がないこと。 (3)　冷水器等飲料水を貯留する給水器具から供給されている水についても、給水栓水と同様に管理されていること。	・夏期休業中においても、部活動やプール開放等の教育活動で児童生徒が登校する日があり、教職員は通常勤務しているため、飲料水の水質管理は重要である。
日常点検の方法	1　検査は、給水系統の末端の給水栓で行う。校舎ごとに高置水槽がある場合は、その校舎（給水系統）ごとに行う。 2　直結給水は、水道事業者により水質検査が実施されているが、学校では日常点検を行う必要がある。	・日常点検は、校務分掌等に基づき教職員の役割を明確にして実施する。休業中の担当は決めておくとよい。
	3　給水栓で遊離残留塩素が検出されない場合は、5～10分間程度水を流して、給水管の中の溜まり水を捨ててから再び測定する。	・遊離残留塩素濃度が基準を満たさなかった場合は、高置水槽、受水槽から直接採水する等、給水経路をさかのぼって遊離残留塩素濃度を追跡し、何らかの汚染が生じていないか点検することが必要である。 ・遊離残留塩素濃度が基準を満たさない間は、水の飲用を中止し、速やかに学校薬剤師に相談して指示を仰ぐ。
	4　夏期、冬期休業等で長期間使用しなかった場合には、休日明けに特に多めに放水した後、遊離残留塩素の測定及び色、濁り、臭い、味を点検する。 5　冷水器等飲料水を貯留する給水器具については、その供給する水について、遊離残留塩素が0.1mg/L以上保持されていることを確認する。	・長期休業中は、飲料水の使用量が少なくなることから、休日明けに遊離残留塩素濃度が低下するおそれがあるので注意を要する。
受水槽式給水の管理の範囲	1　多くの学校は、図のような受水槽式給水で、校舎ごとに高置水槽を設置し各給水栓に水を供給している。図の受水槽の有効容量が10m^{3}を超えていれば簡易専用水道に該当する。また、受水槽の有効容量が10m^{3}以下のものは小規模貯水槽（または、受水槽）水道と呼ばれ水道法の対象とはなっていないが、条例により衛生上の措置が義務付けられている。 2　学校が管理する範囲 (1)　水道施設 水道メーターから給水栓まで（水道メーターは含まない） (2)　水質 受水槽に貯められた水及び管の途中で温水器や冷水器等を通った水	

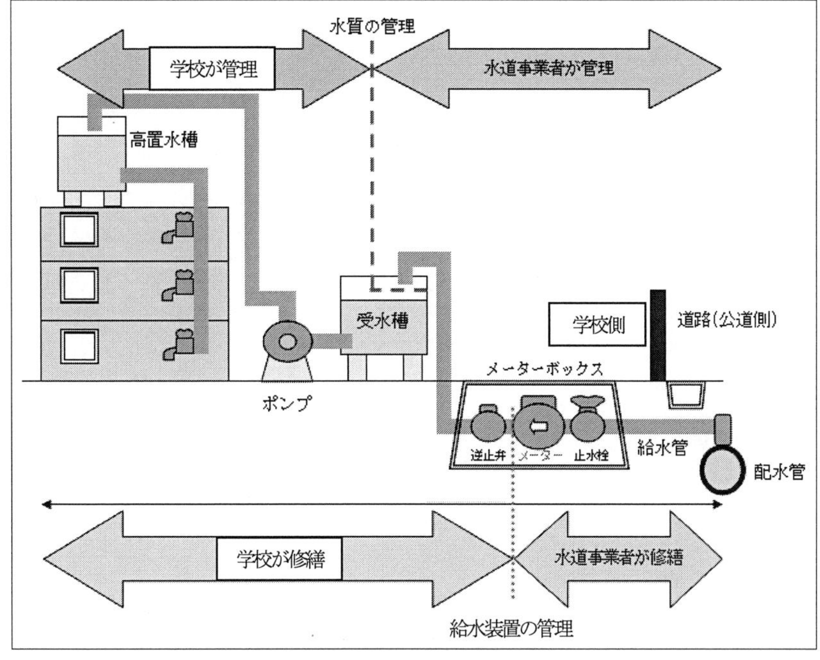

水道施設の維持管理	1　水道は水道法により区分され、区分に応じて管理すべき内容が異なっているため、学校の設置者及び管理担当者は、学校で使用している水道の給水源の種類について、上水道（直結給水）、簡易水道、専用水道、簡易専用水道及び井戸その他の別を確認しておく必要がある。 2　多くの学校は、簡易専用水道に該当する。簡易専用水道は、水道法第34条の2に基づき1年以内ごとに1回、厚生労働大臣の登録を受けた簡易専用水道の検査機関に依頼して、簡易専用水道の管理について必ず検査を受けなければならない。また、水道法施行規則第55条に基づき、1年以内ごとに1回、定期的に水槽（受水槽、高置水槽）の清掃を行う必要がある。 3　受水槽に貯水した水が、どのような経路で給水栓から出ているか、図面等で確認しておく。	・専用水道は、水道法に基づいて検査し管理すること。 ・井戸等は、厚生省生活衛生局長通知「飲用井戸等衛生対策要領」により管理について指針が示されている。 ・水槽の清掃は、夏期休業の明ける頃に行うことにより、清掃後のきれいな状態で飲料水を給水栓に提供できる。 ・水槽の清掃は、専門的な知識・技能が必要なため建築物における衛生的環境の確保に関する法律に基づく知事等の登録を受けた建築物飲料水貯水槽清掃業者を活用すること。
残留塩素の測定	1　遊離残留塩素の測定は、厚生労働省告示で5つの方法が示されているが、学校ではDPD（ジエチル-p-フェニレンジアミン）法の簡易法が汎用されている。 (1)　末端給水栓で2～3分間水を流す。 (2)　検水の色や濁りの状態が同じ条件となるようにするため、残留塩素測定器の比色板の試験管に飲料水を入れる。 (3)　残留塩素測定器の検査用の試験管に試薬（DPD試薬）を入れる。 (4)　その残留塩素測定器の試験管の標線まで飲料水を入れて振る。 (5)　直ちに飲料水の発色を比色板の標準色と比較する。 (6)　最も近い標準色の数値を読み取る。 (7)　検査結果は、記録し保存する。	・遊離残留塩素濃度は、直ちに比色板により比較する必要がある。時間の経過により、試薬が結合残留塩素とも反応して、遊離残留塩素と結合残留塩素（の一部）の合計した発色となるためである。 ・DPD試薬の添加量が不足すると測定値が低く出るため、DPD試薬は説明書に従って定められた量を添加すること。

・文部科学省：「学校環境衛生管理マニュアル「学校環境衛生基準」の理論と実践［平成30年度改訂版］」、平成31年

（謝村　錦芳）

Question 15　寝具の日常の管理はどのように

【Answer：押さえたいポイント】

①日常の清掃をこまめにして、清潔に心がけることが第一である。
②寝具は、必要に応じ専用の掃除機による清掃をし、定期的に乾燥を行うこと。
③感染症に感染している児童生徒が使用した後は、速やかに寝具を交換する等の対応を行うこと。

	実践の内容	☜ここがポイント！
学校環境衛生の基準	保健室は、救急処置を行う場、休養する場としての機能を持っている。「いつでも誰でも、どんな理由でも来室することができる」という教室とは違う特徴があり、安静・休養のためだけでなく健康相談活動を進めるに当たっても寝具は心身の安定をもたらす効果がある。このため寝具は、重要な備品といえる。しかし、年間を通して活用している備品であり、不特定多数の児童生徒が利用するものなので清潔でなければならない。 1　日常点検（(8)学校の清潔の(ア)） 寝具は清潔に保つことが必要であり、必要に応じて掃除機をかけることが大切である。清掃は風の強い日以外は窓を開けて行う。室内には目に見えない微生物や汚染物質などの微粒子、ハウスダスト、有機化学物質が含まれている場合があるので、効率よい寝具専用の掃除機を使用する。 2　定期検査（ダニ又はダニアレルゲン） ダニは温度及び湿度が高い時期に発生するため、学校保健委員会で学校保健年間計画を検討する際に検査する時期を検討し、毎学年1回定期的に保健室の寝具についてダニ又はダニアレルゲンの検査を行う。	・電気掃除機を用いて日常的に掃除を行う際、集じんパックやフィルター等の汚れの状況を確認し、電気掃除機の吸引能力が低下しないように注意する必要がある。 ・ダニは、温度20～30度、湿度60～80％の高温多湿の環境を好む。 ・検査時期は、学校薬剤師から提案される場合がある。
管理の方法	1　日常の管理 保健室は、ほぼ毎日児童生徒が使用しているため、カビの発生がないよう寝具を清潔に保つように心がける。 寝具の清掃に合わせて、保健室の床の拭き掃除、机上の清掃、ほこり掃除も実施する。 2　定期的な管理 次の目安で実施するが、使用頻度、寝具の材質や季節によって異なるため、必要に応じて増減すること。 (1)　寝具の清掃：1回／週 (2)　寝具を干す：1～2回／週 布団は、季節によって日差しの強弱が違うが、晴天時の午前10時から午後2～3時に干し、日光を長く当てて布団全体を高温にすることによって、ダニを死滅する効果がある。 (3)　布団カバーやシーツの洗濯：1～2回／週 のり付けすることによって、布団の中からのダニの出現を防ぐことができる。	・掃除機を使用する際、排気口は外気側に向け、児童生徒に排気が当たらないように注意する。 ・寝具の掃除機かけは、ゆっくり丁寧（一平方メートル当たり1分間）に縦と横にそれぞれ動かすと効果的である。 ・布団を掃除する時は、シーツを外して表と裏の両面に掃除機をかけることによりダニの死骸も吸い取ることができる。 ・寝具の天日干しは、ダニは死滅してもアレルゲンは残るため、天日干しのあと掃除機をかける必要がある。 ・布団カバーやシーツは使用頻度等を考慮し適切に交換すること。
	感染症に感染している児童生徒が使用した後の寝具の管理には、臨時的な対応が必要である。 1　アタマジラミ アタマジラミは、頭髪の接触で感染する。アタマジラミの保有者が使用した寝具には、一時的にシラミが	

臨時的な対応	付着し、２～３日生存している可能性がある。 ⑴　枕カバーやシーツは、感染した児童生徒の使用後速やかに交換し、洗濯する。 ⑵　使用した枕カバーやシーツは、60度以上の温風乾燥機に30分以上かける。又は、60度以上のお湯に５分程度浸す。（シラミの殺虫） ⑶　布団は、こまめに天日干しする。	
	２　疥癬 疥癬の病原体は、ヒゼンダニである。疥癬は、ほとんどの場合、直接肌と肌が長時間接触することにより感染する。また、まだ人肌の温度が残っている布団やシーツの共用により感染する。 ⑴　感染した児童生徒が使用した寝具は、速やかに交換する。 ⑵　寝具に掃除機かけをする。角化型疥癬の場合、集じんしてゴミの中に落屑が混じっている可能性があるため、集じんパックを処理する時は、手袋を着けて作業し、まき散らさないようにする必要がある。 ⑶　疥癬は、熱や乾燥に弱いことから、50度の温風乾燥機に10分以上かける。	・疥癬は、手指、胸、腰、太もも、手、足にかゆみ、赤い発疹などの症状が現われる。 ・疥癬が疑われる発疹が認められたら、医療機関への受診を勧める。 ・疥癬は、通常疥癬と角化型疥癬の２つのタイプがあり、治療や予防の対応が異なる。
	３　ノロウイルスによる感染症 ノロウイルスの感染者の主な症状は、急な嘔吐、下痢、腹痛及び発熱である。感染者が自らの嘔吐物で衣類を汚している場合、ノロウイルスが寝具に付着する可能性がある。また、ノロウイルスは感染力が強いため、感染者が触れた場所は、200ppmの次亜塩素酸ナトリウム液を使用して消毒する必要がある。 ⑴　リネン類 ①嘔吐物が付着した枕カバーやシーツは、吐物中のウイルスが飛び散らないように拭い取った後、バケツなどに洗剤を入れた水の中でもみ洗いする。 ②下洗いしたリネン類は、85度の熱湯に１分間以上浸す熱水洗濯をする。 　または、下洗いしたリネン類を、200ppmの次亜塩素酸ナトリウム液に５分程度浸して消毒する。その後、十分すすぎ、高温の乾燥機などを使用して乾燥させる。 ③児童生徒の衣類は、保護者に持って帰ってもらい①、②の順で取り扱うよう案内する。 ⑵　布団 ①嘔吐物が付着した布団は、吐物中のウイルスが飛び散らないように拭い取った後、ビニール袋に入れ、口をしばり密閉する。 ②消毒が目的であることを説明したうえで、布団の洗濯・乾燥を行う専門業者に依頼する。	・【200ppmの次亜塩素酸ナトリウム液の作り方】市販の塩素系漂白剤（次亜塩素酸ナトリウム濃度６％）3.3mLを取り、水を加えて１Lにする。 ・患者の嘔吐物の処理に当たっては、使い捨てのエプロン、マスク、手袋を着用し、汚物中のウイルスが飛び散らないようにペーパータオルで静かに拭き取る。 ・児童生徒の嘔吐物が付着した衣類は、不用意に学校で洗浄することで、かえって施設内に大量に感染者を増加させる可能性がある。学校では嘔吐物が付着した衣類はビニール袋に入れて密封し、保護者に持って帰ってもらうこと。 ・ノロウイルスは、乾燥すると容易に空中を漂い、口に入って感染することがあるので、嘔吐物は乾燥させないことが感染予防に必要である。

・文部科学省：「学校環境衛生管理マニュアル「学校環境衛生基準」の理論と実践［平成30年度改訂版］」、平成31年
・厚生労働省：「旅館業における衛生等管理要領」
・東京都：「地域ケアにおける疥癬対応マニュアル」
・厚生労働省：「ノロウイルスに関するQ＆A」

（謝村　錦芳）

Question 16　植物や癒しグッズを置くときの留意点は

【Answer：押さえたいポイント】

①学校保健安全法第７条では、保健室は健康診断、保健指導、救急処置その他の保健に関する措置を行う役割があると規定しており、保健室経営は学校教育目標を達成する視点で行わなければならないことに留意する。
②保健室は、救急処置や休養する場としての機能を持っており、その機能をより発揮するために保健室の環境整備を行うことは必要であるが、保健室経営の目標を達成するという原点を逸脱する過度な環境整備とならないよう配慮する。

	実践の内容	☞ここがポイント！
保健室の環境整備	○保健室は掲示物のほか、次のような様々な工夫や配慮をした環境整備を行うことにより、教室とは異なる雰囲気づくりをし、明るく、温かく、清潔で、ゆとりを感じさせる保健室が作られている。 (1)　切り花、植木鉢の花 (2)　観葉植物 (3)　ぬいぐるみ (4)　芳香剤・アロマエッセンス (5)　壁をペンキで塗り替える (6)　金魚等の水槽 (7)　音楽（BGM）	・環境整備を行うに当たっては、各々気を付けなければならない点があるので留意する必要がある。 ・児童生徒の中には、花、塗料やアロマの香り等に対してアレルギーを有する者がいること、花の匂いや音楽に好き嫌いがあることを忘れてはならない。
健康への配慮に関する留意点	1　植物や癒しグッズのうち、特に児童生徒の健康に配慮しなければならないのは、次のとおりである。 **(1)　切り花、植木鉢の花** 切り花、生花、鉢植え、いずれの花も、カラフルな色が保健室を明るくし、彩り、その種類によって季節感を感じさせる効果がある。 花には花粉がついていることから、花粉症やアレルギーを起こす児童生徒には、配慮が必要である。 花粉症は、主にスギ花粉の飛散が多い２月から５月初旬の時期が知られているが、このほかにもアレルギー性鼻炎を起こす花粉はほぼ一年を通じて飛散しているので気を付けなければならない。	・毎年度、学校は「学校生活管理指導表（アレルギー疾患用）」により児童生徒のアレルギー疾患について、保護者から報告を受けている。このため、学校関係者は個々の児童生徒のアレルギー疾患を把握し対応することが必要である。
	(2)　観葉植物 観葉植物は、保健室の緑のアクセントと快適な空間づくりに一役買っている。観葉植物の種類によって育て方が異なるので、購入した園芸店で確認する必要がある。保健室では、室内に置いた観葉植物の植木鉢が、カビの最適の繁殖環境となることから、日頃から気を付けて、見つけ次第、拭き取るという管理が必要である。また、虫が発生することがあるため、根元や葉の裏も定期的に確認することが必要である。	・観葉植物の育て方で注意する事項 ①日当たりの条件、②水やりの方法、③温度管理、④風通し ・観葉植物は上手に育てると増えるが、保健室という限られた空間では適切な大きさ、本数で管理する。
	(3)　ぬいぐるみ 保健室に人気者のキャラクターグッズが置かれていれば、保健室に来た児童生徒の興味を惹くとともに、気持ちを和ませる効果があり、児童生徒の中には、ぬいぐるみを抱く子もいる。新品で購入したぬいぐるみも時間の経過と共にダニが発生することもある。学校環境衛生の基準にあるダニの検査を準用して定期的にダニの有無について確認する必要がある。 なお、ぬいぐるみを置きだすと、だんだん数が増えていく可能性があるが、児童生徒の気持ちを和ませる目的を超えない範囲に止めるようにする。	・ぬいぐるみにダニがいた場合、50度以上で20～30分加熱したり、70度以上の湯に10分程度浸けたりしてダニを死滅させる。ぬいぐるみにはダニの死骸やフンが残り、ダニアレルゲンとなってアレルギー疾患の原因となるため、掃除機で清掃する必要がある。

	(4) 芳香剤・アロマエッセンス 保健室はリラックスを提供し、児童生徒の心身の健康を保持増進するための養護教諭の活動の場である。保健室に来る児童生徒は、保健室や養護教諭に安心や癒しを求める傾向があり、保健室で香りを活用することは、児童生徒に対して精神的緊張を緩和する効果がある。 蛭田らは「香りには、心身へ心地よい感覚や不快な感覚の消失を提供でき、大いにリラックスさせる効果があるとわかった。しかし、必ずしも心地よい感覚のみが得られるわけではなく、個人によってはよくない影響が出たりと個人差が現れてしまう。そのため、子ども一人ひとりの感性や嗅ぎ方に注意が必要であることが分かる。（中略）香りは「ほのかに香る」という感覚が大切なのである。いくら良い香りであっても香りが強すぎるとリラックス効果は減ってしまう。」と考察している。[1)] 一方、アレルギーやアトピーを持っている児童生徒は、香り（匂い）に敏感であり、香りは好き嫌いの個人差が大きく、ある人には芳香であっても別の人にはいやな臭いになることがある。このことを前提に、芳香剤やアロマを用いた保健室の環境整備を検討する必要がある。 **(5) 壁をペンキで塗り替える** 保健室は、温かく誰もが気軽に入れるオープンな雰囲気のある場所でなくてはならない。そのため長年使用してくすんでしまった保健室の壁の色を塗りかえ、明るい雰囲気にすることは、児童生徒の気持ちを明るくする効果がある。 壁の塗装に用いる塗料には溶剤が含まれており、塗装後であっても、塗料のにおいは吐き気、めまい、睡眠障害、頭痛などの体調不良を引き起こす可能性がある。このため、塗料の選択及び塗装する時期には、配慮が必要である。 塗装後は、学校環境衛生の基準に基づいて臨時検査を実施し、揮発性有機化合物が基準値以下であることを確認してから使用すること。	・児童生徒に精神的緊張の緩和を与えられる香りは、「レッドカラント＆ラズベリー」で、保健室にあることでリラックスする香りは、「果物の香り」、「花の香り」であると蛭田らは報告している。[1)] ・体質等により極微量な化学物質に過敏に反応する児童生徒は、次の３種類に大別されるので、その特徴を把握し対応に配慮する必要がある。 １　シックハウス症候群 ２　化学物質アレルギー ３　化学物質過敏症 ・臨時検査は、学校薬剤師に相談して指示を仰ぐ。
その他の留意点	２　児童生徒の癒しのために実施している保健室での生き物の飼育や音楽（BGM）を流す等の取り組みについての留意点は、次のとおりである。 **(1) 金魚等の水槽** 生物の飼育は、児童生徒の情操を養う上で、学校教育にとって重要な要素である。金魚の飼育は、水の管理が最も大切であり、水温は自然の変化でも耐えられ、pH７の中性、60L（幅60cm）の水槽に２～３尾の少ない飼育が適当である。金魚を飼育していると糞や餌の食べ残しからアンモニアが発生することがあり、細菌の発生にもつながり病気の原因にもなるので、水槽等に砂利やろ材等を用いて除去するようにし、１か月に１回を目安に水槽を清掃する。 **(2) 音楽（BGM）** 保健室で音楽を流すことは、児童生徒のみならず教職員や養護教諭にとって、より良い保健室環境づくりとなり、児童生徒の「体のリラックス」、「心のリラックス」に良い効果がある。 音量の調節、選曲等児童生徒に合わせた配慮が必要である。	・生物の飼育が学校教育にとって重要だとしても、保健室での飼育の必要性は別問題である。安全性の面も含めて保健室での飼育について十分検討をして対応する必要がある。 ・児童生徒が通学途中で瀕死の犬、猫や鳥を持ってきて救急処置を求められた場合、保健所に連絡して対処する。なお、死んでしまった場合、他への汚染や病気に感染をしないように注意して適切な措置を講じて教育することが必要である。 ・林らは『生徒が保健室で流してほしい音楽ジャンルとして「クラシック」が最も多く、「オルゴール」がそれに次いだ。』と報告している。[2)]

1）蛭田麻衣・川崎尚子・斉藤ふくみ；「保健室における香りによるリラックス効果の研究、茨城大学教育実践研究30(2011)」、p169-181

2）林崇子・山崎捨夫・別府哲；「保健室での音楽使用の有用性、岐阜大学教育学部研究報告、人文科学第66巻第1号(2017)」、p146-154

（謝村　錦芳）

<救急処置活動>

Question 17　救急処置活動のプロセスは

【Answer：押さえたいポイント】

①けが等の症状・受傷時の状況を正確に把握・記録し、緊急性・重症度・医療の必要性を判断する。
②適切な処置を行う。
③管理職・他教職員への連絡と協力を要請する。
④保護者への連絡や生徒への保健指導を行う。

	実践の内容	☜ここがポイント！
	学校における救急処置 ・医療機関への処置が行われるまでの応急的な処置 ・一般の医療の対象とはならない程度の軽微な傷病の処置 ・発達段階に即した、疾病やけがなどに関する児童生徒への保健指導を行う。 **養護教諭の役割** ・総合的判断 ・児童生徒への保健指導	・受傷機転や情報を収集し、専門性を生かして症状を的確に見極め、緊急度・重症度・医療の必要性を判断する。 ・校内の救急体制確立（校内研修の充実）も大切な役割である。 ・養護教諭は救急処置のみならず教育活動としての側面を含む一連の救急処置活動を担っているといえる。
①アセスメント・養護診断	**緊急度・重症度の判断** ○状況判断：周囲の状況を見て安全なところに移動。 ○観察・問診・検診（視診・触診等）を行う。 ・問診：受傷機転を明らかにする。 （いつ、どこで、何をして、どこが、どうなった等） ・意識レベル、体温、脈拍、血圧　等 ・視診：患部とその周囲、顔色、全身状態　等 ・触診：熱感、冷感、腫れ、凹み、浮腫　等 ○緊急度・重症度の判断 **【緊急・重度】**　意識障害、ショック症状、激痛や痛みの持続、大出血、骨の変形、開放性骨折、運動障害、広範囲の火傷、縫合が必要な傷、嘔吐　等 **【中等度】**　痛み等の症状の持続、創傷の程度が中等度 **【軽度】**　応急手当により症状軽快、創傷の程度が軽い ○必ず記録を取る。 **養護診断** ○原因や背景要因の分析 ・考えられる健康問題 ・器質的又は心理的なものかの予測 ・問題の明確化と優先順位の確定 ○処置計画	・問診票形式の保健室来室カード（又はアセスメントシート）の活用 ・本人が受傷時の状況を理解していない場合や相手のあるケガの場合等は、周囲にいた職員や児童生徒に聞き取り、できる限り事実を明らかにする。 →ケガの原因となる危険物の撤去や破損個所の補修、指導内容の見直し、危険予知の周知等、再発の防止にもつなぐことができる。 ※医療の必要性の判断に迷う場合は、管理職と相談し、受診する。 ・保健室来室記録用紙等に判断及び処置内容やその後の経過、保護者連絡等についても追記する。 ・判断に基づく処置・対応の計画 ①ただちに救急搬送 ②医療機関受診 ③保健室で経過観察 ④教室復帰 ⑤健康相談
②処置・対応	**処置・対応の実施** ○養護診断に基づく処置・対応の実施 **【緊急・重度】**　心肺蘇生、AED、ショック体位、窒息予防体位、止血、不安の除去、救急車の要請 **【中等度・軽度】**　創傷の洗浄・保護、安静、冷却、圧迫、挙上、経過観察	・生命を守る、苦痛緩和、傷病の悪化防止、障害の回避に全力を尽くす。 ・学校での救急処置が、医療機関での診療の妨げにならないようにする。
	教職員と連携した対応 ○管理職や他教職員への迅速な連絡 ・保護者への連絡、救急車要請、救急車誘導、他の児童生徒の指導、計時・記録等、多くの職員が連携して対応にあたる。	○緊急時の対応や救急車要請のフローチャートを作成し、日ごろから教職員への周知、研修を実施しておく。

③管理職・教職員・保護者への連絡	・必要に応じて、学校医、教育委員会、関係機関への報告 ○相手のあるけがは、状況を詳しく把握する必要があるため、学年職員で分担して、双方からの聞き取りを行う。 ○教職員と連携した経過観察 ・軽度と判断して教室に戻らせた場合も、後でもう一度保健室に来るよう連絡して経過を見る。 ・帰宅後やその後の経過について情報を収集する。 ・教職員との連絡カード、家庭との連絡カード等を活用し、連絡もれなどがないようにする。 ○必要に応じて健康相談につなぐ。 **保護者への説明・連絡** ・迅速に保護者へ連絡をとる。 ・把握した事実をていねいに説明する。 ・不安な保護者の気持ちに誠意をもって対応する。 ・経過観察を依頼する際、受傷時の状況とケガの程度、学校の処置内容と家庭での留意事項を説明し、受診が必要となる症状や観察のポイントを伝える。	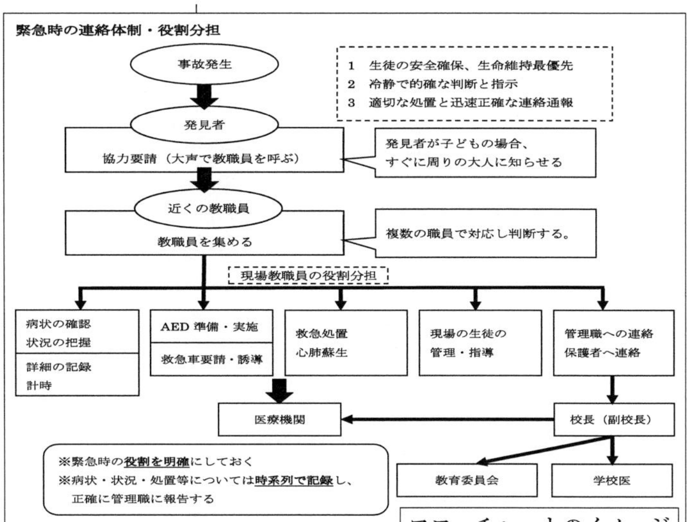 **緊急時の連絡体制・役割分担** 事故発生 1 生徒の安全確保、生命維持最優先 2 冷静で的確な判断と指示 3 適切な処置と迅速正確な連絡通報 発見者 協力要請（大声で教職員を呼ぶ） 発見者が子どもの場合、すぐに周りの大人に知らせる 近くの教職員 教職員を集める 複数の職員で対応し判断する。 現場教職員の役割分担 病状の確認 状況の把握 / 詳細の記録 計時 AED準備・実施 / 救急車要請・誘導 救急処置 心肺蘇生 現場の生徒の管理・指導 管理職への連絡 保護者へ連絡 医療機関 校長（副校長） 教育委員会 学校医 ※緊急時の**役割を明確**にしておく ※病状・状況・処置等については**時系列で記録**し、正確に管理職に報告する フローチャートのイメージ ・緊急対応時の役割ボードを準備すると、役割分担が速やかに行われる。 ・養護教諭不在時にも適切に対応できるようにする。 ○保健調査票等の保護者連絡先欄には、携帯電話番号だけでなく、緊急時に確実に連絡がとれる職場等の連絡先を記入してもらうよう、新入生説明会や文書で保護者に依頼する。
④保健指導・事後措置・評価	**保健指導** ○児童生徒への保健指導 ・所見を説明する。 ・処置内容や処置の仕方を説明する。 ・原因について考えさせる。 ・今後の生活や安全な行動について指導する。 ・安全指導 **事後措置** ○事故報告書の供覧、日本スポーツ振興センターの事務処理等を教職員と連携して行う。 ○事故防止のための環境整備、集団への保健教育・安全教育などにつなぐ。 **評価** ・評価に基づき今後に向けて改善を図る。	○児童生徒の発達段階に合わせ、原因と再発防止策を考えられるよう指導し、自己解決能力を育む。 ○評価の観点 ・処置を継続すべきか、終了してよいか ・処置・対応は適切であったか（主訴は軽減したか） ・本人・保護者への説明、指導助言は適切だったか ・教職員との連携、校内体制は適切であったか

・横浜市教育委員会・横浜市養護教諭研究会：「養護教諭実務事例集」

・横浜市教育委員会：「運動活動時等における安全の手引き」

（大内　雅代）

Question 18　救急処置におけるアセスメントはどのように

【Answer：押さえたいポイント】

①事故発生時は、まず緊急度・重症度の判断を迅速に行い、必要な場合は救急車要請をためらわないこと。
②学校内で唯一の医学的・看護的知識を持つ職種である養護教諭の職の特質を活かす。

	実践の内容	☜ここがポイント！
傷病者が来室・または現場に駆け付けたら…	**1　緊急度・重症度の判断** →大出血、意識障害、ショック症状、変形を伴う骨折、広範囲のやけど、激しい痛みなどの症状がある場合は、ためらわずに救急車を要請する。	・緊急度・重症度から判断する対応 ㊫（高）↓ 救急車要請の必要あり 医療機関の受診が必要（直ちに） 〃　　　　（帰宅後） 帰宅させ、自宅での休養を要する 保健室での休養・経過観察を要する 教室に復帰させ、経過観察を行う （低）
	(1)　視診①（全身状態の観察、第一印象） ・意識の状態　→清明か、異常か。正常な会話、受け答えはできるか。 ・歩行時の姿勢はどうか。→独歩可能か、付き添いがないと歩行できないか。→減痛姿勢の有無。 ・顔貌・表情　→苦痛で表情がゆがんでいないか。不安そうな表情や錯乱状態になっていないか。 ・顔色　→正常か、蒼白か、紅潮か。チアノーゼを起こしていないか。 ・外傷、出血の有無	→目の前の児童生徒の傷病に対して、どの対応が必要なのかを根拠を持って示すこと。 ＊医学診断（病名）は行わずに、何らかの異常が疑われるので救急処置が必要であるという姿勢を忘れない。
	(2)　問診 ・主訴・来室の理由 ［いつから（時期）］発症は急性か、慢性か。持続的か、断続的か。 ［どこが（部位）］痛む部位を言葉だけでは正確に言い表せないことがあるため、必ず本人に指で指し示させる。 ［どのように（性状）］鈍い痛み、鋭い痛み、締め付けられるような痛み、今までに経験したことのないような強い痛みなど。	・大切なのは、順序立てて適切に情報収集を行っていくことである。 目に見える断片的な情報だけで「○○に違いない」と思い込むことなく、得られた主訴・客観的な情報から推測される様々な可能性を視野に入れる。
	［どうして（原因）］外傷性、症候性、アレルギー疾患など、思い当たる原因を本人に問いかける。	・低学年の児童は語彙力や表現が乏しいため、発達の段階を考慮して選択肢をこちらから提示しながら問診を行う。
	・受傷機転の確認（本人及び目撃していた者からの情報） ・随伴症状の有無　→激しい頭痛、吐き気、嘔吐、めまい、視野異常、けいれん、手足のマヒやしびれなど、生命に関わる危険な症状はないか。 ・他の受傷部位はないか。→「他にも痛い場所はない？」と必ず問いかけ、見落としを防ぐ。	・どのくらいの高さ・速さ・力がどの方向から加わったのか。目に見えない部分へのダメージはないか。 直接力が加わったか、ねじれが加わったかなど。 ・側頭部打撲による急性硬膜外血腫は生命に関わるケースがあるため、特に注意が必要である。
	(3)　視診② ・瞳孔不同の有無、対光反射の確認	・瞳孔不同や対光反射の消失は、頭蓋内圧亢進症状の可能性があるため、生命の危険があり、すぐに救急車要請の必要がある。

・下眼瞼結膜の色調　　　→正常か、充血があるか、白っぽいか。

(4) **聴診・触診・打診等の検査**

・バイタルサインの確認（呼吸、脈拍、血圧）

・受傷部位の圧痛の有無

・必要に応じて、呼吸音・心音・腸蠕動音の聴診、打診等の検査を行う。

・呼吸→回数、リズム、強さ、努力呼吸の有無など。
脈拍→回数、脈の強さ、不整脈の有無など。

・髄膜刺激症状（項部硬直）や腹膜刺激症状（筋性防御や反動痛）といった特異的な徴候を見逃さない。

《アセスメントシートの活用》

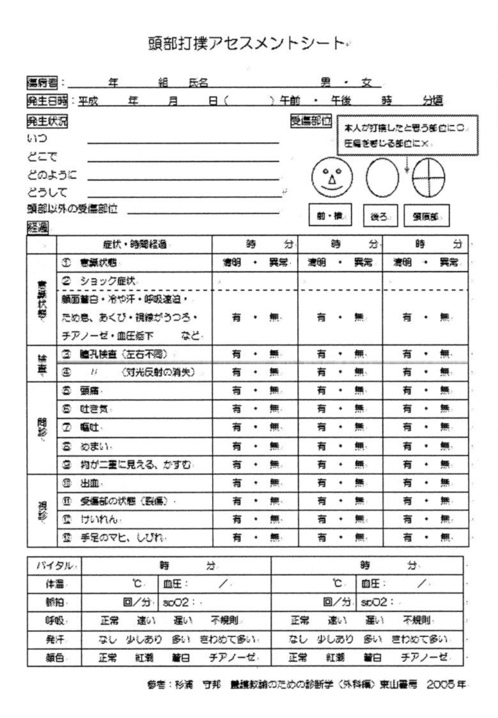

頭部打撲アセスメントシート

傷病者：　　年　　組　氏名　　　　　　　男・女

発生日時：平成　　年　　月　　日（　　）午前・午後　　時　　分頃

発生状況

いつ

どこで

どのように

どうして

頭部以外の受傷部位

受傷部位　本人が打撲したと思う部位に○、圧痛を感じる部位に×

前・横　　後ろ　　頭頂部

経過

	症状・時間経過	時　分	時　分	時　分
意識状態	① 意識状態	清明・異常	清明・異常	清明・異常
	② ショック症状			
	顔面蒼白・冷や汗・呼吸速迫・ため息、あくび・視線がうつろ・チアノーゼ・血圧低下　など	有・無	有・無	有・無
検査	③ 瞳孔検査（左右不同）	有・無	有・無	有・無
	④ 〃（対光反射の消失）	有・無	有・無	有・無
問診	⑤ 頭痛	有・無	有・無	有・無
	⑥ 吐き気	有・無	有・無	有・無
	⑦ 嘔吐	有・無	有・無	有・無
	⑧ めまい	有・無	有・無	有・無
	⑨ 物が二重に見える、かすむ	有・無	有・無	有・無
視診	⑩ 出血	有・無	有・無	有・無
	⑪ 受傷部の状態（裂傷）	有・無	有・無	有・無
	⑫ けいれん	有・無	有・無	有・無
	⑬ 手足のマヒ、しびれ	有・無	有・無	有・無

バイタル	時　分		時　分	
体温	℃	血圧：　／	℃	血圧：　／
脈拍	回／分	spO2：	回／分	spO2：
呼吸	正常　速い　遅い　不規則		正常　速い　遅い　不規則	
発汗	なし　少しあり　多い　きわめて多い		なし　少しあり　多い　きわめて多い	
顔色	正常　紅潮　蒼白　チアノーゼ		正常　紅潮　蒼白　チアノーゼ	

参考：杉浦　守邦　養護教諭のための診断学（外科編）東山書房　2005年

腹部打撲アセスメントシート

傷病者：　　年　　組　氏名　　　　　　　男・女

発生日時：平成　　年　　月　　日（　　）午前・午後　　時　　分頃

発生状況

いつ

どこで

どのように

どうして

腹部以外の受傷部位

受傷部位　本人が打撲したと思う部位に○、圧痛を感じる部位に×

経過

	症状・時間経過	時　分	時　分	時　分
意識状態	① 意識状態	清明・異常	清明・異常	清明・異常
	② ショック症状			
	顔面蒼白・冷や汗・呼吸速迫・ため息、あくび・視線がうつろ・チアノーゼ・血圧低下　など	有・無	有・無	有・無
視診	③ 皮膚の状態（発赤）	有・無	有・無	有・無
	〃（内出血）	有・無	有・無	有・無
	〃（擦り傷）	有・無	有・無	有・無
	④ 腹部膨満	有・無	有・無	有・無
触診	⑤ 圧痛	有・無	有・無	有・無
	⑥ 腹壁の緊張（筋性防御）	有・無	有・無	有・無
	⑦ ブルンベルグ徴候（反動痛）	有・無	有・無	有・無
問診	⑧ 血尿	有・無	有・無	有・無
	⑨ 痛みの状態（持続するか）	有・無	有・無	有・無

バイタル	時　分		時　分	
体温	℃	血圧：　／	℃	血圧：　／
脈拍	回／分	spO2：	回／分	spO2：
呼吸	正常　速い　遅い　不規則		正常　速い　遅い　不規則	
発汗	なし　少しあり　多い　きわめて多い		なし　少しあり　多い　きわめて多い	
顔色	正常　紅潮　蒼白　チアノーゼ		正常　紅潮　蒼白　チアノーゼ	

参考：杉浦　守邦　養護教諭のための診断学（外科編）東山書房　2005年

（出典・三木とみ子代表：「アクティブ・ラーニング対応！　養護教諭の実践に活きるワークシート・資料」、ぎょうせい、2016年）

部位別アセスメント・評価

2　部位別アセスメント

・緊急度・重症度が高いことが否定できたら、部位別・器官別のアセスメントを丁寧に行っていく。

○四肢…左右差の有無、内出血の有無、腫脹、熱感、運動検査（屈曲、回旋）、介達痛の有無など。

○眼部…充血、眼球運動、視野異常、複視の有無、物がかすむ、視力低下など。

・時系列の記録を必ずとり、保護者、管理職、医療機関、救急隊員等に正確な情報を伝えることを心掛ける。

・アセスメントを行った後は、その後の経過を確認し、対応や処置が適切であったかフィードバック（評価）を行う。

・時間の経過とともに、症状が変化する場合があるため、現在の痛みと事故発生時の痛みの状況について、時間をおいて確認する。

・痛みの持続・増長、腫脹、可動域の制限等がみられる場合には、受診を勧める必要がある。

・「○○の症状が心配なので、念のため受診した方がよいかもしれない。」という過大評価はしても、決して「これぐらいは大丈夫」という過小評価はしないこと。

・杉浦守邦：「養護教諭のための診断学（外科編）」、東山書房、平成17年

・杉浦守邦：「養護教諭のための診断学（内科編）」、東山書房、平成17年

・高橋長雄監修・解説：「からだの地図帳」、講談社、平成元年

・鴨下重彦・柳澤正義監修：「こどもの病気の地図帳」、講談社、平成15年

・岡田加奈子・遠藤伸子・池添志乃編著：「養護教諭、看護師、保健師のための学校看護ー学校看護と身体的支援を中心にー」、東山書房、平成24年

（馬場　早紀）

Question 19　救急処置体制の作り方と活かし方はどのように

【Answer：押さえたいポイント】

①傷病者発生時にしっかりと機能する「活きた」救急処置体制を作ること。

②少なくとも年に一度は職員研修を行い、見直し・改善を加えてよりよいものにしていくこと。

<table>
<tr><th></th><th>実践の内容</th><th>☜ここがポイント！</th></tr>
<tr><td rowspan="2">救急処置体制の作り方</td><td>

1　教職員への周知

・年度当初の職員会議において、教職員へ提案を行う。他の職員会議資料とは別綴じにし、「学校保健のてびき」として保健関係の情報を集約しておく。

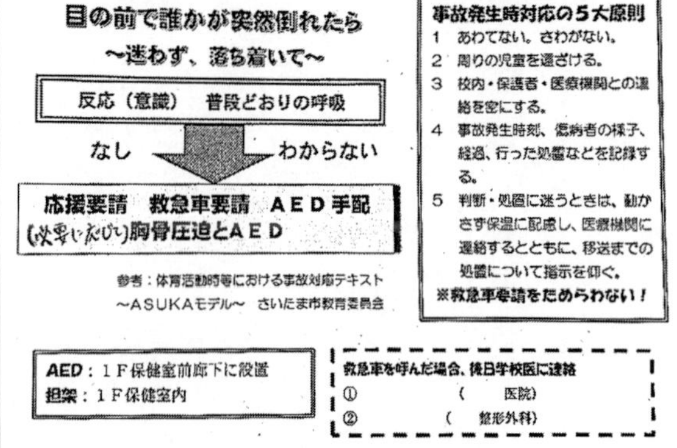

目の前で誰かが突然倒れたら
～迷わず、落ち着いて～
反応（意識）　普段どおりの呼吸
なし　わからない
応援要請　救急車要請　ＡＥＤ手配
(必要に応じ)胸骨圧迫とＡＥＤ

参考：体育活動時等における事故対応テキスト
～ASUKAモデル～　さいたま市教育委員会

事故発生時対応の５大原則
1　あわてない。さわがない。
2　周りの児童を遠ざける。
3　校内・保護者・医療機関との連絡を密にする。
4　事故発生時刻、傷病者の様子、経過、行った処置などを記録する。
5　判断・処置に迷うときは、動かさず保温に配慮し、医療機関に連絡するとともに、移送までの処置について指示を仰ぐ。
※救急車要請をためらわない！

AED：１Ｆ保健室前廊下に設置
担架：１Ｆ保健室内

救急車を呼んだ場合、後日学校医に連絡
①　（　医院）
②　（　整形外科）

事故発生時の救急体制の例

2　養護教諭不在時の対応について

・養護教諭がどこにいるかを入り口に明記しておく。
・出張、休暇等で長時間不在のときは、職員室にいる職員が対応し、原則として保健室での休養はさせない。
・症状により授業継続が困難な場合は、保護者に連絡し帰宅させる。
・主な救急用品は職員室に準備し、教員が救急処置を行う。

</td><td>

・事故はいつ、どこで起こるかわからないということを念頭に置き、全教職員が共通理解を図る。
・既往症、アレルギー疾患、保健調査票のまとめの一覧は冊子にして、全教職員に配布する。「全教職員で全校児童生徒を見守る」という姿勢を持つ。

・市町村や教育委員会から出ている危機管理マニュアルとの整合性を持たせる。

・常に養護教諭が対応できるとは限らないため、不在時についても共通理解を図っておく必要がある。

・普段から救急用品を「見える化」しておくことで、他の教職員との協力体制がとりやすい。

</td></tr>
<tr><td colspan="2">

①保健室入り口の表示

②救急用品（誰が見てもわかる・使える）

</td></tr>
</table>

救急体制の活かし方

1　役割カードの活用

・第一発見者が指示系統の窓口となり、応援に来た教職員に役割カードを振り分けながら、必要な対応を進めていく。
・人手が不足している場合は、近くにいる児童生徒の役割も重要である。

・まずはなるべくたくさんの応援を呼ぶ必要がある。
・役割を固定するのではなく、その場に駆け付けた者が臨機応変に対応できるようにする。

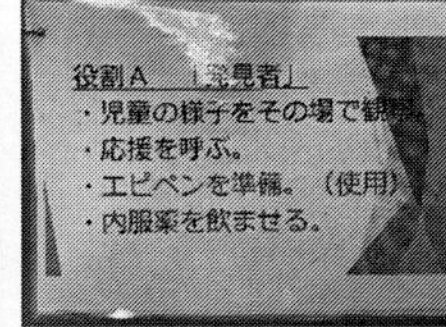

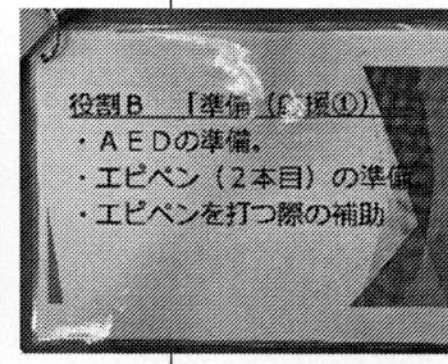

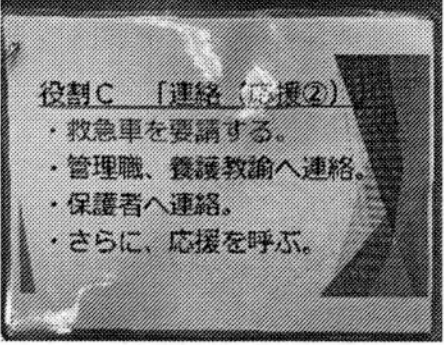

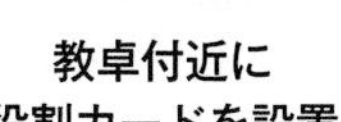

教卓付近に
役割カードを設置

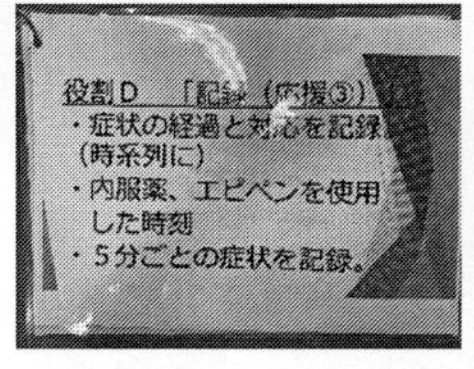

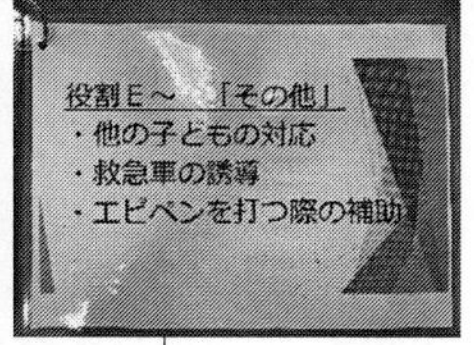

役割カードの実際

2　アレルギー対応におけるシミュレーション研修の例

・年度当初に学校医を講師に招き、職員研修を実施する。
・研修の前半は学校医によるアレルギー疾患に関する講義及びエピペン®の実技研修を行い、後半は教室を使用して、シミュレーション研修を行う。

・人事異動により、毎年職員が入れ替わるため、少なくとも年に1回は職員研修を行い、対応を確認する必要がある。

《シミュレーション研修の流れ》

《状況設定①》
・給食後の教室で、児童が目をこすっています。
・クラスの子が「どうしたの？」と尋ねると「目がかゆい、お腹も変」と言っています。
・この児童には牛乳アレルギーがあります。

《状況設定②》
・担任は朝から出張で、不在です。補欠に入っている先生は給食の片付けに行っています。
・通りかかった隣のクラスの担任を、児童が「先生、ちょっと来て！」と呼び止めました。

あなたは隣のクラスの
担任です。
どうしますか？

《役割分担》

発見者	状況確認、観察、応援を呼ぶ
準備（応援①）	AED準備、エピペン®注射補助
連絡（応援②）	119番要請、管理職・養護教諭へ連絡
記録	時系列の記録
その他	他の児童の対応等

教室	6－3
隣の教室	6－2
職員室	（第2会議室）
保健室	（第2会議室）

◎実際に4号棟の教室を使って行います。
◎役割を振られた先生は、その指示に従って行動してください。

《聞かれたら言うこと》

いつから	給食を食べているとき
どこで	教室で
何をしていて	友達としゃべっていて
どうなった	ストローからはねた牛乳が目にかかった
症状	目がかゆい、お腹が変

○研修後の反省、感想

・4月当初はまだ隣のクラスの児童のことをしっかりと把握できていないことも考えられる。いち早く顔と名前を一致させるともに、アレルギー疾患や管理が必要な児童生徒については前の学年との引継ぎが重要である。
・実際の現場では、すぐに多くの人が集められない可能性もある。まずは職員室に知らせ、校内放送なども活用したほうが良い。
・職員室に応援を呼びに行った児童が、うまく状況を説明できないかもしれない。すべてのクラスに役割カードを設置したら良いのではないか。

・教職員がチームとなって、効果的にそれぞれの役割を果たすことが重要である。
・実際に研修を通じて出た疑問や反省はそのままにせず、救急体制に反映し、次年度の研修で再度確認する。

（馬場　早紀）

Question 20　遠足等の校外の教育活動に持参する便利グッズは

【Answer：押さえたいポイント】

①校種、内容、日程、場所、宿泊の有無、想定される傷病の発生などに応じて必要なものを選ぶ。
②児童生徒の発達段階や健康状態を考える。
③校外でも、できるだけ「いつもと同じ」処置ができるように準備する。
④必要な物品の使用期限や数を確認する。薬剤については学校薬剤師に相談する。（基本的に飲み薬、薬品は使用しない）
⑤養護教諭が同伴しない場合にも傷病発生時にはスムーズに処置ができるように、「使いやすい救急セット」の準備を心がける。

	実践の内容	☜ここがポイント！
養護教諭が持参するもの	**外科的処置用** ○器具関係 ①はさみ　②ピンセット　③毛抜き　④爪切り ○すり傷、切り傷 ⑤消毒薬＊　⑥絆創膏　⑦滅菌ガーゼ（S・M・L） ⑧ネット包帯　⑨包帯　⑩脱脂綿 ⑪サージカルテープ ○打撲、捻挫 ⑫包帯　⑬バンデージ　⑭テーピング ⑮携帯用副木　⑯湿布　⑰三角巾 ○その他 ⑱虫刺され軟膏＊　⑲鼻栓（鼻出血用）　⑳綿棒 ㉑ワセリン　㉒眼帯　㉓防水テープ ㉔ポイズンリムーバー 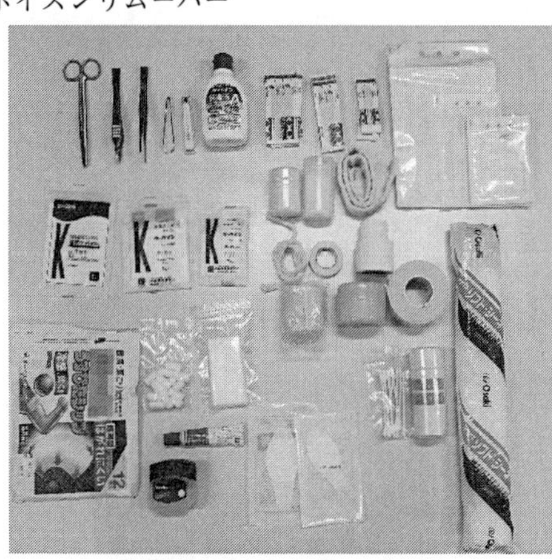 外科的処置用のグッズの例 **内科的処置用** ①体温計　②血圧計　③パルスオキシメーター ※②③は必須ではなくてもあると便利 **嘔吐処理用** ①トイレットペーパー　②雑巾　③ゴム手袋 ④マスク　⑤次亜塩素酸ナトリウム溶液　⑥新聞紙 ⑦ごみ袋（大・小）　⑧エチケット袋	⑪サージカルテープ 手でちぎれるものが良い。処置だけでなく、ちょっと何かを止めておきたいときにも使える。 ⑬バンデージ 伸縮性があり、巻きやすい。捻挫や打撲の際に氷を固定したり少しきつめに巻くと固定にもなるなど万能 ㉑ワセリン ガーゼや絆創膏が傷口についてしまわないようにしたり、鼻出血の際に止血してから鼻栓が傷口につかないようにしたりするのに使用する。ちょっとした止血も可能。保湿にも使える。 ＊学校薬剤師に相談すること。 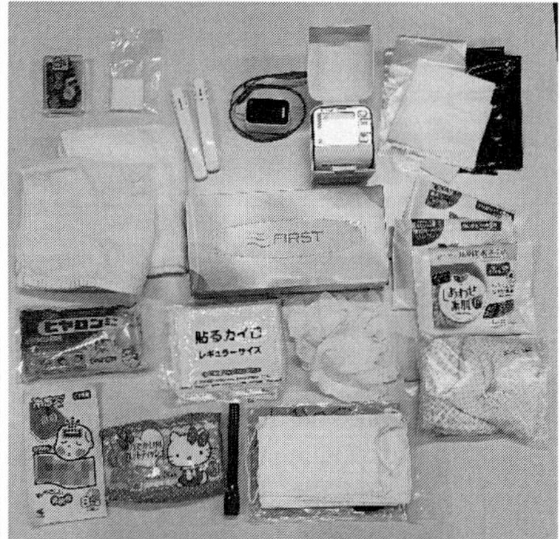 内科的処置用とその他のグッズの例 ＊電池を確認すること。 ＊使用後は電池を抜いておく。 嘔吐処理セットは、バケツにセットしておく。バスや電車を利用する場合に、乗り物酔いする子供がいるため、修学旅行や行き先の遠い校外学習などでは必ず用意する。

	連絡・事務手続き・記録 ①日本スポーツ振興センター関係書類 ②記録用紙（紙とペン） **その他** ①タオル（大・中・小）　②箱ティッシュ　③紙コップ ④ウェットティッシュ　⑤安全ピン　⑥裁縫セット ⑦ビニール袋（黒・透明）　⑧ペンライト　⑨生理用品 ⑩サニタリーショーツ　⑪冷却シート　⑫ゴム手袋 ⑬アルコール綿 ※必要に応じて保冷剤などを入れ、クーラーボックスを用意する。	①日本スポーツ振興センター関係書類 医療等の状況・調剤報酬証明書を封筒に入れておく。切手も用意しておくと便利 ②記録用紙（紙とペン） 緊急時には必ず流れがわかるような記録が必要となる。忘れずに持っておきたい。 ＊トリアージタグに準ずるような記録用紙もあるとよい。 ⑨生理用品 市販の生理用品を持参するときは衛生面に留意し、個数や包装の状態に気をつける。
教職員が持参するもの	①ポケットティッシュ ②絆創膏 ③消毒液 ④体温計 ⑤冷却シート ⑥湿布 ⑦鼻栓（鼻出血用） ⑧ビニール袋（黒・透明） ⑨脱脂綿 ⑩アルコール綿 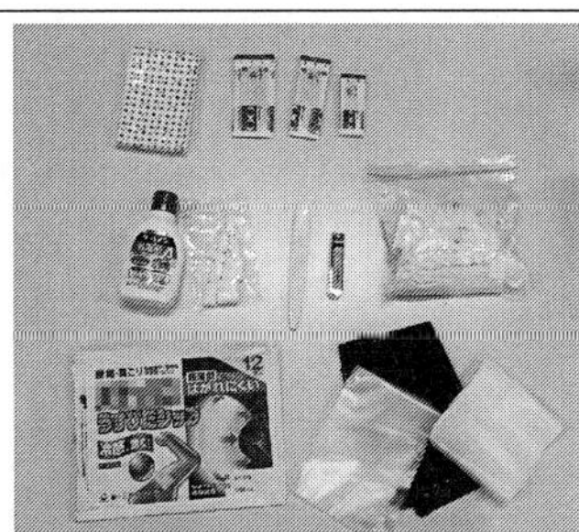 **教職員のグッズの例**	**気をつけたいこと** 1　養護教諭が同伴しない場合でも、スムーズに使用できることが求められる。 2　何が入っているのか、何に使うものなのかがわかりやすくしておく。 3　なるべくコンパクトにして、引率教職員の負担にならないようにする。 4　事前準備の際に使用期限や数を必ず確認する。 5　目的や行き先、行程、活動内容などに応じて中身を入れ替える。
あると便利なもの	①ブランケット（ひざにかけるようなもの） ②防水シート 夜尿等が心配なときに使用 ③油性マジック（赤・黒） ④学校の名前や住所の入った封筒（大・小） ⑤ヘアピン、ヘアゴム ⑥マスキングテープ ⑦「保健室」の表示札 ⑧ミニ救急セット 児童生徒の班行動の際に渡したり、引率の先生方全員に持っていてもらったりすると便利。 ⑨手指消毒用アルコール ⑩湯たんぽ、氷嚢 	**やっておくと便利なこと** ・バッグやバケツ、袋などに「学校名、住所」を書いておく。 ・どこに何が入っているのか明示しておく。 ⑧ミニ救急セット 絆創膏、ポケットティッシュ、鼻栓程度のものを入れておくと、ちょっとしたけががであれば自分たちでも処置ができる。 ＊ビニール袋はごみ入れ他、何かに使用することがあるので余分にもってくと便利

・三木とみ子編集代表：「改訂　保健室経営マニュアル」、ぎょうせい、平成24年

（木原　なつみ）

Question 21　気になる子の対応プロセスとヘルスアセスメントシートの活用

【Answer：押さえたいポイント】

①「気になる子」とは、頻回来室者や用事もなく保健室に来室する子供、不定愁訴がある子供、様子がいつもと違う子供などをいい、保健室における対応プロセス（①気づく、②見極める、③関わる、④連携）に基づく養護実践をおさえる。

②ヘルスアセスメントシート活用により、根拠を持った対応が可能になる。ヘルスアセスメントシートの利点は、①見落としなく情報収集できる、②根拠に基づく支援計画を立てやすい、③子供の状態を「見える化」することにより協力者に周知しやすく、協力を得やすい、④効率的にケース会議が進行する等がある。

③対応にあたっては、日常の観察、関係者からの情報収集や情報提供、学校としての支援の方向性を掴んでおくことも重要。

<table>
<tr><th></th><th>実践の内容</th><th>☜ここがポイント！</th></tr>
<tr><td rowspan="3">気になる子の対応プロセス</td><td>【① 気付く】
○まずは身体症状に着目し、対応する。身体症状がある場合は、器質的疾患を除外するためのアセスメントをおこなう。
○観察する
「いつもとちがう」に気づく。
表情、言動、声量、動作、姿勢、経過をみる。
○情報を収集する
問診、日常会話、～しながらカウンセリング（バイタルサインを測りながら、痛みの部位を確認しながらなど、子供に関わりながらカウンセリング的な言葉かけを行い、信頼関係を築く）
○収集した情報を統合する
○メモ書きでもいいので、記録に残しておく。
○常に危機意識を持って救急処置に当たる。
身体を通じて出される子供からのサインを見逃さない。
○この段階で、子供を肯定的に受け止める姿勢が大切である。
【② 見極める】
規則性があるか。思い当たる要因はあるか。</td><td>＜ポイント　～専門性を活かす～＞
身体への関わり
頻回来室や子供のパーソナリティから来室理由が予測できる場合、又は、身体的には健康な状態であることがわかっても、子供の訴え（症状）に向き合い、寄り添うことが大切。
養護教諭の知識と技能が活かされる。

重症度・緊急度の判断
限られた時間内に複数人同時に処置を行わなくてはならない現状がある。
その際も、違和感をキャッチできるような冷静さを養う

苦痛軽減
タッチング、毛布の活用。休養させるなど。

器質性疾患の除外</td></tr>
<tr><td colspan="2">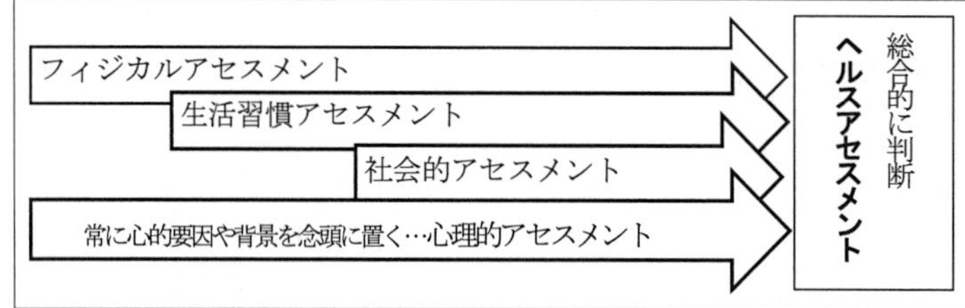
</td></tr>
<tr><td>○フィジカルアセスメントをするには、生活習慣についての情報も必要となる。
○常に心的な要因や背景を念頭に置きつつ、体（症状）へのかかわりを続ける。
○器質的身体症状ではない事が明らかになった場合、背景要因（家庭環境、学習環境、友人関係など）を分析する。そこに付随する心理的葛藤も想定する。
○あらゆる可能性を考え、会話に織り交ぜる。</td><td>〈見極めから対応へつなぐイメージ〉
対応例
アセスメント　→　初期対応
↓
パニック 搬送　→　緊急時対応
↓
保健室登校 登校渋り　→　継続的対応</td></tr>
</table>

ヘルスアセスメントシートの活用

○関係教職員と情報交換をしておく。
○きょうだい、友人からも情報を収集する。
○出欠席状況の確認。
○できれば教室での様子、部活動での様子も見ておくとよい。
○それらを総合的に判断し、アセスメントする。

【③ 関わる】【④ 連携】

○教育職員としての関わりを意識する。
○安定した保健室経営が基盤となる。
○日常的に報告、情報共有をこころがける。
○緊急時対応は、養護教諭の職の特質や、保健室の機能を活かす。
○保健室登校は管理職をはじめ、教職員周知のもと行う。
○継続的支援には、組織的支援と計画的支援が必要である。
○校外の連携が必要となってくる場合は、許可を得て行う。
専門家からの意見は重要。学校の様子や学校のシステムが考慮されていないこともあるため、連携する際には学校の特性を理解してもらえるように伝える。(コーディネート力を発揮)

「心理的・社会的アセスメントシート」を活用した支援計画例

記入例

課題の名称(養護診断名)
場面発熱の可能性

2018年 9月 7日(金)16:00~

児童名　　(所属クラス 6−1) 担任名 西部 太郎　記録者 養護教諭・埼玉 花子
児童の願い:　発熱を減らしたい。算数を教室で落ち着いてできるようになりたい。

課題

アセスメントシート結果から
優先度 高 / 対人・承認意識 / ポジティブ思考 / いいこと見つけ / 身体症状 / 悩みや問題 / ストレス認識と対処 / 低 / 重症度 高 / 進路や将来の希望 / 家族と友達との生活 / 子どもの可能性アセスメント / 身近な人との関わりアセスメント / 低

(上)児童のよいところ・長所
(下)先生が感じている困難・見立て
自ら授業に戻ろうとする
症状の悪化(発熱が頻発している)
ユーモアがある
授業(特に算数)の離席、嘘をつく
明るい、友人が多い
担任の負担増加、他の児童の不満の増加
(出張により欠席)
(算数少人数指導)発想力
計算が苦手。

<特記事項>
家族との過ごし方、放課後の家庭の関わりについて、教職員が把握していない。

今月の目標　つらさスケールの値を一つ下げる。(現在5段階中4)

支援

順	誰が	いつ・いつまで タイミング	誰に どこに	何をする
	養護教諭	来室時	本人	本人の放課後・休日の過ごし方、家族との関わりについて聞く。
2	担任	受診後3日以内	保護者	医師からの指示を聞く。関係職員に報告する。
1	担任	10日まで	本人	役割を与え、達成できたら全員の前で発表する。
日常	担任	毎日	本人	学級づくり、本人への声かけ
	少人数指導	算数の時間	本人	つまずきへの個別指導(計算の補助)
	校長	週2回くらい	6年教室	授業中の校内巡視

結果　スケールの値が2まで減少した。放課後は家に一人でおり、動画を見ていることがわかった。

ベースに養護教諭と子供との信頼関係が構築されていることが必要不可欠

情報共有で終わらないケース会議を心がける

・原因追求ではなく、具体的な方策を練る。
・誰がどのように困っているか明確にする。
・解決しやすいところに目を向ける。
・養護教諭の専門性(養護教諭の視点)をわかりやすく伝える。
・学校の環境(関係性・学習環境など)を整えることで相対的に課題が見えにくくなることもある。

→　ヘルスアセスメントシートを活用することで促進

〈活用手順〉

①子供の願い(どうしたいか、どうなりたいか)を聴取
日常の関わりを通して、子供の「どうなりたいか」と教育者として「どうあってほしいか」の折り合いをつけながら共有点を見出す。
②「心理的・社会的アセスメントシート」を記入・支援計画の座標にプロットする。
記入にあたっては、まず養護教諭が記入し、次に可能な限り多職種と客観的に記入する。
枠組みに沿ってアセスメントすることで、より多面的かつ確実に子供を捉えることができる。
③ケース会議の開催
子供・保護者・教職員で共通理解しておくこと
・目標(数値、子供の行動変容、スケールなど客観的に把握できるものがよい)
・役割分担(それぞれの立場を活かす)
支援的な思考で子供を受け止めること
④支援の実施と支援の評価・再検討
2週間〜1カ月で振り返り、子供の変容を把握するとともに、再評価を行い、支援を継続したり修正したり追加したりする。

・三木とみ子・德山美智子編集代表:「新訂　養護教諭が行う健康相談・健康相談活動の理論と実践」ぎょうせい、平成31年

(青木　真知子)

Question 22　通常学級における特別な支援を必要とする子供への対応の工夫

【Answer：押さえたいポイント】

①特別な支援を必要とする子供への合理的配慮を常に念頭において対応する。

②ユニバーサルデザインの視点を取り入れる：ユニバーサルデザインとは文化・言語・国籍の違い、老若男女といった差異、障害・能力に関係なく利用することができる施設環境を構築することである。学校生活において誰にでも理解できる支援を行うことが大切である。

	実践の内容	☜ここがポイント！

保健管理の場面

実践の内容

健康診断について

○手順表：事前指導や検診待機時の指導に活用

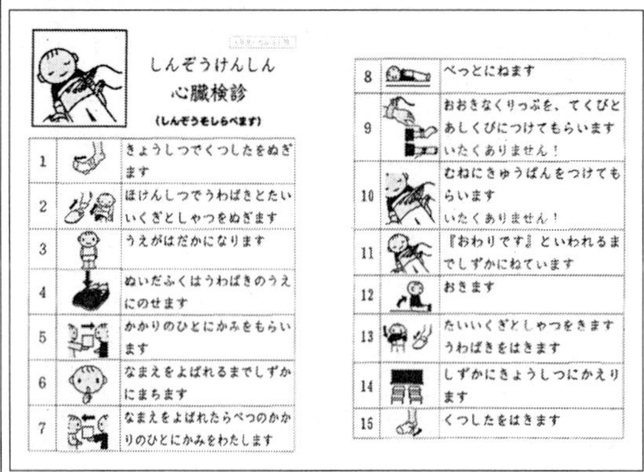

しんぞうけんしん
心臓検診
（しんぞうをしらべます）

1	きょうしつでくつしたをぬぎます
2	ほけんしつでうわばきとたいいくぎとしゃつをぬぎます
3	うえがはだかになります
4	ぬいだふくはうわばきのうえにのせます
5	かかりのひとにかみをもらいます
6	なまえをよばれるまでしずかにまちます
7	なまえをよばれたらべつのかかりのひとにかみをわたします
8	べっとにねます
9	おおきなくりっぷを、てくびとあしくびにつけてもらいます いたくありません！
10	むねにきゅうばんをつけてもらいます いたくありません！
11	『おわりです』といわれるまでしずかにねています
12	おきます
13	たいいくぎとしゃつをきます うわばきをはきます
14	しずかにきょうしつにかえります
15	くつしたをはきます

○足型表示（左）：検診会場内に児童生徒が入りすぎなくなる。

○うちわ型イラスト表示（右）

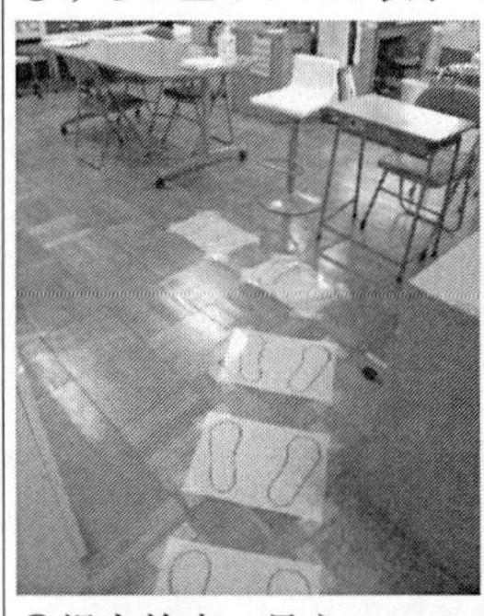

○視力検査：見えているのにうまく答えられず、「検査不能」にしない工夫

☜ここがポイント！

検診項目によって、円滑に受けることができるように工夫をする。

・発達段階や個々の理解度、得手不得手を考慮する。

・言葉による指導以外に、文字・イラストによる情報が得られるようにする。

・指示内容は簡潔にし、絵図を用い、言葉による表現は短くする。

＊字の読み間違いや混乱を避けるために、「さ」や「き」の文字は、つながっていない「ユニバーサルフォント」を使用する。

（イラスト：Droplet Project）

【足型表示】

小学生はB4、中学生はA3サイズで足型を印刷したものをラミネートし、検診時に養生テープで四隅に貼る。歩幅は実際に置いてみてから貼ると良い。検診後は雑巾などで拭いて清潔にし、繰り返し使用できる。

【うちわ型イラスト表示】

「うちわ」にイラストをラミネートしたものを両面に貼り、待機している児童生徒に組み合わせながら見せると、大きな声を出さずに指導することができ、指導をする教職員も児童生徒も穏やかに対応できる。　（イラスト：Droplet Project）

【選べる字ひとつ視力表】

「視力表は字ひとつ視力表又は字づまり視力表を用い、測定には原則としてランドルト環を視標とする」（学校保健安全法施行規則第３条について平成27年文科省児童、生徒、学生、幼児及び職員の健康診断の方法及び技術的基準の補足的事項）という根拠をもとに、ランドルト環の視標の他に、ランドルト環の大きさに合わせた視標を、絵だけでなく数字、アルファベットで作成する。個々の子供の状況によって適した視標を工夫し、使用する。どの視標を使用するかは子供の状態によるので、担任とよく相談する。

	救急処置について ・授業開始直後や、登校して保健室に直行して体調不良を訴える児童生徒に、つい「何で今来たの？」と言ってしまいがちだが、まず子供の主訴を聞く。 ・会話がうまくできない子供に対しては、養護教諭がわかりやすいことばを使ったり、絵カードを用いたりするなどの工夫をして主訴や症状を把握する。 ・本人の訴えをよく聞き、アセスメントを丁寧にして、処置を行う。	・外国語での対応が必要な場合、言語がわかる支援員などを活かす。 ・タブレット端末を活用する。
	保健調査の活用 ○年度初めに前年度の状況を職員会議等で周知する。入学前の新１年生は、保幼小連絡会や小中連絡会で得た情報をまとめ、報告する。新学年の保健調査をまとめ次第（４月中）に新しい情報に更新して教職員に周知する。	・必要に応じて、保護者面談・学校管理指導表の提出を依頼する。その際、職員や児童生徒への周知の方法についても確認する。（他の児童生徒には知られたくないという場合もある）
保健教育の場面	**板書とパワーポイントの効果的な活用** ○子供たちへの指導で、特に記憶に残したい内容は板書にする。  	《留意事項》 ・板書の文字の大きさ、掲出資料の大きさ ・パワーポイントを活用する際は、スライドの文字は詰め込みすぎないこと。 ・指導のねらいを明確にする。 ・活動に見通しを持たせる。 ・指示を短く明確に示す。 ・開始と終了の時間を守る。 ・使用するチョークの色や提示資料の色合いに注意し、色で示す時には色の名前を声に出して言いながら示す。（アンダーライン、囲み枠、グラフの○○色の部分など）
	誰もが取り組みやすい工夫 ・家庭での歯科保健の取り組みは、保護者の意識を高めるために有効である。 （家でのカラーテスト等）	・様々な家庭があることに配慮する。
その他	**保健室来室時の対応** ・特定の授業や行事で頻回来室する子供に対して、良好な関係を作っていきながら、不調になる原因を探っていく。担任に報告するとともに、必要に応じて管理職・教育相談主任・スクールカウンセラー・児童相談所等の関係機関につなげる。	・支援が必要な子供はトラブルに直面することも多くある。落ち着いて自分の身のふるまいを振り返ることができるように支援したり、行動の選択について指導したりする（クールダウンやアンガーマネジメント）。
	学校行事における対応 ○本人と保護者の話をよく聞き、できることとできないことをよく説明し、組織的に対応する。 ・運動会・体育祭その他行事への参加の仕方に留意する。 ・宿泊行事での対応：着替え、風呂、参加できる内容の確認等	・子供の観察を重視する。 ・担任とよく情報を交換する。

（坂口　祥子）

Question 23　医療的ケアが行われることになったら…

【Answer：押さえたいポイント】

①養護教諭は「学校における医療的ケア」を正しく理解する。

②当該児童生徒及びその保護者、主治医、医療的ケアを行う看護師等関係者並びに関係機関との役割分担や共通認識をもって行うためのコーディネーターの役割を果たす。

③所管の教育委員会と連携を密にとる。

④医療的ケアを行う際の校内体制について管理職を中心に整備するとともに、緊急時の対応についても整備しておく。

	実践の内容	☜ここがポイント！
	保護者からの相談・依頼があり、小学校において実際に医療的ケアを行うことになった際の実践の内容とポイントについて、「気管カニューレ内の喀痰吸引」を例に示す。	
保護者からの相談	**◆　保護者からの相談・依頼に対して** ・保護者の相談、依頼には丁寧に対応 ・実際どのような医療的ケアが必要か、本人の様子の確認や、主治医との相談が可能か確認 ・管理職、養護教諭、保健主事、特別支援教育コーディネーターなどで構成する検討委員会を設置	●学校において医療的ケアを実施するには、子供の安全の確保が保証されることが前提 ●一人ひとりの教育的ニーズに応じた教育が受けられるよう可能な限りその意向を尊重することが求められているが、即答を避け、所管の教育委員会と連携を図る。
教育委員会との連携した医療的ケアの実施	**◆　所管の教育委員会との連携** ・『医療的ケア児の「教育の場」の決定についても、学校設置者である教育委員会が主体となり、早期からの教育相談・支援による相談機能を高め、合意形成のプロセスを丁寧に行うことが求められている。』[1)] ・教育委員会は、医療的ケア検討委員会を設置し、実施可能な医療的ケアの体制を整える。 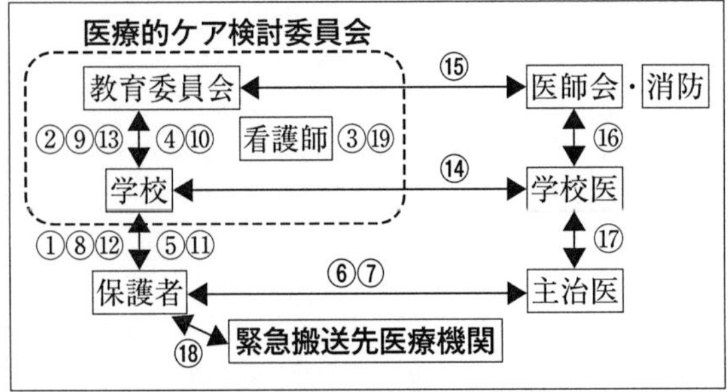 **図　医療的ケア検討委員会（例）** ○医師による指示書（例） ・児童生徒名（ふりがな） ・性別 ・学校名、学年、学級 ・実施する医療的ケア ・医療的ケア実施に対する意見 ・実施の目安（どのような状態の時に実施するのか） ・医療的ケアを行うにあたっての留意事項 ・緊急時の対応について ・作成年月日 ・医療機関名、担当医師名、捺印 ○看護師作成の「医療的ケア実施マニュアル」（例） ・作成年月日、看護師氏名、捺印 ・実施対象者（学校名、学年、学級、氏名等） ・実施時間、実施条件	●医療的ケア検討委員会（例） ①保護者による「医療的ケア申請書」及び「主治医による指示書」を提出。 ②校長は、医療的ケアの内容、取組体制等を保護者に十分に説明し、保護者同意の上、申請書を受理。教育委員会に提出。 ③教育委員会及び所属看護師は、主治医の指示書に基づき「医療的ケア実施マニュアル」を作成。 ④⑤教育委員会は、学校を通して保護者に主治医への確認を依頼。 ⑥保護者は、主治医に「医療的ケア実施マニュアル」の確認を依頼。 ⑦主治医は、「医療的ケア実施マニュアル」に指示・修正を加え、署名捺印。 ⑧⑨保護者は学校を通して教育委員会へ主治医が署名捺印した「医療的ケア実施マニュアル」を提出。 ⑩⑪教育委員会は、学校を通し、保護者に「医療的ケア実施通知書」を通知。 ⑫⑬保護者は、学校を通して教育委員会に「医療的ケア実施承諾書」を提出。 ⑭学校は、学校医へ報告。緊急時の対応等について指導助言を仰ぐ。 ⑮教育委員会は、医師会に報告。指導助言を仰ぐ。また、消防とも連携を図り、緊急時対応を確認。 ⑯学校医は医師会と連携を図る。 ⑰必要に応じ、主治医と学校医が連絡を取る。 ⑱保護者は、緊急時に搬送可能な医療機関に事前に受診しておく。 ⑲看護師は、勤務日には「医療的ケア個別実施報告書」に記録し、校長へ提出。

	・必要な用具、物品 ・実施内容と留意事項を手順（準備から片付け）に沿って作成 ・医師の確認、署名捺印欄	●必要な消耗品、物品等については、保護者と相談しながら進める。
校内体制	◆医療的ケア連絡会の開催（学校・保護者・教育委員会・看護師） ◆保護者との連絡体制 ◆子供たちへの健康教育（保護者・本人の承諾を得て実施する）	●連絡協議会は学期に１回など定期的に開催し、情報交換や学校行事等への参加方法について確認。 ●看護師と保護者の連携は、連絡帳を活用。
緊急対応	◆校内研修（医療的ケアの共通理解、緊急対応、学級指導等） ◆主治医による看護師への指導体制の構築 ◆緊急時の搬送医療機関、担当医師の確認、消防との連携	●全教職員で医療的ケアについて共通理解を図り、緊急時の対応について確認。 ●シミュレーション訓練など実践的な研修を実施。

＜参　考＞学校における医療的ケア

⑴　学校における医療的ケアの今後の対応について

平成31年３月20日付け30文科初第1769号をもって文部科学省初等中等教育局長より「学校における医療的ケアの今後の対応について（通知）」が、以下の通り通知された[1)]。

> 現在、学校に在籍する喀痰吸引や経管栄養等の医療的ケアが日常的に必要な児童生徒等（以下「医療的ケア児」という。）は年々増加するとともに、人工呼吸器の管理等の特定行為以外の医療的ケアを必要とする児童生徒等が学校に通うようになるなど、医療的ケア児を取り巻く環境が変わりつつあります。このため、特定行為以外の医療的ケアを含め、小・中学校等を含む全ての学校における医療的ケアの基本的な考え方を再度検討し、医療的ケアを実施する際に留意すべき点等について整理するために平成29年10月に本検討会議を設置し、有識者による議論が行われました。
> 本最終まとめは、１医療的ケア児の「教育の場」、２学校における医療的ケアに関する基本的な考え方、３教育委員会における管理体制の在り方、４学校における実施体制の在り方、５認定特定行為業務従事者が喀痰吸引等の特定行為を実施する上での留意事項、６特定行為以外の医療的ケアを実施する場合の留意事項、７医療的ケア児に対する生活援助行為の「医行為」該当性の判断、８研修機会の提供、９校外における医療的ケア、10災害時の対応について、別紙のとおり取りまとめられたものです。
> なお、「特別支援学校等における医療的ケアの今後の対応について」（平成23年12月20日23文科初第1344号初等中等教育局長通知）は廃止します。

本通知及び別添資料は、文部科学省ホームページに掲載されている。

⑵　「医療的ケア」とは

一般的に学校や在宅等で日常的に行われている、たんの吸引・経管栄養・気管切開部の衛生管理等の医行為を指す。

⑶　５つの特定行為と認定特定行為業務事業者について

医師免許や看護師等の免許を持たない者は、医行為を反復継続する意思をもって行うことはできないが、平成24年度の制度改正により、看護師等の免許を有しない者も、医行為のうち、たんの吸引等の５つの特定行為に限り、研修を修了し、都道府県知事に認定された場合には、「認定特定行為業務従事者」として、一定の条件の下で制度上実施できることとなった。

> ①口腔内の喀痰吸引、②鼻腔内の喀痰吸引、③気管カニューレ内の喀痰吸引、④胃ろう又は腸ろうによる経管栄養、⑤経鼻経管栄養

⑷　小・中学校等において特定行為を実施する上での留意事項

「小・中学校等は特別支援学校に比べて、教職員１人が担当する学級規模が大きいことから、小・中学校等において医療的ケアを実施する場合には、特定行為を含め、原則として看護師等を配置又は活用しながら、主として看護師等が医療的ケアに当たり、教職員等がバックアップする体制が望ましい。」[1)]

【引用文献】

1）文部科学省：「30文科初第1769号　学校における医療的ケアの今後の対応について（通知）」、平成31年

【参考文献】

1）日本小児神経学会社会活動委員会（編集）：「医療的ケア研修テキスト　重症児者の教育・福祉・社会生活の援助のために、クリエイツかもがわ」、平成18年

（澤村　文香）

Question 24　児童虐待が疑われたら…

【Answer：押さえたいポイント】

①正確な情報を収集すること。
本人の話は安心できる場で傾聴する。学級担任はもとより、過去のできごとの記録や元担任等からも情報収集する。

②関係教職員と管理職に報告すること。

③虐待が疑われる場合は通告する義務がある。今後の対応と役割分担について関係教職員・関係機関と協議し、緊急度に応じて関係機関に通告し、対応を決めること。

④全教職員と必要な情報を共有し引き続き在籍する児童生徒を見守っていくとともに、保護者との信頼関係を築いて相談しやすいようにすること。

	実践の内容	☜ここがポイント！
養護教諭の役割	○養護教諭は、児童生徒の虐待に気付きやすい立場にある。虐待を現代的な健康課題の一つとして捉え、養護教諭自身が「虐待」に対する知識を持ち、注意深い観察力で早期発見に努める。 ○学級担任をはじめとする関係教職員や管理職と協働し、早期対応を行う。養護教諭は児童への聞き取りや情報提供をすることも多いため、虐待が発見された後の学校の役割についても熟知しておくことが大切。 (法律の改正や、それによる対応等について最新情報を把握しておく) ○日頃から児童生徒や保護者・地域との信頼関係を結ぶ努力をすることが早期発見・早期対応・継続観察につながることを意識しておく。近所に住む他の児童生徒の保護者や地域からの相談を受けることもある。 ○医療機関への受診状況や早退時の親子の関係の観察ができる立場でもある。 ○養護教諭の経験を重ねるごとに、虐待ケース対応数は増えるので、他職員とのコーディネーター的役割を積極的に行う。	**◎児童虐待の種類と早期発見の視点** ○身体的虐待 応急処置と虐待に特徴的な傷、健康診断、健康観察、問題行動、大人を含めた人間関係、お試し行動 ○性的虐待（最も発見しにくい虐待） 性的問題行動、表情、リストカット、解離症状 ○ネグレクト 理由がはっきりしない遅刻・欠席、服装、皮膚や頭髪状態、食事の様子、盗癖、発育状態、口腔内衛生状態 ○心理的虐待 不定愁訴、問題行動、大人を含めた人間関係、お試し行動、表情、(多くは身体的虐待を併発している。) **◎児童虐待のリスク要因の例** ○子供側…育てにくさ（未熟児、障害児、発達障害児） ○保護者側…若年妊娠出産、精神障害、異性との交際状況、被虐待体験 ○養育環境…経済的に不安定、夫婦間不和、ひとり親家庭、親族・地域から孤立
正確な情報収集	☆性的虐待以外は、複数で聞き取りをする。一人が記録をする。 ○身体的虐待 養護教諭は傷の確認を行う。本人が嫌な思いをしないよう声かけをして、傷の写真を数枚撮る。 ○性的虐待 詳しい情報収集は専門家に任せ、通告前後も物理的にも心理的にもできる限り子供に寄り添う。 親子分離が基本になるため、迅速に児童相談所に通告。 ○ネグレクト 関係職員による日々の情報収集と記録を積み重ね、関係機関や地域の民生委員など、児童生徒を取り巻く環境全体で情報収集を行う。	☆児童生徒の発達段階を考慮し、虐待と思われるときの状況を確認しながら聞いていく。時間をかけ、無理強いしない。「話せることだけでいいよ」、話してくれたら「話してくれてありがとう」「あなたの味方だよ」と安心感がある中で話せるようにする。 ☆児童相談所に通告する場合には、通告について説得する。「多くの人であなたを大切にしていきたい」ことを児童に合わせた言葉で伝える。 ☆虐待を受けている児童生徒の多くは、学校内で問題行動を起こしたり、発達障害・知的障害と似た症状を呈したりすることが多い。子供の問題行動の原因を決めつけずに背景を探る必要がある。

	○心理的虐待 子供の日々の様子から推測できることがある。日々の子供の様子や本人の訴えを記録に残す。虐待の可能性があるときは、教育相談や健康相談の機会に子供とゆっくり話すことも有効。	☆子供は、親や兄弟を守ろうとして事実ではないことを話す場合もある。また、ミュンヒハウゼン症候群についての知識をもっておくことも必要。しかし子供の話したことを否定するような言動は絶対にしないこと。 ☆虐待をしてしまうことに悩んでいる親もいる。(教育熱心な親、学校に協力的な親の中にもいる)
	情報収集の前後で、学級担任・生徒指導担当教員等・管理職に報告、協議、役割分担	
通告なし	○保護者と学校の間でよいコミュニケーションが取れており、一時的な感情で子供に当たってしまった場合は、保護者に来校してもらい、次のことを伝え、保護者と話し合うことがある。 ・学校で把握したこと ・虐待であり、学校は児童相談所に通告する義務があること ○この場合も記録を取り、役所や児童相談所に報告・相談する。	児童福祉法に定められている通り、児童虐待に気付いたら児童相談所や役所に通告する義務がある。あざや傷などについての対応は、校内協議を経て、通告の有無を管理職が決定する。
通告あり	○通告はできる限り午前中に行う。 ○落ち着いて児童相談所職員が聞き取れる場所の提供など、学校は全面的に協力をする。	○安全確認を行い、親に引き渡すか、一時保護をするかを決定するために、児童相談所職員が来校するケースが多く、動きやすい時間を考慮する。

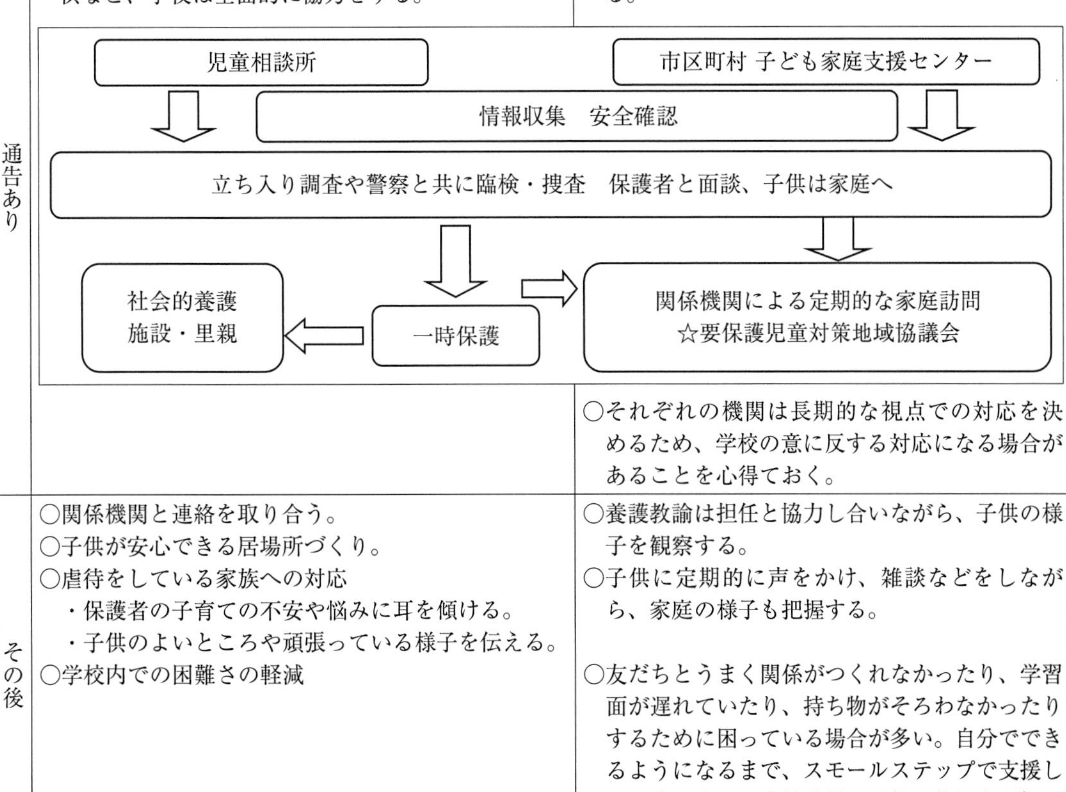

通告あり		○それぞれの機関は長期的な視点での対応を決めるため、学校の意に反する対応になる場合があることを心得ておく。
その後	○関係機関と連絡を取り合う。 ○子供が安心できる居場所づくり。 ○虐待をしている家族への対応 ・保護者の子育ての不安や悩みに耳を傾ける。 ・子供のよいところや頑張っている様子を伝える。 ○学校内での困難さの軽減	○養護教諭は担任と協力し合いながら、子供の様子を観察する。 ○子供に定期的に声をかけ、雑談などをしながら、家庭の様子も把握する。 ○友だちとうまく関係がつくれなかったり、学習面が遅れていたり、持ち物がそろわなかったりするために困っている場合が多い。自分でできるようになるまで、スモールステップで支援していく。また、全教職員が子供の状況を理解できるようにする。

・文部科学省：「養護教諭のための児童虐待対応の手引き」、平成19年
・（財）日本学校保健会：「子どもたちを児童虐待から守るために」、平成25年

（徳永　久美子）

Question 25　LGBT（セクシャルマイノリティ）の生徒への対応はどのように

【Answer：押さえたいポイント】

①養護教諭自身が専門用語や知識を理解し、発言には十分注意する。
②カミングアウトをする（したい）／しない（したくない）児童生徒が混在していることを考慮する。
③当該児童生徒が円滑に学校生活を送るために環境の整備を行う。
　→アウティングの危険性に細心の注意を払いながら、今後の組織的な計画を立てる。
　→教職員の研修や、児童生徒向け性教育の内容にLGBT項目を取り入れる。
　→委員会活動や掲示物を活用し、“特別な存在”から“あたりまえ”の認識へ。

	実践の内容	☜ここがポイント！
児童生徒への各種対応ポイント	**1　前提として、養護教諭自身の自主研修が必須である。** 専門用語や知識を理解した上で、発言や表現に十分気を付けること。 【重要！アウティングに注意】 「アウティング」…第三者が、他人の秘密（性自認や性的指向など）を本人の許可なく別の人に言うこと。 ・教職員間の連携として情報の共有をする機会が多いが、性に関する事項は、決して本人の許可なく他人に言ってはいけない。	・○○ちゃん／くん等の性別を断定した呼び方や「女子力」「男らしさ」などの表現に注意 ・人を好きにならない人や、トランスジェンダーでバイセクシャルである…等、「性自認」や「性的指向」にも様々なケースがあることを念頭に置く。 ・「カミングアウト」と「アウティング」の違いに注意
	2 「カミングアウトをする（したい）／しない（したくない）児童生徒への考慮 (1)【カミングアウトをした（したい）】児童生徒への対応 ・誰に、どの程度伝えているか当該児童生徒（以下：本人）に確認 →今後の連携やアウティングの防止のため。 **※誰にもカミングアウトをしていない場合※** →今後、誰かに伝える予定があるか。 ・現状の学校生活で困っている事項の把握 ・多様な価値観の人がいるため、必ずしもポジティブな反応ばかりではない可能性があることを本人に伝える。	**〈特別な配慮が必要となった場合〉** 必要最低限の範囲内で連携が必須となる。 ・本人と“誰なら話しても良いか”を一緒に考え、本人に自己決定してもらう。 （養護教諭によるアウティング防止のため） ◎通称名を使用する等、家庭との連携が必要不可欠である案件について →保護者が全く知らない状況で、学校側が許可なく対応してしまうことはタブー →性についてカミングアウトをする必要はないが、学校でどのように過ごすかを事前に保護者へ伝える必要性がある。
	(2)【カミングアウトをしない（したくない）】児童生徒への対応 ・必ずしもカミングアウトをする必要はないということを念頭におく。 本人が“いかにカムフラージュできるか”がポイント →“特別”な存在ではなく、違和感なく過ごせる環境を整える。 →日常生活で差別用語（ホモ、レズなど）が飛び交わぬように教職員が共通理解をする。 →教職員や保護者への研修を通して、多様性の理解促進を図る。	◎指導は必ず“学校全体で”実施すること。 →特定のクラスのみ実施すると、人物を特定される等の危険性がある。
	(3)【友人からカミングアウトを受けた】児童生徒に対して ・普段から全体に向けて性教育や保健指導を実施する。 →担任と連携し、道徳、HR、保健室での個別指導、その他特別活動等の時間を活用しながら、継続的に「秘密を打ち明けられたとき」について話し合いや指導の機会を設けることが必要	・カミングアウトをされた側は、 ①秘密を打ち明けられた際の返答の仕方 ②秘密を一人で抱えることの心的負担 などに困ることが多い。 →こうしたことへの具体的な助言

環境の整備	**3　学校としてハード面での環境整備** ○制服に男女の違いがある場合 →スラックス、男女兼用ネクタイの導入などの検討 ○トイレについて →車椅子マークだけではなく、フリーセックストイレのロゴへ変更 →教職員用のトイレの使用許可の配慮 ○更衣室について →保健室の使用許可や、空き教室の開放などの配慮 ○通称名の使用について →公的文書（指導要録や健康診断票等）以外で使用許可を検討する。 ○その他宿泊学習等の行事での個別対応について →事前に本人の希望を聞き、学校として可能な限りの配慮を検討する。 **4　教職員・保護者との連携** ※学業や学校生活上の支障がない場合は、むやみに情報を開示しないこと。（アウティングにあたる可能性） ・必要最低限の範囲内での連携 →同時に、LGBT に関する知識や気を付けるべき配慮等を共有する。 **5　教職員向けの研修** ・外部講師（団体）による LGBT 関連の講演会やワークショップの開催 ・カミングアウトを受けた際の対応について検討会 ・ディスカッションやグループワークを取り入れた研修会の実施 **6　児童生徒向けの性教育** ・共学校は男女別ではなく合同で実施することを検討する。 ・必ず冒頭で「性の多様性」について触れる。 →教科「保健体育」でも実施できるか、教科担当と相談する。	・学校単位で検討が必要となる案件であるため、適宜管理職との相談が必要となる。（アウティングに注意） ・本人が特別な扱いをされることに抵抗を示す場合があるので、適宜本人と相談を重ねながら対応を検討していく。 ・学校生活内では通称名を使用する等、保護者とも相談・連携しながら検討する。 →呼名、学校内の提出物への記名、名札など ・中〜長期的な計画を立てる。 →進級時、スムーズに引継ぎができるようにする。 →保護者の動揺が大きいケースが多いので、面談などを通して、本人だけではなく保護者の気持ちにも寄り添いながら計画を進めていくとよい。 ・様々な考えを受け止めるにあたり、養護教諭の負担が大きくなる可能性がある。 →研修会は養護教諭が中心となって組織的に取り組むことが望ましい。（学校保健委員会など） ・性のことに関してオープンではない学校の環境下では、専門性を備えた外部機関による指導の方が効果的な場合がある。（本音を言いやすい、恥ずかしがらずに聞けるなど）
活動の実践例	〈子供が主体の実践例　〜生徒保健委員会〜〉 ・文化祭でのブース設営（図１） →メッセージボード設営やディスカッションの実施 ◀図１ 〈保健室前掲示物〉 →「セクシュアリティ」コーナー常設（図２） 外部機関や特集雑誌が閲覧できる ▼図２ 	・来場者の他にも、在校生や教職員も自由にメッセージを貼ることができるようにする。 →侮辱的な言葉以外は、素直な意見を書くことができるよう、ルール設定をする。 →文化祭後も保健室内に掲示するなど、継続的な活動をすることで認知度が高まる。 ・保健室の外に掲示することにより、他の掲示物を閲覧しながら、一人でさりげなく見ることができる。

（小薗江　夏美）

Question 26　外国につながる子供への対応はどのように…

【Answer：押さえたいポイント】

①自分がその立場だったら…と想像力を働かせる。自分が「親戚を頼って」「就労のために」「希望していないのに」他国に行き、学校に通うことになったらどんなことに困ったり不安だったりするか想像してみる。

〔子供の不安〕
異なる言語・文化の中での生活
学校生活全てが未知
友だちができるか
誰に頼るか、勉強等

〔保護者の不安〕
異なる言語・文化の中での生活と就労
教員・地域社会とのコミュニケーション
学校からのお知らせ、PTA 等

〔教職員の不安〕
授業
本人や保護者とのコミュニケーション
他児童への異文化理解
他の教職員との協力体制　等

②自治体（都道府県・市町村）により施策が異なるため情報を得る。
年々外国につながる児童の入学転入が増えている。（入管法の改正でこれからさらに増加する。）文部科学省の「就学ガイドブック」を参考にしたり、各地域の教育委員会が作成した「手引き」等で利用できそうな制度を理解したりして、学校のチーム支援体制を整える。また、教育委員会が作成している保健関係書類の対訳版を利用する。

③特別支援教育（一人ひとりの教育的ニーズを把握し、その力を高め、生活や学習上の困難を改善又は克服するため、適切な指導及び必要な支援を行う）のひとつとして捉える。外国につながる子供が元気でいられる学校は、どの子供にも居心地のよい学校である。

	実践の内容	☜ここがポイント！
入学・転入	○外国からの児童・保護者に確認すること。 （保護者と細かい情報交換をするため、必要に応じ通訳を依頼） ・健康状態、持病・アレルギーを口頭で聞き保健調査票に記入 ・予防接種歴を母国の母子手帳で確認、MR ワクチン未接種者には推奨 ・結核検診の説明、胸部 X 線直接撮影の依頼 ・給食対応確認（アレルギーや宗教上食べられないもの）	○初期支援チーム（校長・国際教室担当教諭・学級担任・事務職員・養護教諭）がそれぞれの立場から確認依頼をする。国際教室担当教諭は、個別の支援計画・指導計画に沿って、情報収集をする。 ○全員で児童の行動や発達の様子を観察。
初期	○初期の段階で、国際教室担当教諭が付き添い、保健室を案内する。 ・何のための部屋か。 ・健康で衛生的な生活のための用語を習得させる。 （「頭がいたい」「けがをした」「手をあらう」「歯をみがく」等）	○笑顔で、身振りやイラストを使用し、会話する。 ○母語で「あいさつ」や「保健室」が表示されているとよい。
日常	○学級担任や国際教室担当教諭と連携し、対象児童の心身の健康観察及び支援、基本的生活習慣に関する保健指導を行う。 ○保護者用のすべての文書をルビ付きにし、難しい表現はさける。 ○提出書類など重要なものには母語の『重要』スタンプを使用する。 ○不定愁訴が続くときは、学校生活が安定するまで寄り添う。 ○けがなどによる病院受診の際は、できるだけ保護者に来校してもらう。医師の説明や治療費のやり取り、日本スポーツ振興センターの手続きなど、保護者が分かるように対応する。 ○保健室での会話や、けが・病気の記録の記入の様子を観察し、関係教職員と情報交換をする。日常会話はできても学習言語はどうかや、発達検査をした方がよいかなど長期的な支援を考える。	○簡単で正しい日本語でゆっくり、はっきり話す。保健室も日本語習得の場であり、必要な言葉を教える。 ○文化の違いから、頭をなでる、肩をたたく等が失礼にあたることもある。 ○保護者の自家用車所有など確認し、なるべく通いやすい病院選びをする。 ○家庭では他言語を使用している場合、日本に長く住んでいても言語習得が難しい。学習の遅れが、言語か発達によるものか分かりづらいため、支援方法に目を向ける。

<table>
<tr>
<td rowspan="3">学校行事等</td>
<td>**健康診断**
・保健調査票⇒多言語版とあわせて配布。誰でもわかるように日本語版に記入を依頼
・説明⇒イラストや写真を多く用いる。健康診断方法は、どの健診もなるべく同じ並び方・方法で行う。空き時間の職員の補助
・事後措置⇒受診のおすすめを多言語版で渡す。

就学時健康診断、入学説明会
・副校長や児童支援専任教員が「就学時健康診断」や「入学前の外国人就学許可書の手続き」について、近隣保育園に説明に行く。
・養護教諭は近隣保育園に「日時・持ち物」の案内を保護者に配布してもらうよう依頼。その際、子供の発達の様子や日本での在留期間を把握し、関係職員に引き継げるようにする。
・入学のしおりなどは、実物のカラー写真や挿絵を使用する。
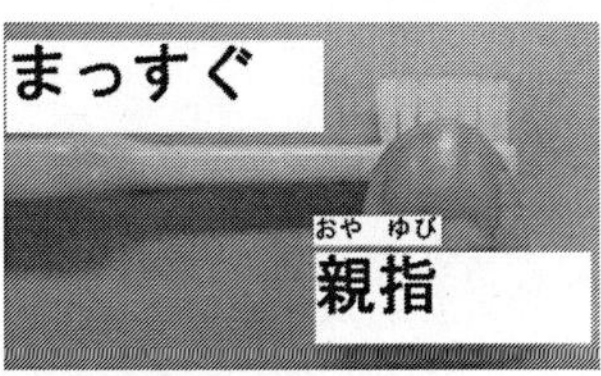

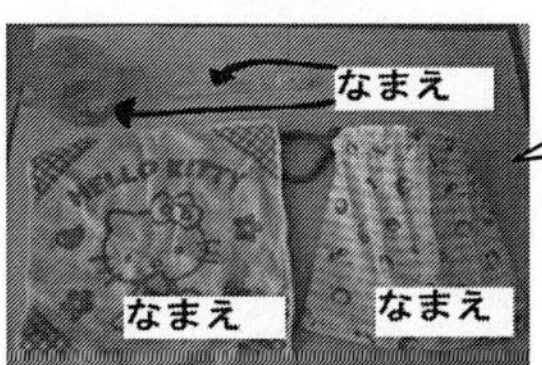

写真入りで説明するとわかりやすい。</td>
<td>○保護者からの問い合わせへの回答や特別な連絡は、詳細な説明が必要なため、通訳者を介し、正確な情報交換をする。
○保健室でもユニバーサルデザインの視点で健康診断を行う。

○近隣の保育園、中学校、地域のボランティア団体との相互協力をする。外国につながる子供・保護者の支援に不可欠。

○配布書類の多言語版、当日の通訳者を予算の許す範囲で依頼する。</td>
</tr>
<tr>
<td>〈様々な文化があります　～まず知ろう！～〉
・屋台で朝食を食べるため家では朝食を食べない。
・朝食はカップラーメン…母国では麺類のため
・3歳すぎても哺乳瓶使用
・躾棒でしつけをする。学校の先生も使用可
・風邪をひいたらコインで背中をこする。
・お香を毎日たく。
・子供の世話は祖父母がする。両親は仕事をする。</td>
<td>〈アイデンティティーの確立への支援を学校で支えよう！〉
・日本に長く住んでいても学習言語が習得できず、成績がふるわない。
・両親の使用する言語でのコミュニケーションができなくなり、親子関係が難しくなる。
・保護者の社会の孤立から、子供も孤立しやすい。Help を出しにくい。
・日本人と違う部分を理由に、いじめにあいやすい。</td>
</tr>
<tr>
<td colspan="2">近い将来、日本社会で、健康で文化的な生活を営み、納税者として共に生きていくことができるために、学校教育ができること、養護教諭ができることを考えチームで支援していく</td>
</tr>
<tr>
<td>関係機関との連携</td>
<td>【事例1】
ボランタリー活動組織から、学習教室での児童の様子が不安定だという情報が入った。その児童は保健室登校となったが、カウンセラー（通訳者）・保護者との面談を繰り返したり、学習教室という居場所があったりしたことで、早期に教室復帰ができた。しかし、その裏には、保護者の日本社会での生きづらさがあった。

【事例2】
児童が保健室に相談にきた。「親に包丁でさされる…けんかしたときにそう言っていた」関係職員と相談し、保護者に来校してもらい、事実を確認した。親子のコミュニケーションが少なく、携帯電話ばかり触り部屋に閉じこもりがちな娘とケンカ。娘は母語を正確に聞き取れずに、勘違いしてしまった。地域のボランタリー活動組織にも知らせて、学習教室で見守る。</td>
<td>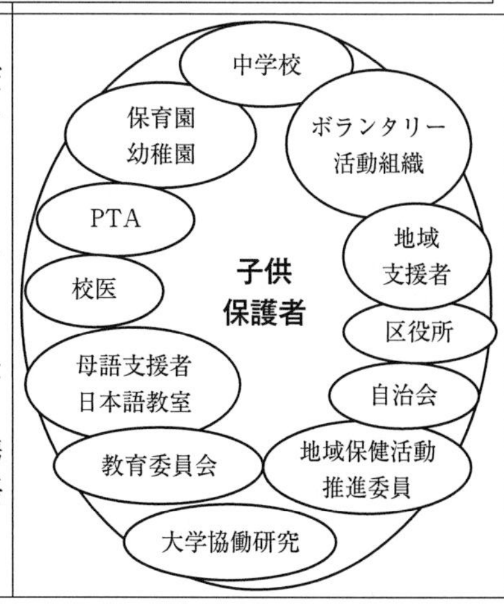
</td>
</tr>
</table>

（徳永　久美子）

Question 27　エピペン®や補食などの保管はどのように

【Answer：押さえたいポイント】

①健康相談で、主治医の指示事項（指示書）をもとに、保護者・本人・担任等と詳細の打ち合わせを行い、実施に当たっては、教職員に周知し、緊急時には誰もが対応できる体制を整えること。
②わかりやすい場所に保管し、校内の教職員がその情報を共有していること。
③エピペン®や補食の品質が保持されるように適切な場所に保管すること。
④必要時に速やかに使用できること。

	実践の内容	☜ここがポイント！
エピペン®の保管	**エピペン®を保管するに当たって** 1　エピペン®の保管について確認する。 学校・教育委員会は、保護者・本人、主治医・学校医、学校薬剤師等と十分な協議を行う。 ○確認すべき内容： ・学校が対応可能な事柄 ・学校における管理体制 ・保護者が行うべき事柄（有効期限、破損の有無等の確認） 2　教職員に共通理解を得る。 エピペン®を処方されている児童生徒の学級や学年、エピペン®の保管場所、緊急時の職員の動きなどについて、共通理解を得る。 3　必要に応じて、近隣の消防機関とエピペン®所有児童生徒についての情報共有をする。	**最も重要なこと** エピペン®を迅速かつ正確に使用するためには、児童生徒本人が携帯・管理することが基本である。→健康相談で確認する。 **参考にするもの** ・自治体や学校の作成した食物アレルギー対応マニュアル ・学校生活管理指導表や診断書 ・食物アレルギーの児童生徒それぞれの個別の対応プラン
	本人が保管する場合 1　エピペン®をどこに保管してあるのか、本人及び保護者に確認する。 2　学級の児童生徒に理解を得る。（必要に応じて） 3　保管場所を教職員に周知する。	**本人が保管する場合に注意すべきこと** ランドセルや机、ロッカーなどに保管することが多いため、不特定多数の児童生徒がエピペン®に触れることが可能となる。本人以外の児童生徒等がエピペン®を誤射するなどの事故が発生する可能性があるため、事故に対するリスク管理（アレルギーがある児童生徒等及びその他の児童生徒達への注意喚起など）を徹底する必要がある。また、万が一の誤射事故への対応も事前に準備しておく必要がある。 ＊他の児童生徒に指導する時は、その時期や内容について、健康相談でよく話し合っておくこと。
	学校が保管する場合　※本人が管理できない場合 1　エピペン®を保管する場所を決める。 2　エピペン®の保管に関する管理者を決める。 3　保管の流れを確認する。 例：①エピペン®を処方されている児童生徒が登校時に、決められた管理者（校長、副校長、教頭、担任、養護教諭等）のところへ行き、預ける。 ②エピペン®を預かった者は、決められた保管場所に置く。 ③児童生徒は下校時に決められた管理者のところへ行き、エピペン®を受け取る。 4　保管場所や保管の流れなどを教職員に周知する。 決められた管理者が不在の場合はどのように対応するのかも決めておく。緊急時には、教職員がみなで対応できるようにしておく必要がある。	**エピペン®の保管に望ましい場所** ・携帯用ケースに収められた状態で置ける ・速やかに取り出せる ・他の児童生徒の目や手が届かない ・15～30℃である ・冷所または日光の当たる高温下ではない
	野外活動や修学旅行などに行く場合 1　事前確認をする。 事前に児童生徒等がエピペン®を携行するかどうかを保護者に確認し、行程中の管理を話し合っておく。（健康相談の実施）	**気をつけたいこと** ・当該児童生徒等の行程を常に把握しておく。特に班行動や自由行動の時には、注意が必要である。

	2　行程中の管理をする。 本人が管理することが基本であるが、もし学校がエピペン®を管理する場合、管理者を決めておく。 3　現地の医療機関の確認と確保をする。 エピペン®を使用した場合には、その後医療機関を受診する必要がある。このため、事前に行程先の医療機関について確認しておくとよい。	・当該児童生徒等の行程とともにエピペン®も移動する必要があるため、管理者は児童生徒等と行動を共にする。自由行動の時などは、一時的に児童生徒等に管理を任せることも考える必要がある。 ・事故発生やアレルギー症状発症時に児童生徒等の搬送先として想定される病院には、事前に連絡を入れておくと、万が一のときに迅速に対応できる。
補食の保管	**補食を保管するにあたって** 1　補食の保管について確認する。 学校・教育委員会は、保護者・本人、主治医・学校医、学校薬剤師等と十分な協議を行う。(校内委員会、健康相談の実施) ○確認すべき内容 ・学校が対応可能な事柄 ・学校における管理体制 ・保護者が行うべき事柄（賞味期限の確認等） 2　教職員に共通理解を得る。 補食を必要とする児童生徒の学級や学年、補食の保管場所、低血糖時の職員の動きなどについて、共通理解を得る。 3　必要に応じて、主治医に直接指示を仰げるように、コンタクトをとっておく。 4　同じ学級や関わりのある学級の児童生徒の理解を得る。 **学校で保管する場合** 1　保管する場所を決める。 保健室のような、衛生的に保管でき、必ず教職員がいるような場所が望ましい。 2　保管場所を教職員に周知する。 3　補食を使用した場合は必ず保護者に連絡を入れ、新しいものを補充する。 4　定期的に賞味期限等を確認する。 **野外活動や修学旅行などに行く場合** 1　事前確認をする。 事前に児童生徒等が補食を携行するか否か、どのような場合に補食するか等を話し合っておく。(健康相談の実施) 2　行程中の管理の相談と周囲への指導について相談する。 本人が携行することが基本であるが、本人以外に誰が保管するか決めておく。 3　補食の保管と補食を行う場面や方法について、教職員間で共通理解する。	**最も重要なこと** ○周囲の児童生徒の理解を得ること。 補食はクッキー、ビスケット、チョコレートなどのようなものが一般的であるが、糖尿病や低血糖などのことについて知らない児童生徒が見た場合に「お菓子を食べている」と認識されてしまう場合があるので考慮する必要がある。 本人や保護者とよく話し合って、周囲の児童生徒にはきちんと説明し、本人にとって補食が「命をつなぐ大切なもの」であることを理解してもらえると良い。 **保管を決めるまえに** ・主治医の指示や意見書をもとに保護者、本人、養護教諭、担任等で健康相談において詳細を話し合うこと。 **補食の保管に望ましい場所** ・速やかに取り出せる ・他の児童生徒の目や手が届かない ・衛生的である ・補食する場合、他の児童生徒が「おやつをたべている」と誤解しないように、事前指導についても相談

・文部科学省：「学校のアレルギー疾患に対する取り組みガイドライン」、(財) 日本学校保健会、平成 26 年
・学校保健・安全実務研究会：『新訂版　学校保健実務必携（第 4 次改訂版）』、第一法規、平成 29 年
・内潟安子：「子どもと糖尿病安心ハンドブック」、ノボノルディスクファーマ株式会社、平成 30 年
・(財) 日本学校保健会：「学校のアレルギー疾患に対する取り組みＱ＆Ａ」https://www.gakkohoken.jp/themes/archives/40

（木原　なつみ）

Question 28 「誰にも言わないで…」と子供に言われたら…

【Answer：押さえたいポイント】

①養護教諭を信頼して相談してきたことを重要視し、子供と養護教諭の信頼関係が成立していることが大前提である。

②日頃の子供への誠実で丁寧な対応を基盤に、物事の判断を明確に伝えつつ柔軟な対応をする。

③多くが他の教職員・関係機関等の理解と協力が必要となるため、秘密保持の確認をしてから関係者との情報交換と連携を図る。

④子供に、「その後の経過を聞かせて」と保健室への来室を約束させ、子供の心身の健康状態と環境の変化等を把握する。

【誰にも言わないで…に隠された意味】

①話した時の相手がどう反応するかが怖い。

②相手に迷惑をかけてしまう。

③本当は「自分の辛さ・苦しさをわかってほしい」⇒養護教諭に話したことは援助希求行動の表れ。

【事例から見る対応等】

	実践の内容の例　○生徒　★養護教諭	☜ここがポイント！
例①　嘘をついたこと	○「昨日早退した理由は…本当は学校にいたくなかったんだ。先生、誰にも言わないで。」 微熱が続き、食欲もなく、最近過呼吸を起こしやすい女子生徒で、前日に早退をしていた。 ★「そうだったの。ずいぶん辛そうだったし、いつものA子さんと違うから心配していたんだよ。学校にいたくない何かあったの？よかったら、その理由を聞かせてくれる？」 ○「だって、先生、～」と堰を切ったように、クラスの友人とのトラブルが原因で、友人と同じ空間にいることに耐えられなくなったと話す。 →話をしているうちに、自分の態度の悪さにも原因があることに気がついた。その問題のために自分ができることは何かを一緒に考えた結果、A子が友人に謝ることを選択した。翌日、A子が謝った結果、関係はほどなく修復された。 →担任に事情を説明したところ、担任は、クラス内でA子を取り巻く子供の雰囲気がよくないことに気がついていた。担任にとって、この情報がA子のグループへの指導のきっかけとなった。	●普段からA子さんを見ていることを伝える。日頃の子供の情報を（健康状態・クラスの様子・部活動等）をキャッチしていることが重要である。 ●悩んでいることを受け止めた上で、解決方法を一緒に考える。実行できた時には、共に喜び、ほめることで自尊感情・自己肯定感が高まる。 ●話を整理しながら聞くことで、子供は自分自身の考え方と行動を振り返ることにつながり、自分の気持ちを話すことによるカタルシス効果がある。
例②　妊娠の疑い	○「友達に相談されたんですけど、友達が妊娠しているかもしれないんです。でも、生理みたいなのがちょっとあって、おなかも痛くなるって。先生、誰にも言わないでね。」 ★「それは心配だね。詳しいことを知っていたら教えてくれる？」と、最終月経と、妊娠の可能性を疑う具体的な内容を確認する。 →養護教諭の質問に答えられないことがなく、詳しい情報を持っている。 ★「一番いいのは、（妊娠かも…）と不安な日々を過ごすよりも、産婦人科に行くことだよ。B子さんの友達のことが心配だから、きちんと話しておいて。この後の様子を教えてくれる？」 ○「わかりました。友達に言ってみます。また、話しに来ます。」 →月経がきて妊娠の心配はなくなった、と報告がある。	●初期の妊娠の疑いは、自分ではなく、友達のこととして相談することがある。 （かなり深刻になってきてからは、体調不良として訴えてくる。） ●友達の体が心配なのでその後の経過も教えてほしい、と伝え次の来室へとつなげる。 ●妊娠したことが明らかになった場合、担任・保護者へ知らせる必要性を説く。親子関係が複雑なケースがあるため担任と相談をする。

例③ 自殺念慮	○「頭が痛くて気持ち悪い。」（以前から不定愁訴の多い生徒） ★ヘルスアセスメントをして、元気のない様子に「何か心配ごとあるの？」 ○「…（しばらく沈黙）　先生…僕…死にたい。親にはいわないでください…」 ★「死にたいと思うほど辛いことがあるのね。もう少し詳しく話してくれる？」 →ベッドへ移動し休養させながら以下のことを確認する。友人関係で悩んでいる。具体的な自殺方法を考えている。死んだら友達に迷惑をかけると思っている。十分に睡眠がとれていて食事が今一番の楽しみであること。 ★「疲れているようだから、ここでゆっくり休んでからまた話をしようね。」 →Ｃ男の監督をもう一人の養護教諭に依頼し、関係者と善後策を立てる。 ○「少し楽になりました。」 ★Ｃ男が落ち着いてから、「命に関わる大事なことは、私一人では抱えきれない。Ｃ男くんのこの辛い思いをご両親にも分かってもらった方が楽になるよ。」等話をして、時間をかけて関係者への相談の了解を得る。さらに“死なない約束”と気持ちが落ち込んだら保健室に来る約束をする。 ○親に迎えに来てもらうことを承諾する。 →担任から保護者への情報提供に対して、保護者はＣ男が家でよく泣いていることを心配していたことがわかった。その後、保護者の理解により症状が軽快する。	●命に関わることは、一人で抱えられない。「絶対にあなたの命を守る。死なせない。」等の内容について心を尽くして話をする。 ●その上で、「死なない約束」を子供とし、継続した面接を行う。教員と契約・約束をしたことは心のよい引っかかりになる。 ●症状と食事や睡眠、自殺の具体的方法を考えているか、試行しているか、等を確認して、うつ病の可能性がある場合は医療機関の受診を勧める。可能性が低い場合は、定期的な面接を行い、しばらく学校で対応し経過をみる。 ●スクールカウンセラーの派遣を管轄教育事務所へ依頼して、さらにきめの細かい対応をする。専門家からの指導は、子供への支援の心強いアドバイスとなる。

●自殺予防の対応の原則　「TALKの原則」
①Talk…誠実な態度で話しかける
②Ask…自殺についてはっきりと尋ねる
③Listen…相手の訴えを傾聴する
④Keep safe…安全を確保する
積極的に自殺念慮について質問することが大切である。

●自殺念慮のある場合の対応の心得
①「死にたい」気持ちを否定しないこと
②具体的な自殺の計画があるかを確認する。もし具体的な計画があるなら、本人をできるだけ安全な状況に誘導するように冷静に動くこと
③相談を受けたら、具体的な解決策を提示すること
④全て一人で解決しようとせず、適切な専門機関へ支援を求めること

【「誰にも言わないで…」と話す子供の特徴】

①初めての保健室の来室で「誰にも言わないで…」と深刻な相談はしない。子供は、保健室に来室（付き添い、身体測定、何となく等の理由）しながら、養護教諭が他の子供たちへの対応における言動等を観察している。
②相談をする前には、子供が身体症状を訴えて保健室に複数回来室している場合が多い。
③多くの場合、子供は傷ついた経験をしている。

【秘密保持の原則】

①関係者への情報提供と協力が必要と判断した場合は、“子供と養護教諭の秘密保持”は、枠を広げて“子供と関係者間の秘密保持”であることが望ましい。
②守秘義務が適用しないケースが以下の３つである。

①命にかかわること
②他者又は自分自身を傷つける恐れのあること
③犯罪にかかわること

この３つに該当した場合は、管理職・関係教職員と判断をした上で、子供への対応をしてから親に必ず伝えます。

その場合には、子供に●親に話す必要性と、●一人では抱えきれない問題で秘密にしたままではならないきまりがあること、●今の辛い状態をよくするために親の理解が必要だということについて、時間をかけて心を尽くして話をする。

（道上　恵美子）

Question 29　健康相談の工夫あれこれ

【Answer：押さえたいポイント】

①「健康相談」は学校保健安全法第８条に「学校においては、児童生徒の心身の健康に関し、健康相談を行うものとする」と規定されており、心と体の両面に対して「養護教諭、教諭、学校医、学校歯科医、学校薬剤師」等が健康相談にあたる。

②健康相談を行う際には、職種に応じた専門性を発揮する。特に養護教諭は、職務の特質と保健室の機能を最大限に生かし、常に心的な要因や背景があることを念頭に心身の観察・問題の背景の分析・解決のための支援・関係者との連携などコーディネーターとしての役割を発揮する。

③学校現場の特性を生かし、継続的にかかわることで発育発達を促すことができるため教育的な意義が大きいことをふまえる。

④記録は支援の過程を見える化するためにも重要であるため、必ず取る。

	実践の内容	☜ここがポイント！
環境整備	・カーテンやパーテーションを使って、プライバシーに配慮した空間づくり ・子供がリラックスする雰囲気づくり  ・養護教諭の所在の明確化 （保健室に休養者がいない場合は保健室のドアを開けておくなど） ・会話がはずむ環境づくり ・救急処置を的確に行う。 ・保健図書や医学知識の書籍など （例　漫画で楽しめる心理学的な書籍、二次性徴、LGBT関連　夜尿　月経の手当　下着の選び方　など）	・ぬいぐるみ(抱きしめられる位の大きさ)や保健室なんでもノートなど（落書きや一言など書ける） ・「いつでも保健室にいる」安心感の構築 ・初期対応では、子供の正面には座らない。 ・「信頼される保健室」であることが、相談を受けやすい雰囲気を作る。 ・本を読むことから相談が始まることもある。 ・インターネットなどから申し込める保護者向け冊子もある。
各プロセスでの工夫	**1　気づく**　<u>健康相談対象者の把握</u> ①体調不良を訴えて来室した時の気づきのポイント （「いつもと違う」違和感、声色、顔色、視線、同じ様な症状での頻回来室、保健室のベッドで眠れずにモゾモゾしている。） ②体調不良は訴えない場合の気づきのポイント （保健室に立ち寄って教室に帰りたがらない、教室に戻る時に何度も後ろを振り返る、「友達のつきそい」と複数回来室する、保健室の前を往来している、季節に合わない服装をしている、マスクを外したがらない、など） ・フィジカルアセスメントの実施 （バイタルサインの測定など客観的に評価できるツールを活用） ＊痛みスケール、いかりのものさし、視覚シンボル等（＊ドロップレットプロジェクト：出典：エンパワメント研究所、視覚シンボルでコミュニケーション） 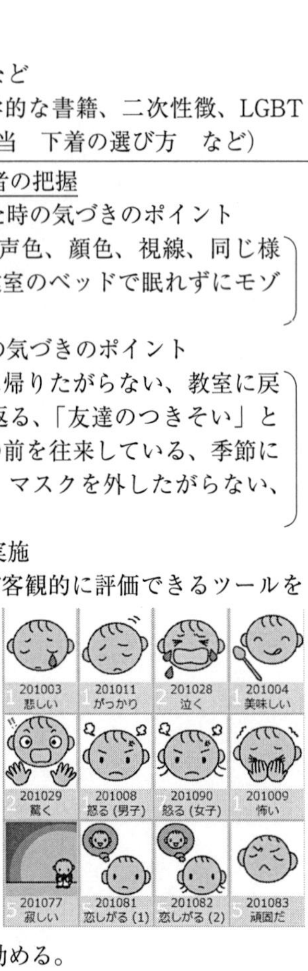 ・来室記録のデータ化 ・学級での健康観察の活用 ・必要に応じて医師の診察を勧める。	・「いつもの状態」を知っておくため、日頃からの児童理解が重要 ・少なくとも２～３回似たような訴えで来室が続く場合は、対応を開始する。 ・養護教諭と話したそうにしている場合は、子供からのサインである。 ・気になる児童がいた場合、養護教諭から声をかける。最初から本題にふれるのではなく、雑談などから関係を構築する。 ・最初から心因性を疑うような場合も、すべての来室者に対してフィジカルアセスメントを実施。→「診てもらえた」という安心感がある。 ・低学年の児童には痛み方の例示や、１～10の間でどのレベルか聞くなど、痛みや気持ちを表現できるよう促す。 ・曜日（時間など）と関連付けて集計出来る。 ・本人の訴えと一致しているか。 ・「器質的疾患があるか否か」の分析のため

<table>
<tr>
<td>各プロセスでの工夫</td>
<td>
2　見極める　<u>心因性要因か器質性要因か背景要因の分析</u>
・学級担任や部活動顧問などとの情報交換
・生活習慣アセスメント・社会的・心理的アセスメントの実施
・子供自身に心と体は密接に関係していることを伝え、体調不良の原因で思い当たることがないか、尋ねる。
・情報をもとに、「勘」と「経験」のみでなく「エビデンス」に基づいた見極めを行う。
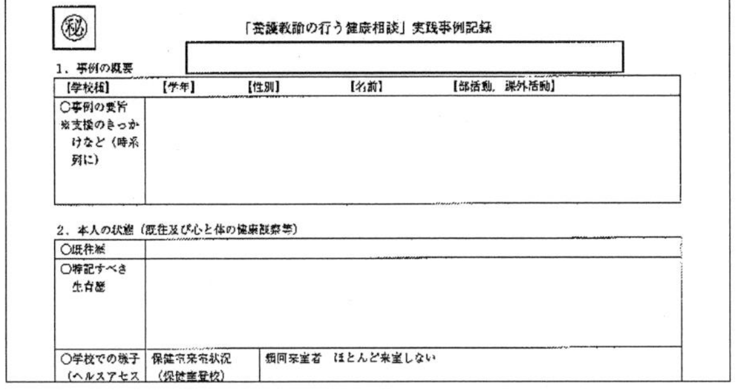
㊙　「養護教諭の行う健康相談」実践事例記録
1．事例の概要
【学校種】　【学年】　【性別】　【名前】　【部活動，課外活動】
○事例の要旨
※支援のきっかけなど（時系列に）
2．本人の状態（既往及び心と体の健康観察等）
○既往歴
○特記すべき生育歴
○学校での様子（ヘルスアセス　保健室来室状況（保健室登校）　頻回来室者　ほとんど来室しない

3　かかわる　<u>「いつ」「誰が」「何を」「どのように」行うか</u>
・本人の気持ちに寄り添い、本人が何を望んでいるか、どういう風になりたいかを明確にし、目標に向けて段階を踏んでかかわる。
・必要な関係者と事案を共有することを、相談者本人に了承を得る。
・関係者と事案を共有し、支援者・役割・可能な限り時期を明確にする。（養護教諭一人で抱え込まない）
・器質性要因が認められる場合は、校内はもちろん医療機関や相談機関との連携を密にする。
・子供たちのみならず、保護者の気持ちにも寄り添い、相談を進める。

4　評価　<u>事後のフォローと対応の評価</u>
・取組を振り返ることで、反省や課題を明確化する。
・継続観察が必要な場合は、次年度の担任等に引き継ぐ。
</td>
<td>
★学校で唯一で医学知識を学んだ養護教諭だからこそできる。
・多角的にその子の情報を集める。
時に級友から情報が得られることもある。
・先入観から、回答を誘導しない。
・子供自身、要因が思い当たることがある。
・場合によって保健室で可能な心理テスト等を活用する。

・記録を取り、関係職員と事案を共有し、かかわりにつなげる。
【効果的な記録の例】
（出典：新訂　養護教諭が行う健康相談・健康相談活動の理論と実践　p194. 195）

★児童が抱えている課題や要因を明確にし、それに対する支援を具体的にする。
・子供達への対応が、その場しのぎではなく、教育的意義をもつように進める。
・本人の目標が現実と乖離している場合は、相談の中で子供と一緒に目標を決める。
・特に「養護教諭にだけ打ち明けた」話を、他職員が知っていることで信頼感を失うことがある。
・役割を明確化することで、かかわる関係職員の意識・連携の強化を図る。
・宿泊学習や体育的行事など、養護教諭が計画性を持って健康相談を実施し、子供と保護者が安心して参加出来るようにする。
・健康相談を進めるうえで、保護者との関係を円滑に進めることは大変重要である。

・反省や課題の記録も忘れずに行う。
</td>
</tr>
<tr>
<td>まとめ</td>
<td>
・相談者や養護教諭、関係職員のパーソナリティや状況を鑑みつつ、相談者にとってよりよい対応を模索していく。
・信頼される保健室、また円滑な健康相談のためには、養護教諭のパーソナリティと専門的知識・技能が求められる。
</td>
<td>
・日頃の対応の積み重ねが大事

・養護教諭の自己研鑽や最新知識へのアップデートなど、資質の向上に日々努める。
</td>
</tr>
</table>

・三木とみ子・德山美智子編集代表：「新訂　養護教諭が行う健康相談・健康相談活動の理論と実践」、ぎょうせい、平成31年
・文部科学省：「教職員のための子どもの健康相談及び保健指導の手引」、平成23年

（塩澤　美保子）

Question 30　複数配置の仕事の進め方はどのように

【Answer：押さえたいポイント】

①児童生徒の心身の健康管理や学校保健活動をスムーズに進行できるよう役割分担を工夫する。
②保健室経営方針についての共通認識を持って役割分担を行い情報共有を密に行う。
③「チーム保健室」としての取り組みを推進し、児童生徒や教職員、保護者にも発信する。

	実践の内容	☜ここがポイント！
複数配置での役割分担	職務の割り振りを検討するタイミングとして「日毎」「月毎」「行事毎」「組織活動」「その他（勤務校によって異なる役割）」のパターンが考えられるが、以下では年間を通し、ワークバランスを考慮した役割分担の方法を紹介する。 **【年間を見通した職務分担の方法】** 1．年度末に次年度の職務分担を検討する。 2．中央教育審議会答申に位置づけられる養護教諭の職務はもとより勤務校で養護教諭が担っている職務内容を書き出す。 3．書き出した職務内容を「日毎」「月毎」「健康診断」「学校行事」「組織活動」などの項目に分け、整理する。 4．職務内容を一覧にし、どの職務を誰が主担当で行うかを検討する。 5．役割分担を行う際の留意事項 (1)　職務のバランス（量・時期） (2)　それぞれの養護教諭の専門性（得意分野）を生かす。 (3)　保健主事などの充て職も考慮する。 (4)　完成した職務分担表は、保健室経営計画などと併せ、年度当初に他の教職員にも周知する。	職務分担の仕方は、相手の養護教諭とよく話し合い、共通理解を図った上で検討することが重要である。 ・勤務校独自の職務が割り当てられていることもあるため、実態に即した分担を考える。 ・役割を振られた養護教諭が1人で職務にあたるのではなく、主担当としてその職務の道筋をたて、職務遂行は関係者全員であたるというイメージを持つ。

保健室職務分担表一部抜粋（例）

2019年度　○○高校保健室役割分担表

	執務内容	養護教諭A	養護教諭B	分担方法
日毎	・応急処置、生徒対応	○	○	状況に応じて 相談しながら進める
	・校内巡回			
	・水質検査管理			
	・来室記録入力	奇数月	偶数月	月ごとに交替
	・公文書管理	偶数月	奇数月	
月毎	・スポーツ振興センター		○	隔年で交替
	・感染症（発生報告、予防対策）	○		
	・保健だより	奇数月	偶数月	月ごとに交替
健康診断	・身体測定　4/11㈭		○	校医検診⇒養護教諭A 業者検診⇒養護教諭B 隔年で交替
	・心電図　4/19㈮		○	
	・内科検診　4/16㈫・4/17㈬・4/23㈫	○		
	・眼科検診　4/25㈭	○		
	・尿検査　5/10㈮・13㈪・5/28㈫		○	
学校行事	・体育祭（6月）		○	年度毎に検討
	・教職員研修（心肺蘇生法）	○		保健環境部内で決定
	・教職員研修（特別支援教育）		○	特別支援教育コーディネーター
	・文化祭（9月）	○	○	生徒保健員会展示⇒養護教諭B 企画書チェック⇒養護教諭A
	・マラソン大会　11月	○		隔年で交替
	・修学旅行　11/27～11/30		○	

<table>
<tr>
<td rowspan="3">共通認識を持つための情報共有</td>
<td>【多様な情報伝達手段を活用する】
1　口頭での情報共有
日常的な会話だけでなく、情報交換を行うための時間を確保する。一例として、職員朝会時に一日のながれを確認し、生徒情報の交換などを行う。児童生徒が下校した後に１日を振り返る時間を確保してもよい。
2　紙媒体を用いた情報共有
⑴　保健室来室記録用紙
保健室来室記録用紙を用いて、それぞれの養護教諭が対応にあたった生徒情報を把握する。記入済みの記録用紙は２人の執務机の中間部にトレーなどを設置し、適宜内容を相互に確認できるようにする。
⑵　健康相談の記録
健康相談を行う際、相談内容の記録用紙を統一する。
⑶　共用の保存ファイルを作成する。
上記⑴・⑵の来室記録や健康相談の記録はもとより、学校行事や委員会などの項目ごとに保存ファイルを作成し、実施要項などの資料を綴じ込む。</td>
<td>・児童生徒が保健室に再度来室した際、以前対応にあたった養護教諭が不在でも円滑に対応できるよう情報共有が重要である。

・生徒の心身の健康状態を記録する用紙を統一することで、対応にあたる人物によって聞き取る内容にばらつきがでないように配慮する。

〈参　考〉記録用紙は、「養護教諭が行う健康相談」実践事例記録（「新訂　養護教諭が行う健康相談・健康相談活動の理論と実践」p194～195、三木とみ子・徳山美智子、ぎょうせい、平成31年）を用いるとよい。</td>
</tr>
<tr>
<td colspan="2">共用の保存ファイル（保健室保管用）

・所定のファイルに情報を集約することにより、主担当ではない領域の職務についても、適宜状況を把握することができる。

・共用ファイルを用いて、情報を蓄積することができ、マニュアルのように使用することもできる。</td>
</tr>
<tr>
<td>3　電子媒体を用いた情報共有
⑴　来室記録、健康相談の記録、これまでに行った職務の実施要項等を電子ファイルとして共有フォルダに入れる。
⑵　来室記録を統計ソフトで管理する場合は、複数のライセンスを取得し、各養護教諭のパソコンや職員室のパソコンにインストールすることにより、リアルタイムで情報の共有を図ることができる。</td>
<td>・生徒の個人情報に関するデータには、必ずパスワードをかけ、外部から容易に閲覧できないよう厳重に取り扱う。</td>
</tr>
<tr>
<td>チーム保健室として</td>
<td>【チームプレーで中核的・コーディネーター的役割を担う】
保健室には様々な情報が集まる。複数配置の場合、情報の入り口も複数になるが、それらを集約し、適切な連携先を見定めて発信する。

【それぞれの経験を共有・蓄積する】
複数配置は様々な経験を積んだ養護教諭同士が同じ空間で協働する。
双方の経験を共有・蓄積することにより、様々な事例に対応できる土台づくりを行う。</td>
<td>養護教諭は「学校保健活動の中核的役割」「コーディネーター的役割」を担う。（平成20年中央教育審議会答申）</td>
</tr>
</table>

（村上　有為子）

Question 31　異動の時に心得ておくことは

【Answer：押さえたいポイント】

①引継ぎは個人的な作業ではなく、公務の一環であり責任を伴うこと。

②当該学校の学校保健活動が停滞したり、保健室を利用する児童生徒及び教職員が混乱したりしないように引き継ぐこと。

③新年度から、自分自身も後任も円滑に仕事を進めることができるように引き継ぐこと。

	実践の内容	☜ここがポイント！
転出する側・転入する側の引き継ぎポイント	異動に際して転出する側・転入する側双方が備えることを以下に示す。 **【転出する側】** ○地域及び学校の実態など当該学校の教育活動や児童生徒を理解する上での留意点 ・地域や学校の実態、児童生徒の心身の健康実態がわかる資料の整理・保存	養護教諭は、①救急処置、健康診断、疾病予防などの保健管理　②保健教育　③健康相談・健康相談活動　④保健室経営　⑤保健組織活動の役割があり、学校保健活動推進において中核的役割を果たす。 （平成20年中央教育審議会答申） これらの役割について当該校でどのような方針で活動を進めてきたのかを引き継ぐことが大切（➡基礎編参照）
	○その学校の組織の状況や職務を進めるときの留意点 ・年間スケジュール ・保健室経営の評価及び課題や改善策がわかる資料の整理・保存 ・保健室経営における具体的な活動や取り組みがわかる資料の整理・保存 ○学校医・学校歯科医・学校薬剤師との連携の仕方	〈文書保存の根拠〉 ・各自治体の教育委員会公文書規定 ・学校保健安全法施行規則第8条、第15条、第22条、第23条、第24条（健康診断票の作成、保存）（学校医、学校歯科医、学校薬剤師の執務日誌）
	○文書や整理した資料のファイルの格納場所 ・保存文書、報告文書、各種記録、学校医・学校歯科医・学校薬剤師の執務日誌、資料等の整理 ○パソコンデータの保存先フォルダ ○必要な関係者の連絡先（名刺） ○その他	・法定文書とそれ以外を分ける。 ・廃棄と保存を確実に行う。 ・備品の修理・施設の修繕を行う。 ・古い書籍や備品は処分しておく。 ・文書、備品･消耗品、各種資料等の格納･保管場所を明らかにしておく。（棚への表示、保管配置図等の工夫） ・棚や室内は清掃しておく。
	【転入（着任）する側】 ○その学校の児童生徒の発達段階・特性の理解（特別支援学校や特別支援学級に在籍する児童生徒がいる場合は発達段階に加えて個々の障がいの状況や特性、基礎疾患など） ○その学校を取り巻く地域・保護者等の実態の理解 ○その学校の教育課程の理解 ○健康診断の進め方や準備 ○学校医・学校歯科医・学校薬剤師との連携の方法 ○保健管理及び生徒指導上、特に配慮が必要な児童生徒の状況 ○その他	

	【整理・保管及び引き継ぐ資料や文書のチェックリスト】	
整理・保存及び引き継ぐ文書等のチェック	**これまでの保健室経営計画**　**前年度の学校評価** **健康診断等の記録や書類** □児童生徒の健康診断票・歯の検査票、職員の健康診断票 □健康診断事後措置に関する文書等（受診状況、二次検査対象者、精密検査対象者、要医療対象者などの記録） □各種学校生活管理指導表と個別の健康管理・相談記録 □学校医・学校歯科医・学校薬剤師の執務日誌 □健康診断の実施要項等や配布資料、会場設営の図や留意点 □備品・器械およびそれらの台帳や格納状況 **健康観察の実施と結果の活用に関する資料** □健康観察の実施方法及び集計・記録・活用状況など **疾病予防に関する資料** □学校全体の実態、傾向、取り組みの状況がわかる資料 □配慮や支援の必要な児童生徒に関する資料（配慮や支援の内容と経過を含む） □学校管理指導表及び主治医の指示書、診断書等 **感染症予防に関する資料** □校内における感染症発生の集計資料 □感染症予防に関する取り組みに関する資料 □教育委員会に報告した文書の控えなど **救急処置及び救急連絡体制** □校内救急連絡体制及び保健室の利用の仕方 □地域の医療機関に関する情報 □薬品や衛生材料のこと（薬品・衛生材料の購入歴、台帳の整備と購入計画、予算措置のことなど） □災害給付金に関すること（申請済み・申請中の書類） □対応が継続している事案に関する資料 **保健指導や各種相談等に関する記録** □校内の各種相談のシステムに関する資料 □保健指導や健康相談の記録など **学校環境衛生管理に関すること** □検査結果　□環境衛生検査器具 **保健教育に関すること** □教材、教具、資料　□指導の記録等　□保健だよりなど **組織活動に関すること** □各種部会、委員会、校務分掌に関係する資料など **引継ぎ内容を管理職に確認・報告** 引継ぎ内容を必ず管理職に報告し、確認してもらう。特に、学校管理下で発生した傷病への対応の状況や対応が継続中の事案については文書で報告しておく。	・引き継ぎノートを作成して、チェックしていくとよい。 ・保存年限の確認及び明記（表示） ・会場設営の図や写真、メモを貼り付けておく。 ・学校医等の要望や健診の待ち時間などのメモを残す。 ・保管してあるものを整理棚に表示する。 ＜健康診断事後措置及び健康相談の資料＞ ・(例)心臓病、腎臓病、糖尿病、アレルギー、喘息、てんかんなど発作を伴う疾患ほか、自己注射や補食、服薬などを必要とする児童生徒の状況と対応など。 ・保存保管場所の確認と適切な処理（記入漏れ、押印漏れ等確認） ・健康診断票は、児童生徒の進学先、教職員の異動先への送付の状況がわかるようにしておく。 ・個別の検査の経過・結果、主治医からの指示書、健康相談の実施経過がわかるようにしておく。 ・感染症発生時の対応に関して、各自治体が作成しているマニュアルや各文書ファイルなどの格納場所を明示 ・吐瀉物処理セットの保管場所の確認 ・地域の医療機関のリスト ・タクシー券の使用方法など。 ・学校災害給付金の申請の状況は、後任に引き継ぐだけでなく、状況に応じて児童生徒の進学先に引き継ぐ。 ・申請漏れがないか確認する。 ・配慮や支援の必要な児童生徒の情報は、引き継ぐ内容について保護者の了解を得たり、確認をとったりする。 ・それぞれの活動の状況がわかるような引き継ぎの工夫 ・これまでの活動の課題や今後の計画、活動の進捗状況なども引き継ぐ。 ・新年度の健康診断計画（日程）や職員会議資料や新年度早々に提出する報告書類等、すぐに使用する物品も準備できるとよい。 ・ふだん依頼している各種業者の一覧 ・問題点は解決しておく。（引継ぎまでに解決できない問題についても、問題解決の進捗状況を文書にしておく。） ・異動(着任)後、前任・後任との連絡方法

・林典子ほか：「スキルアップ養護教諭の実践力　養護教諭・保健室の５Ｓ＋Ｓ整理・整頓・清潔・躾・作法セキュリティー」、東山書房、平成28年

（平川　俊功）

Question 32　保健室登校の受け入れはどのように

【Answer：押さえたいポイント】

①保健室登校は教育活動の一環として捉え、養護教諭が単独で抱え込む事態は避け、教職員全体で取り組む。

②保健室登校は早期解決に向けて、保護者、養護教諭、学級担任、学年主任、保健主任（保健主事）、生活指導主任、教育相談主任、スクールカウンセラー、関係機関等との連携により進めることが重要。

	実践の内容	☜ここがポイント！
保健室登校開始に至るまで	**【教育活動として学校全体で取り組む「保健室登校」】** **【保健室登校の意義は健康相談の目的と一致】** 健康相談の目的は児童生徒の心身の健康に関する問題について、児童生徒や保護者に対して、関係者が連携し相談等を通して問題の解決を図り、学校生活によりよく適応していけるように支援していくことである。先に述べたように心身の健康問題を解決する過程で自分自身で解決しようとする人間的な成長につながることから、健康の保持増進だけではなく教育的意義が大きい、とある。「教職員のための子どもの健康相談および保健指導の手引」（文部科学省、平成23年8月）（下線加筆）	**【対応は健康相談】** 保健室登校の基本対応は ・関係者が連携解決の過程を通して ・自分自身で解決を支援し ・子供の成長を促す ことにあり、健康相談の目的とも一致する。
	(1)　来室時の初期対応 ○保健室登校に至る経緯を把握 ・保健室頻回来室状態から教室に戻れなくなった。 ・連続欠席から、保健室なら行くことができるという児童生徒の訴え ・保護者から直接の訴えから ・教室でのいじめが発覚、一時避難的な居場所として ○養護教諭によるアセスメント ・下記の表の「心と体の状態」「背景要因」「支援について」「連携のタイミング」等について、アセスメントを行い保健室登校かどうかの判断を校内の関係者と相談する。	○保健室登校は、教職員全体の問題としてとらえその解決には関係者が連携して取り組むことが重要。 ○養護教諭の独自の判断で、保健室登校に踏み切ることは、その後の連携や教職員の協力を得づらくなることが考えられる。必ず管理職・保健主任（保健主事）、学級担任等に相談をする。

気づく： 心と体の観察力	見極める： 背景要因分析と判断力	関わる： 支援のための対応者の判断	連携：協力して関わる対象の理解とタイミング
〈ヘルスアセスメントによって判断対応〉 ①フィジカルアセスメント　②心理的アセスメント　③社会的アセスメント　④生活習慣アセスメントのヘルスアセスメントにより、身体症状や行動の訴えを心身の観察を通して心的要因かどうかの分析、判断し対応する。			
〈前駆症状に気付く〉 ・食欲・表情・顔色・腹痛・頭痛・胃痛・吐気・食欲・睡眠・体重・口渇・月経異常 〈行動・言動〉 ・落ち着かない・涙ぐむ・ひとりになりたがる・暴れる等・「いつもとちょっと違う」という観察力が日常から必要	〈家族関係〉 ・家族の愛が少なくなったと感じる。（両親、特に母の長期入院や別居・弟や妹の出産等） 〈学校や友人との関係〉 ・友人や教員との信頼関係の欠如・いじめ・疎外・学習負担・部活動の負担等 〈個人的要因〉 ・過去のストレス・児童虐待等・素因、性格、精神発達状況 〈地域特性〉 ・習慣等	○医学的知識・バイタル等看護学的知識・技能をもとに体と心に関わる。 ○タッチング ○保健室来室状況・本人の既往歴 ・ベッド、毛布、タオル、冷蔵庫、保健図書等の活用 ○受容・支持・繰り返し・明確化質問等の応答の技法は身体的症状や訴え行動に関わりながらカウンセリング ○保健室での可能な遊技療法や心理テストの活用	〈日常からの連携〉 ・健康相談に関する校内研修 ・学校医や精神科医師や児童相談所、福祉関係機関、カウンセラー等とのネットワークつくり 〈支援活動中の連携〉 ・校長、担任、保護者、SC、SSW、精神科医等連携 〈事後の支援活動〉 アフターケア

<table>
<tr>
<td></td>
<td>○保健室登校の判断（ケース会議における判断）
　保健室登校として対応するか否かは、保健室の環境条件、本人や保護者の希望、校内体制などを確認し、最終的には全教職員の協力を前提に学校長が決定する。保健室にいる時間や、保健室での活動や学習内容の選定は、学年主任、担任、SC、保護者、養護教諭と話し合って決定する。</td>
<td>【連携先】
保護者、管理職、学級担任、学年主任、保健主任（保健主事）、生活指導主任、教育相談主任、スクールカウンセラー、学校医、医療機関、教育委員会、児童相談所、保健センター、子ども家庭支援センター、民生委員、青少年委員等</td>
</tr>
<tr>
<td>保健室登校の実際</td>
<td>(2)　保健室登校（継続来室）における対応
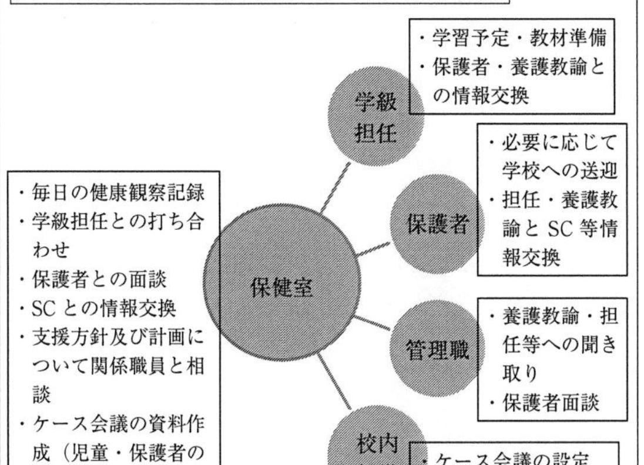
</td>
<td>保健室登校の最終目標は「教室復帰」である。保健室登校の期間中
○養護教諭は子供に寄り添いながらの心と体の休養・安定を図りカウンセリングを含めた健康相談を進める中で教室復帰へ気持ちを向けていく。
○学級担任は、教室復帰がスムースに行えるよう、教室の環境を整えるとともに保健室登校児童生徒とクラスの友達関係を切らないよう配慮する。保護者とも連絡をとり、家での様子や学習面等について情報交換を行う。
○校内組織（ケース会議）
定期的に開催する。ケース会議が単なる報告会に終始するのではなく、支援計画に沿って、効果がない対応については、違う対応方法を考え、次回のケース会議でその報告をするなど、教室復帰に向けて有用な方法を討議する。</td>
</tr>
<tr>
<td>教室復帰後</td>
<td colspan="2">(3)　教室復帰後
○健康観察を丁寧に行う➡遅刻・欠席の理由を把握する。2日連続欠席の場合は、保護者と話をする。
○SC 面談は定期的に行う➡不安や悩み等は早期に解決し安心して、学校生活を送れるよう配慮。
○ケース会議が終了しても、教職員全体に随時、経過や子供の状態を共有する。
○保健室に来室時には、自然な関わりを心がけながらアセスメントをする。</td>
</tr>
<tr>
<td>まとめ</td>
<td colspan="2">(4)　まとめ　―教育活動としての保健室登校対応のポイントと留意点―
(1)　保健室登校の意義を確かにすることが第一であることを認識する。
「教室には行けないが保健室に行くことができる」このことの意義をすべての教職員で共通理解する。
(2)　教室復帰までの過程の一環として学校教育全体の課題として組織で支援する。
特に当該児童生徒の担任はこの意義を認識し関係者と連携する（学級担任は時として自分のクラスから教室に来られなくなった子供がいることに悩んだりプライドが傷ついたりという場合がある）。
(3)　毎日の健康観察結果を分析し、子供たちの些細な心身の変化に気づく。
・欠席理由に留意…腹痛、頭痛などが長く続くなど。
・教室に行くことができない理由のひとつに「いじめ」等の問題がある場合があることを念頭に置く。
(4)　養護教諭と当該児童生徒の担任等関係者との協力体制を確立する。
教室での授業を受けることができなくとも体育や音楽の教室以外での授業や遠足、運動会などに参加できる場合がある。この場合、学校での教育活動に参加できたということを評価し本人の自己肯定感を高める。
(5)　保護者との信頼関係
保健室登校の意義等を保護者がしっかり認識することで保健室での対応が円滑に進むことを共有する。
(6)　周囲の子供たちや教職員、地域の人たちへの配慮
保健室には、様々な理由で子供たち、保護者、教職員が来室する。その場合の当該子供の紹介や居場所をどのようにするのかを日頃から準備しておく。
(7)　保健室登校の教育活動として関わる「保健室での対応スケジュール（仮称）」のような資料や記録用紙を用意し保健室でどのような過ごし方をしているのか、その様子の変化等記録（書いた絵や工作含む）をとっておくと専門機関との連携などに活用できる。
(8)　保健室経営の一環として関わる保健室登校対応
上記(1)から(7)はすべて保健室経営の一環として展開することを認識し保健室経営計画に明確に記述する。
(9)　他の来室児童とのコミュニケーションの機会
・養護教諭の専門性・保健室の機能　　・教育の場として子供の成長を促す保健室</td>
</tr>
</table>

（東　真理子）

Question 33　保護者からの苦情などへの対応はどのように

【Answer：押さえたいポイント】

①傾聴の姿勢を示し、主訴の整理を行うこと。
②適切な初期対応を行い、組織的に対応すること。
③必ず管理職に相談する。

	実践の内容	☜ここがポイント！
保護者対応のポイント	**【対応の心構え】** ・カウンセリングの技法の活用	・カウンセリングの技法の確認
	・保護者の置かれている背景の理解（わかろうとする、知ろうとする）	・保護者の訴えに対しては、誠意をもって対応する。
	・話を聞くときは「５Ｗ１Ｈ」で、相手の主訴を整理する。 ・対応時間、要点等の記録は必ず残す。	・５Ｗ１Ｈを意識して、保護者の訴えを把握する。いつ（When）どこで（Where）だれが（Who）なにを（What）なぜ（Why）どのように（How）
	【ファースト・アプローチ】 ・相手より先に自己紹介をする。 「養護教諭の○○です。いつもお世話になっております。」 はっきり、しっかり、高めの声で行うとよい。	・まず、落ち着くこと。深呼吸をする。 保護者も子供を思うが故の行動であり、「より良くしたい」「子供につらい思いをさせたくない」という思いがあることがほとんどである
	【傾　聴】 ・まずは感謝の気持ちを述べる。 「御来校ありがとうございます。」 「お話してくださりありがとうございます。」 ・保護者の申し出をよく聴く。	・感謝の気持ちを表現することは、保護者の現在置かれている状況背景や気持ちの理解に繋がる。
	【信頼関係の構築】 ・まずは信頼関係を築く。	・養護教諭はその専門性から先に保護者に意見を伝えてしまう場合もあるが、逆効果になってしまうことがある。 ・学校への苦情は、一般的なクレームと違い、卒業まで子供の成長を共に見守っていくものである。
	【事実関係の確認】 ・保護者の申し出に思い当たることはあるか、事実と申し出に相違点がないか。 ・不十分な対応のまま、解決した事案として処理していたものはなかったか。	・５Ｗ１Ｈの再確認 ※児童生徒が「もう大丈夫」「自分で保護者に伝える」などと言っても、子供まかせにしない。保護者への連絡が不十分になる場合がある。
	【申し出の正当性の確認】 ・学校の決まりやルールがあり、保護者の申し出のとおりにできないこともある。 ・不当な申し出には、毅然とした態度が必要である。	・処置、対応の記録の確認 ※不当な申し出の場合は、毅然とした態度を示す必要があるが、保護者の気持ちを理解しながら対応することが大切である。

	【対応案の提示】 ・対応案の提示が必要な場合は、養護教諭一人で示さないこと。 ・組織で対応する。 **【回答期限の提示】** ・状況確認や事後報告、対応についての報告をしなくてはならない場合は、回答期限や方法を示す。 「担任にも話を聞いて、明日の夕方４時ごろ、○○様の御自宅にお電話いたします。」 **【謝罪の必要がある場合】** ・謝罪をするかどうかについては、管理職と相談する。 ・謝罪する場合は、その原因に謝罪するのではなく、保護者に不安な思いや不快な思いをさせたことに対して謝罪する。 ・学校側に非がある場合は、迷わず謝罪する。 **【対応を長引かせないために】** ・一人で抱え込まず、組織で対応する。 ・対応者がコロコロ変わると、たらい回しにされている印象を与える。対応の窓口を決め、関係者との連絡調整をする。 ・事実確認等で時間を要する場合は、回答時間を明示する。 ・対応可能な時間を始めに明示する。 「○○時から会議がありますので、○時○分まででしたら、お話をお伺いできます。」	・法律、マニュアル、各学校のきまり等は日頃から整理しておく。法律等の改正事項は常に確認し、情報収集に努める。 ・法律に定められている場合など、申し出に沿えない場合も、丁寧に対応する。否定的な言葉は、できるだけ使わないようにする。 ・対応案を提示する場合は、関係者とも検討する。 ・その場を逃れるためだけの回答は、誤解を招くことに繋がるので留意する。 ・対応の可否については、安易に回答しない。 ・回答期限を提示することは、相手への誠意である。 ・事実関係が確認できない場合など、原因が特定できない場合はむやみに謝罪しない。 ・学校側に非がある場合は、指摘していただいた事実に感謝の意を示す。
事例	事例 小学５年生男子。宿泊学習が終わり、すべての児童の下校を確認して、１時間ほど経った頃、保護者から「仕事が終わって、帰宅したら、子供が泣いている。宿泊学習中に具合が悪かったと言っているがどういうことか。」という内容の電話があった。 <対応> ・傾聴、保護者の気持ちの理解 ・宿泊学習の様子の説明（健康観察、食事量、帰りのバスの中の様子） ※本児は、疲労から途中疲れを訴えたが、バイタルサイン等の異常も見られなかった。訴えがあった児童は、食事量や睡眠、そのほかの様子を記録していた。昼食はおかわりし、帰りのバスでもバスレクに参加していた。解散前の健康観察でも異常がなかった。	<保護者の様子> ・怒りと不満 ・説明に対して、理解を示す。 ・「そうでしたか。私（母親）の顔をみてほっとしたのかもしれません。熱もなく、疲れたのか今は良く眠っています。お世話になりました。」 ※日頃から記録は重要である。 ※電話対応の時はメモを用意する。 ・電話対応時間の記録 ・要点メモで良いが、５Ｗ１Ｈを整理する。

（芦川　恵美）

Question 34　保健室のルールの説明はどのように

【Answer：押さえたいポイント】

①保健室経営の目標を達成するために、学校の実態に即した保健室のルールが必要
②保健室経営とともに教職員に周知し共通理解を図る。
③児童生徒や保護者にも周知し、理解を得られるようにする。
④定期的に評価を行い、改善を図ることも大切

	実践の内容	☜ここがポイント！
	保健室は原則として、いつでも誰でもどんな理由でも利用でき、安心して話ができるところではあるが、気持ちよく利用できるようにするためには一定のルールが必要である。 すべての学校に共通する一定のルールがあるわけではなく、学校種や児童生徒の実態等に応じて各学校ごとに定め、周知を図っている場合が多い。	・一般に学校保健室として共通のルールと考えられることもある一方で、利用条件や利用時間の制限等を設けている学校もある。 ・「保健室のきまり」「利用のしかた（利用の手順）」「利用のマナー」等、内容も様々である。
保健室のルールの決定	**◆評価を踏まえた検討** 保健室経営計画の評価の一環として、現在の保健室のルールは妥当であるか随時評価を行う。 ・自治体や学校の設置者の方針に従っているか ・児童生徒の実態、保健室利用状況に照らして適切か ・地域や保護者の実情に合っているか ・教職員等の共通理解は得られているか ・保健室の経営方針に沿っているか ↓ 問題がなければ、これまでと同じルールを継続してよいが、課題がある場合は見直しを行う。 **◆見直しは組織的に** ルールを変更する場合は、養護教諭の一存でなく、教職員や児童生徒など関係者の意見を聴き、組織的に検討して案を作成する。	○現在のルールで不都合はないか、どこがどのように不都合であるか、他者評価も取り入れて客観的に評価できるとよい。 ○PDCAの基本に沿って、評価に基づき、根拠のある見直しを行う。 ○関係者が理解し共通理解が得られるルールを考える。
教職員への説明	**◆資料の作成** 教職員に提案するための資料を作成する。 「保健室のルール」だけでなく、「保健室経営計画」とあわせて提案できるとよい。 資料は、その他学校保健に関して周知を図りたい事項とともに「保健のしおり」「保健の手引き」といった小冊子（右図の例）として作成することも多い。 **◆職員会議での提案** 個人提案でなく組織としての提案が望ましい。 なぜそのようなルールとするのか、その根拠や理由を説明できるようにしておく。 教職員全員がルールを理解し、児童生徒が保健室を利用する場合や心身の健康問題に対応する際に、共通した指導ができるようにする。 **◆説明時間の確保** 年度初めの職員会議において、保健室のルールを含め、学校保健活動に関する説明ができるよう、まとまった時間を確保する（事前に調整する）。 職員会議の中で時間が取れない場合には、年度内	**令和○年度 保健のしおり** (1) 保健室経営計画 (2) 学校保健計画 (3) 保健室の利用のしかた (4) 救急処置 ①校内救急体制 ②学校医・近隣の医療機関 (5) 日本スポーツ振興センター 災害共済給付金の手続き (6) 健康観察の方法 (7) 感染症の対応 ①出席停止等の扱い ②嘔吐処理について (8) 定期健康診断 ①日程一覧 ②関係書類 (9) 健康相談  ○○市立○○中学校　保健指導部 **教職員用の資料の例**

<table>
<tr>
<td></td>
<td>の早い時期に何らかの説明の機会を設ける。
◆校内教職員研修として
　職員会議とは別に、学校保健に関する校内研修を設定し、その中で説明する方法もある。</td>
<td>○課業期間中には研修を設定しにくいため、できるだけ年度始め（入学式・始業式までの期間）や長期休業中に計画する。危機管理研修として校内救急体制や救急法の研修とあわせて企画するのもよい。</td>
</tr>
<tr>
<td>児童生徒や保護者への説明</td>
<td>◆「保健だより」等による広報
　児童生徒の発達段階に応じてわかりやすいよう内容や表現を工夫する。配布時に学級で読み合わせたり、担任から補足説明してもらうとよい。また、保護者の理解を得て協力してもらえるようにする。
◆保健室内の掲示
　ポスターにして保健室の目に付く場所に貼り出すだけでなく、ベッドのそばに休養時間の目安や利用のマナー、救急処置コーナーに物品使用時の注意事項など、目的に応じた表示を行う。
◆保護者会での説明
　入学説明会や懇談会等で直接保護者に説明するのも効果的である。</td>
<td>○ルールの理解不足により、養護教諭の対応への誤解や不満が生じないようにする。

○説明だけでなく、保健室の児童生徒の様子や具体的な事例などを挙げるとよい。</td>
</tr>
<tr>
<td>保健室のルールあれこれ</td>
<td colspan="2">◆なぜ内服薬を与えないのか
「とてもつらくて保健室に行ったのに薬ももらえない」「保健室に行っても、どうせ薬くれないし」といった不満の声を聞くことがある。一般に「アレルギーや副作用の可能性があるから」と説明しているが、薬を与えない理由は、「医師法第 17 条、歯科医師法第 17 条及び保健師助産師看護師法第 31 条の解釈について（通知）」（医政発第 0726005 号、平成 17 年 7 月 26 日）に根拠がある。医薬品使用の判断や与薬は、この法律で禁止されている医療行為に当たると考えられる。また、いわゆる薬事法により、一般用医薬品は薬剤師等の薬の専門家の助言を得て自らの判断で使用するものであり、養護教諭が判断することは適当とはいえない。
　また、保健室の対応は医療機関へ受診するまでの応急処置であって、反復継続的な処置は治療行為となる可能性があるため、応急手当をした翌日以降の処置は原則として行えない。これらについて、必要に応じて根拠を説明し理解を得られるようにする。
◆休養や早退の基準があるのか
「体温が○℃以上だったら早退させる」「○℃以下だったらベッドを使わせない」といった基準が決められていると思っている保護者は多い。ある程度の目安を設けている学校は多いが、養護教諭は単純に体温だけで判断するわけではなく、問診や観察により重症度や緊急性を見極め、背景の分析もふまえてケースバイケースで判断し対応している。そのような専門性を自覚し、児童生徒や保護者に対して説明責任を果たせるよう研鑽を積むことも大切である。
◆学校種の特性（例）
①「保健室利用カード」「保健室連絡票」
　学級担任がほぼ全教科を担当する小学校では必ずしも必要ないが、教科担任制の中学校・高等学校では使用している学校が多い。原則として保健室は休憩時間に利用するものとし、授業中の場合はカードに教員の印またはサインをもらって保健室に行く。養護教諭は保健室での対応や退出時間をカードに記入して生徒に持たせる。カードは教科担任または学級担任を経由し、教室復帰後の経過等を記入して養護教諭に戻すようにしている学校もある。またカードを家庭に持ち帰らせ保護者に家庭での様子を記入してもらう形式にしている学校もある。
②着替え用下着
　小学校の保健室には着替えの下着（パンツ等）を置いていることが多く、使用したら新品を返却してもらうことにしている場合が多い（きまりとして定めているわけではないが）。体操服やジャージのように洗濯して返すというわけにはいかない。
◆養護教諭不在時の対応
　学校の状況や保健室の位置等の条件により、保健室を施錠する場合と、他の教員が管理する場合がある。その周知とともに、養護教諭が不在でも教職員が救急処置等の対応ができるよう日ごろから体制を整えておくことも大切である。</td>
</tr>
</table>

（鈴木　裕子）

Question 35　学校医・学校歯科医・学校薬剤師と効果的に連携するために

【Answer：押さえたいポイント】

①確実な健康診断の実施は、信頼関係の基盤となる。

②報告・連絡・相談を徹底する。特に「相談」の後の「報告」と「感謝」を忘れない。

③学校医等は「チーム学校」の一員として、学校保健安全法施行規則（第22条から第24条）に規定されている「学校医・学校歯科医・学校薬剤師の職務執行の準則」に従い、児童生徒の健康実態の把握や学校保健活動に「共通理解」「協力支援体制」で参画できるようにする。

	実践の内容	☜ここがポイント！
共通の取組	・年度末、次年度の学校保健計画について、指導・助言いただく。 ・年間計画をもとに、学校保健活動への協力体制について検討し、健康課題を共通理解した上で、進めていく。	・学校保健計画の策定は、学校医・学校歯科医・学校薬剤師の職務として、学校保健安全法施行規則に明記されている。
	・年度当初、学校長と経営方針と保健室経営案・学校保健計画を提示する。学校長が変わった時、あるいは養護教諭が異動した際には、管理職と共に挨拶に伺い、場所（病院やクリニック）の確認などを行う。 ・健康診断の日時や必要な事項については、必ず書面で伝える。	・異動時の挨拶では、名刺や書面でなど、養護教諭の名前が分かるものを持参するとよい。 ・医院や薬局の診療時間や休診日を確認する。 ・学校医等には健康診断の日時の再確認を行う。
	・その先生が連絡を取りやすい手段・時間帯等を確認する。 手段：メール・手紙・電話・FAXなど 時間帯：診療中・昼休みなど	★名刺の例 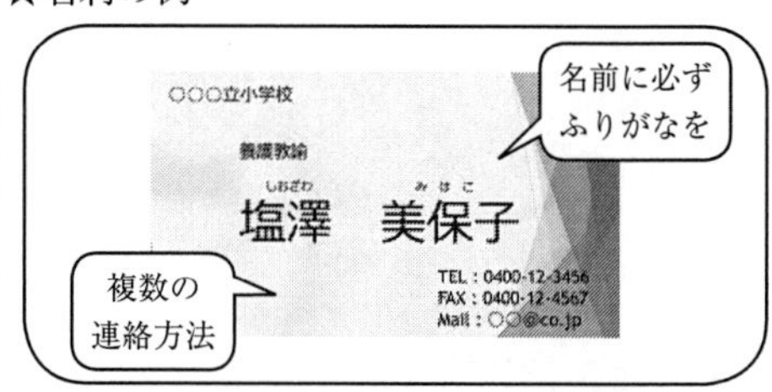
	・学校保健委員会の開催についての計画は、年度当初に行い、学校医・学校歯科医・学校薬剤師の協力体制を整え、健康教育への有効な指導助言が得られるようにする。	・異動の際は、前任者から引き継ぎをしっかりと行い、漏れや失礼のないように心がける。
	・管理や指導が必要な子供（心臓疾患・アレルギー・その他の疾患等）について、情報を提示するとともに緊急時の対策を協議しておき、いざというときに学校医と連携した対応ができるようにする。 ・学校だより・ほけんだよりを毎月届ける。 ・保健指導への情報を得る。 ・必要に応じて健康相談を行う。 ・必要に応じて紹介状の依頼を行う。	・学校保健委員会では、学校医等に指導助言してほしい事項について事前に伝え、目的に沿った進行ができるようにすることも大切である。 （がん教育、性に関する指導、アレルギーへの対応等、現代的健康課題への対応に効果的） ・学校のHPなどを知らせて、学校の取組を見ていただくのもよい。 ・専門的な情報を生かす。

学校医	・内科検診の前に、保健調査票の集約や担任からの情報などをまとめ、検診の機会を活用して、気になる子供について質問したり、健康上の問題点等に助言を得たりして把握する。 ・健康診断時には検診会場に学校医の名前を掲示し、子供たちに「○○先生」と認識させる環境づくりを行う。	・気になる子供については、検診前に伝えたり、合図を決めたりして、よく診ていただくようにする。（プライバシーや要管理子供への配慮も忘れずに行う） ・学校医の許可を得て、写真を掲載するのもよい。
	・健康診断の結果が出たら、再検査や要管理の児童生徒について報告をし、日常の活動のため、指導・助言を仰ぐ。	
	・感染症集団発生時の指導・助言をいただく。 ・がん教育の推進のために外部指導者としてご指導いただく。	・感染症の流行の兆しがあった場合、事前に報告する。 ・「外部講師を用いたがん教育ガイドライン」（平成28年4月文部科学省）参照
	・市町村によっては、他校と兼務の先生も多い（医院が少ないため）。 ・迅速で正確な検診の実施。 ・検診時期の配慮（他校との兼ね合いもあるため）	・検診時、学校医によって使用する器具や疾病に挙がりやすい疾患、検診時の作法やきまりなどがある場合もある。前任者からよく引き継いでおき、検診を確実に実施し信頼関係を構築する。
	・子供がけがをした際の連携。 保護者が子供を連れて、受診する場合は、受傷機転や様子など、受診の際に必要な情報を保護者にメモ等で持たせる。	・円滑な緊急対応に心がける。 ・受傷した子供の話のみでは、うまく状況が伝わらない場合もあるためメモ等は必要。
学校歯科医	・健康診断中、みがき方や口腔内で気になる子供がいた場合は、学校歯科医から、その場で当該児童生徒に個別指導をしていただく。 ・歯みがき指導等の授業に参加していただく。教職員も一緒に授業を受け、歯科保健の研修も兼ねて行う。	・学校歯科医が直接子供達にアドバイスしてくださることで、子供達の意識が高まる。 ・記録者はメモを忘れずにとる。 ・指導後の子供の感想やほけんだより（特別号）を早急に作成し、お届けする。
学校薬剤師	・年度当初に学校環境衛生検査の計画を立案する。	
	・検査日や検査項目・意義を全職員に知らせる。 ・検査結果は、学校薬剤師執務記録とともに、管理職に回覧し、結果や改善点については、学校で共通理解をして対処する。	・教室の空気など、子供の教室で行うものは、子供への事前指導が欠かせない。
	・薬物乱用防止教室の講師や学校保健委員会等での講師を依頼する。	・講師をお願いする場合、開催日時や対象学年、人数等を事前に知らせ、講話内容について連携した取り組みを実践する。
	・学校で使用する薬品の使用や廃棄についてご指導いただく。	

・三木とみ子編集代表：「改訂　保健室経営マニュアル」、ぎょうせい、平成24年
・文部科学省：「外部講師を用いたがん教育ガイドライン」、平成28年

（塩澤　美保子）

Question 36　魅力ある学校保健委員会企画と運営の工夫はどのように
―「生活習慣の改善」の取組を例に―

【Answer：押さえたいポイント】

①学校・家庭・地域と連携した活動を展開する。
②児童生徒が主体的に参加できるように内容を工夫する。
③保健教育や児童生徒委員会活動とリンクさせて実践につなげるなど、年間を通して活動する。
④PDCA のマネジメントサイクルを活用する。

実践の内容	☜ここがポイント！

「生活習慣の改善」をテーマに年間を通して取り組んだ小学校における実践例を紹介する。

【Plan：企画、テーマ設定】

○計画への位置づけ
・学校保健計画に明記する（学期ごとに年３回実施）。
・PTA 年間計画へ位置づける。
・教務主任と相談し、日程調整を行う（授業参観日に実施する）。

○テーマ設定
・昨年度末の学校評価で出された健康面の課題、昨年度の学校保健委員会で取った保護者アンケートの結果（次年度の希望）、健康診断等の結果、児童保健委員会の子供たちの意見などをもとに、「生活習慣の改善」を今年度の目標とし、テーマを「食う・寝る・遊ぶ（食事・睡眠・運動）でハッピースマイル（からだも心も元気）」とした。

＊初めて設置する場合や規約がない場合は、規約を作成する。
＊単発で終わらず、実践しやすいテーマを設定し、活動につなぐ。
・PTA の年間計画にも位置づけることで、保護者も巻き込んだ運営ができる。
・授業参観日に実施することで、保護者が参加しやすくなる。
・運営委員会や健康部会などを開催して、意見を求める。
・児童保健委員会とリンクさせ、子供たちの意見を活用することで、自主的に取り組む意識を持たせる。

○計画立案
・年間を見通して、３回分の計画を立てる。
・「生活習慣」がテーマなので、１回目は６年生の保健の授業「病気の予防」との連携を６年担任に相談
・生活習慣病予防は、地域の大人の課題でもあることから、保健師と連携し、協力を依頼
・メディア利用が生活習慣の乱れにも影響しているため、２回目はメディアと生活リズムに関する児童向けの講話を計画
・昨年度の保護者アンケートから、食に関する話を聞きたいとの希望があったので、３回目は食に関する保護者向けの講話を公民館と連携して計画

	第１回	第２回	第３回
期日	６月 ＊授業参観日	12 月 （児童のみ）	２月 ＊授業参観日
内容	・生活リズムの実態（保健委員会） ・生活習慣の大切さ（６年生） ・これからの生活について （学年ごとに話合い活動、発表） ・生活習慣病予防について （保健師）	・生活リズムの実態（１学期と２学期の比較） ・メディアの使い方と生活リズムの関係	・第２回の報告 ・心とからだが元気になる“食”の話
講師	地区担当保健師	メディア指導の専門講師	食ライフスタイルアドバイザー
参加者	全児童および保護者、職員、学校医、地区担当保健師、地域関係機関　等		

・保健師や公民館など、地域と連携して展開することで、取組が広がる。

○提案、準備
・詳細な計画案を作成し、職員へ提案。役割分担を確認する。
・PTA 役員会へ協力を依頼（管理職から提案してもらう）
・講師へ依頼状送付、事前打ち合わせ。
・学校医や関係者へ案内状の送付、出欠確認
・ほけんだより等で、保護者へ開催通知。おおまかな内容を伝え、参加を呼びかける。

・健康部会の職員や、PTA 保体部のメンバーを中心に役割を分担し、みんなで関わる。
・講師とは、学校や子供の実態、テーマ設定の理由、話してほしい内容などをしっかりと打ち合わせておく。

【Do：事前の取組、開催、事後の取組】 〈第１回〉 〇６年生の保健の授業実施	
・兼職発令を受け、「病気の予防」第１～４時を５月に実施。学んだことを学校保健委員会で発表することを大きなめあてに設定 毎時間ごとに、みんなに伝えたいことは何かをワークシートにまとめる。 ４時間の授業後、発表に向けての準備をすすめる。	・兼職発令でなく、TT でも実施可能 ・「学校保健委員会でみんなに発表する」という目標があるため、意欲的に授業を受ける。 ・６年生の発表準備は、主に担任に任せる。（打ち合わせや内容のチェックは一緒に行う）
〇児童保健委員会の準備 ・５月の生活チェックカードの結果を集計してまとめる。 ・当日の役割分担を決め、発表の練習をする。	
〇開催 ①保健委員会の発表：生活チェックカードの結果	・当日の司会進行は、保健委員会の児童が行う。
②６年生の発表：「食う」「寝る」「遊ぶ」の大切さを、授業で習ったことをもとに、劇にして発表	・劇での発表がわかりやすく、さらに子供から子供への発表は伝わりやすい。
③各学年の話し合い：発表を聞いてこれからの生活の目標を各学年で話し合い、模造紙にまとめて発表する。保護者も話し合いに一緒に参加する。 ④保健師の話：生活習慣病になる仕組みと予防について	・発表をもとに生活のめあてを考えることで、全員参加型の会になり、今後の実践にもつなぐことができる。
〇保健教育へつなぐ ・翌月に保健指導を実施し、話し合って決めた各学年のめあてを確認するとともに、チェックカードで毎月めあてが守れているか確認していく。 ・全学年のめあてを、保健室前に掲示	・会を実施して終わり、めあてを決めて終わりではなく、その後の保健指導で実践につなげていく。
	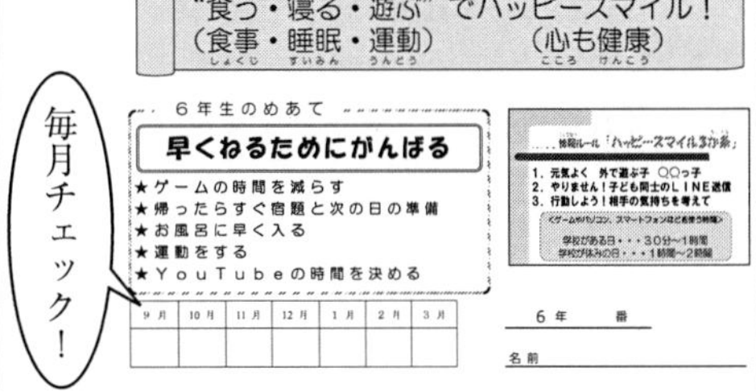
〈第２回〉 ①保健委員会：生活チェックカードの９月の結果を発表（５月との変化） ②講師：メディア利用と生活リズムに関する講話 〈第３回〉 ①保健委員会：第２回の報告（講話の概要と感想など） ②講師：食に関する講話　←　公民館と連携（実施後に報告書の提出）	・第２回は子供向け、第３回は保護者向けの講話を実施（対象を絞ることで講師も話を絞りやすく、対象に合った講話になる） ・保護者向けの講話は、地域によっては公民館の講座を活用することで、謝金の補助を受けることができる場合もある。
【Check：振り返り、評価】 〇参加者へアンケート実施 ・児童、保護者へ感想を書いてもらう。職員へは評価アンケートを実施 ・感想とアンケート結果は、まとめて全職員へ報告	・ほけんだよりに、会の内容と感想の抜粋を載せて配布し、フィードバックする。
【Action：来年度へ向けて】 〇感想や評価アンケートの結果、年度末の学校評価等の結果から、今年度の成果と課題をまとめ、来年度へつなぐ。	・次年度の計画案を考える。

（山部　真理）

Question 37　文書などの書き方はどのように

【Answer：押さえたいポイント】
①公的な文書の正しい形式を確認する。
②文書の目的、対象者を考え、簡潔でわかりやすい文書を心がける。
③書き上げた後に必ずチェックを行う（他の人にも見てもらう）。

	実践の内容	☜ここがポイント！
	・保健室で作成する文書には様々なものがある。文書の対象も、児童生徒用、保護者用、教職員用、教育委員会提出用など多様である。 ・それらのうち、いわゆるビジネス文書として対外的に伝達する目的で作成する公文書について、作成上の留意点を示す。	○文書には大きく分けて、「伝達」を目的としたものと、「記録」を目的としたものがある。
文書の形式	**一般的な公文書の形式** ○原則として横書き、楷書、常用漢字を用いて書く。 ○送り仮名のつけ方、常用漢字、かな遣いについては、各都道府県で定めた公文規定を参考にする。 ○数字はアラビア数字が原則。ただし固有名詞や慣例的に漢数字を用いる言葉がある。	
	【文書番号】（必要に応じて右肩） 【発信年月日】（右肩）	・文書番号は必須ではないが、多くの文書を扱う場合、管理に役立つ。
	【宛先】（左側） 法人宛は「御中」、個人宛は「様」をつける。 （最近は「殿」「各位」はあまり使用しない）	・略称を用いず、フルネームの正式名称にする。
	【発信者名】（右側）	・発信者名に公印を押す場合は、最後の一字にかけるようにして押印する。
	【見出し（標題）】（センター）	・用件が一目でわかる標題をつける。
	【本文】 ○前文：頭語（「拝啓」など）、時候の挨拶や感謝の言葉 ○主文：「さて」「ところで」に続いて本題に入る。 ○末文：「まずは」「とりあえず」等により内容をまとめ、結語（「敬具」など）で締めくくる。	・一つの文章が長すぎないようにする。 ・あいまいなことばを避け、わかりやすいことばづかいにする。
	【別記】（必要に応じて） 本文の下に「記」として、箇条書きでまとめる。	
	【担当者名】（右下）	・担当者の所属（肩書き）、氏名、連絡先（電話番号など）を明記する。

（文書番号）
令和○年○月○日

（あて先）様

○○○○学校長
○　○　○　○

見　出　し（標　題）

本文（前文：頭語・時候の挨拶）
（主文）
（末文：結語）

記

1.
2.

担当　○○学校養護教諭 ×× ××
TEL.

<table>
<tr><td>書くときの心がけ</td><td>①構想を立てる。

②簡潔な文章にする。

③読み手に合わせたわかりやすい言葉を使う。
（専門用語、略語、業界用語に注意）

④文体を統一する。

⑤正しい敬語を使う。</td><td>・文書の目的、書きたいこと、書くべきことをあらかじめ整理しておく。
・主文では、結論や概要を先に明確に書く。
・読み手を想定し、それに合わせたわかりやすい言葉を使う。本人だけでなく上司や部下が読む場合もある。
・学校用語・専門用語の中には、養護教諭にとっては日常語でも、一般にはなじみがない言葉がある。
（略語の例：養教、学担、特支など）
・言葉遣いや書体・文字の大きさも配慮する。
・「である体」「ですます体」を混用しない。
・尊敬語、謙譲語、丁寧語など読みやすい文となるよう心がける。</td></tr>
<tr><td>書き上げてからのチェック</td><td>○必ず見直しを行う。
・誤字脱字がないか（特に人名、住所、日時、場所等）。
・別の意味に解釈できる紛らわしい表現はないか。
・人権やプライバシーに配慮しているか。

○教頭（副校長）などにチェックしてもらう。
○封入、投函前にも、最終チェックを行う。
（個人情報を含む場合は特に慎重にダブルチェックを行う）</td><td>・日時や連絡先などの誤報は、相手に迷惑をかけたり混乱の元となる。
・疾病や障害、職業、性、人種、など無意識に差別的な表現になっていないか。
・自分ではミスに気づきにくい。
・差し込み印刷のミスはないか、押印や切手貼付は忘れていないか、封入すべき書類はすべて入っているか、正しい書類を封入しているか。</td></tr>
<tr><td>発信者名について</td><td>○「発信者」と「文書作成者」は同じではない。
・学校として対外的に発出する文書の場合は、責任者である校長名で出すものが多い。管理職に確認のうえで作成する。
・研究会の場合には研究会長名とする。
・実質的な担当者（問い合わせ先）は、文書の末尾に連絡先とともに記す。
○「保健だより」などの場合も、養護教諭の私文書でなく学校としての公文書となるので、養護教諭の個人名にしない。</td><td>・当然、内容についてもこれで良いか確認をとる。

・「○○学校保健室」とする場合もあるが、発行責任者が誰であるかわかるほうがよい。発行年月日と共に明記する。</td></tr>
<tr><td>敬語の使い方</td><td colspan="2">敬語の種類
<table>
<tr><td>通常</td><td></td><td>「来る」</td><td>「言う」</td><td>「見る」</td></tr>
<tr><td>尊敬語</td><td>相手を立てる</td><td>「いらっしゃる」
「おいでになる」</td><td>「おっしゃる」
「お話になる」</td><td>「ご覧になる」</td></tr>
<tr><td>謙譲語</td><td>自分を低める
へりくだる</td><td>「参る」
「伺う」</td><td>「申す」
「申し上げる」</td><td>「見せていただく」
「拝見する」</td></tr>
<tr><td>丁寧語</td><td>ていねい</td><td>「来ます」</td><td>「言います」</td><td>「見ます」</td></tr>
</table>
○同僚の名前を示す時に「○○先生」とつけない。
・日常的に使う口語がそのまま出てしまわないように留意する。</td></tr>
</table>

（鈴木　裕子）

Question 38　新たな企画を提案するときのポイントは
―給食後の歯みがきの取り組みを例に―

【Answer：押さえたいポイント】

①目的・ねらい・方法・効果（評価）について明確に示す。
②校内の組織（学校保健部、生活指導部、教育相談部等）を機能させる。
③提案資料は、図表や写真・イラスト等を用い具体的に示す。

	実践の内容	☜ここがポイント！
職員会議に提案するまでの準備・成果	○本テーマでは、小学校において次年度から新たに「給食後の歯みがき指導」を開始するにあたり教職員に提案することを例に述べる。	
	(1) 準備 ①児童の歯科保健の実態をまとめ、自校の歯科保健の課題を明らかにする。（処置歯、未処置歯、治療率、CO、G、GO、口腔清掃状態等） ②課題解決の方法の１つとして、「給食後の歯みがき指導」が必要であることを押さえる。 ③すでに実施している学校等の情報を収集する。	**【必要理由を明確に】** ○給食後の歯みがき指導は、生活習慣確立のためその重要性を理解しているが、「水道の数が少ない」や「時間が取れない」という理由で、実施に踏み切ることができない学校が多くある。
	(2) 管理職へ相談 ①(1)－①②③の情報を提供及び説明をして提案について承諾を得る。 ②保健主任（保健主事）、教務主任等同席すると、協力、同意が得ることが望ましい。	**【綿密な計画と組織を活用】** ○問題を克服しながら、給食後の歯みがき指導を実現するためには、綿密な計画と養護教諭単独ではなく、校内組織を機能させて提案することで実施に結びつけることができる。
	(3) 実施計画案（提案資料）の作成 ①ねらい ②開始時期 ③方法（時間帯、歯みがきの手順、歯ブラシの保管場所、水道場の確保等） ④保護者への周知方法　・評価方法 **(4) 校内組織（学校保健部等）で相談及び立案** ①(3)で作成した実施案を提示し相談、意見、修正箇所を検討 ②保護者向け文書の作成（歯ブラシやコップの準備について等） ③職員会議までの役割分担（修正案チェック、提案者（保健主任）、資料印刷等）※状況によっては、(3)と(4)の順番が逆でもよい。 **(5) 企画委員会にて提案** ①管理職・教務主任等からの質問や意見を、修正案に反映する。 ②修正案を管理職に提示し、最終案とする。	**【納得できる資料の提示と説明】** 文部科学省『「生きる力」をはぐくむ学校での歯・口の健康づくり』（平成23年度）等を活用して説明する。 **【歯科保健の有用性について】**→養護教諭の専門性を活かして説明 ①鏡を見れば、自らが観察できる対象であること。 ②歯が生え変わったり、萌出したりすることを容易に実体験することができ、生への畏敬の表出や、興味・関心が持ちやすいこと。 ③知識・理解が容易であること。 ④行動した結果が自己評価しやすいこと。 ⑤話題性に富んでいること、など子供を対象とした健康教育題材として大変有効であると述べている。
	(6) 職員会議で提案 ①質問には丁寧かつ的確に回答する。新たな意見はできる限り実施案に反映する。（あらかじめ想定質問を考えておくと安心）	**【組織を活かして提案】** **【学校歯科医の協力】**

整理・保存及び引き継ぐ文書等のチェック

(7) 組織を活かして実施に向けての準備・環境整備

①保護者啓発班…給食後の歯みがきについてのお知らせ、歯ブラシやコップ等の準備等
②環境整備班…水道場の整備（表示）、歯ブラシ保管庫等の準備
③保健教育班…児童への周知、歯みがき指導（保健指導）、安全指導

(8) 完全実施

①児童の動きや、水道場の混雑状況等、安全面についてチェック
②①を受けて、よりよい方法に修正

(9) 評価

①学校評価をもとに来年度に向けて計画を立てる。

保護者に提示した歯ブラシの形状

【実践校における、計画当初の検討事項】

1 問題点の洗い出しと解決方法を考える。

①歯みがき指導の時間の確保をどうするか？
→給食指導後に「歯みがきタイム」を5分間、生活時程に新たに組み込む
②水道の数が少ない
→歯みがきは教室で行い、水道はうがいのみに使用する。
③歯ブラシの他に準備させるものは？
→鏡とコップとそれらを入れる巾着袋（歯みがきセット）
④歯ブラシやコップなどの保管をどうするか？
→各教室に、歯ブラシ保管ボード設置する。
⑤安全面はどうか
→歯ブラシを口に入れたままの、立ち歩きは絶対にしない
⑥歯みがき時のBGMを流したらどうか？
→子供の意欲を高めるような、音楽を流す。
⑦保護者への周知はどうするか？
→学校便り、学年・学級だより、保健だより等でお知らせする。
→保護者会、学校保健委員会、開かれた学校協議会でお知らせ
→準備する物は、具体的に文書でお願いをする。
⑧子供たちへの指導をどうするか？
→歯みがき指導の流れを集会等で全体指導する。
→歯みがきについての保健指導を行う。

2 歯みがき指導の流れの検討

①4時間目終了→②手洗い・うがい→③配膳→④食事→⑤片付け→⑥自席で歯みがき→⑦うがい→⑧昼休み

3 児童への歯みがき指導

・給食後の歯みがきの流れの説明（パワーポイントを使って説明）
・歯のみがき方についての説明

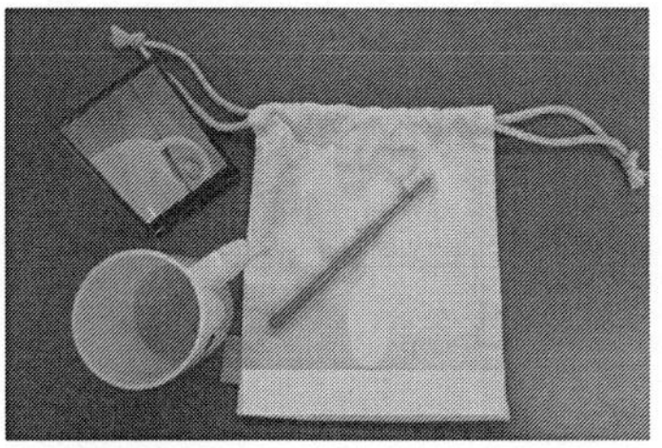

保護者に提示した歯ブラシセット（歯ブラシ・コップ・鏡・巾着袋）

歯ブラシセットを掛ける場所

【まとめ】

以上、本テーマである新たな企画を提案するときのポイントについて、学校における「給食後の歯みがき実践の取組」を例に述べた。

要点を以下のようにまとめる。

①提案理由が自校の健康実態に沿っていること。②学校医などの知見をもとに養護教諭の専門性を活かして提案すること。③学校の保健組織等を十分活かして提案すること。④保護者の協力を得ること。⑤取り組みの成果を関係者に報告すること。

（東　真理子）

Question 39　養護実習の受け入れに際してのポイントは

【Answer：押さえたいポイント】

①学校現場における保健室等での実習を通して、養成機関の講義だけでは習得できない体験学習の機会とする。
②児童生徒との関わりや様々な職種との連携を通して「養護教諭としての関わり方・人間関係作り」を学ぶ機会とする。
③学校組織における学校保健の位置づけや養護教諭の役割について学ぶ機会とする。

	実践の内容	☜ここがポイント！
養護実習の受け入れ　準備・実施・事後	**⑴　受け入れ準備** ①養護実習実施計画作成 ・ねらい・実習生氏名・実習期間・指導養護教諭氏名・指導目標・実習内容・実習計画表・各担当教諭の指導内容・勤務について ②環境整備及び教職員への周知 ・職員室の座席・ロッカー・靴箱・名札・出勤簿・服装（あらかじめ実習生に伝える） ・研究授業担当クラス確認・指導をいただく教職員への事前のお願い ③研究授業準備 ・希望する授業内容・指導案作成 **⑵　実習開始・実習中** ①実習初日の挨拶（予定を実習生に伝えておく） ②指導養護教諭との朝・夕の打ち合わせ（計画表に沿って実習内容及び課題の確認等） ③児童生徒の対応（児童生徒理解、言葉かけ、関わり方について等） ④学校保健行事、保健室運営及び参観（健康診断、朝の健康観察、救急処置、健康相談活動等） ⑤教室での実習（朝の健康観察、授業参観、休み時間、給食指導、清掃指導、朝・帰りの会等） ⑥教職員との情報交換・コミュニケーション（配慮を要する児童の対応等） ⑦スクールカウンセラーとの連携、情報交換（相談室参観、関係機関との連携等） ⑧保護者との連携（相談内容、対応方法、学級担任及び全体への報告） ⑨研究授業準備・実施（指導案検討、教材、事前授業、事後検証等） ⑩実習記録作成（新たな学びや気づき、気になる児童生徒、明日の実習目標等） **⑶　実習終了・事後** ①教職員・児童生徒へのあいさつ ②実習記録添削 ③評価（実習生・指導養護教諭としての自己評価） ④教職員より実習生に向けて一言メッセージ ⑤指導教官としての自己評価　等	○実習時期を４月～５月を想定した場合の具体的な実習内容 **〈保健管理〉** ①健康診断（実施案・健診準備・学校医への連絡・実施時の記録・結果通知等） ②健康観察（実施案・学級担任及び全教職員へ周知・記録・データ収集） ③救急処置（保健室利用の約束、けがの処置、担任との情報共有、保護者への連絡、緊急時の対応と連携等） ④健康相談（保健室における相談活動について、担任・スクールカウンセラー・その他医療機関との連携方法について等） ⑤配慮を要する（保健室登校含む）児童生徒への対応・保健室登校の受け入れについて、特別支援とのかかわりについて等 ⑥個別の保健指導（発育・発達について、生活習慣について、メンタルヘルスについて等） **〈保健教育（集団指導）〉** ①体育科保健領域（養護教諭の兼職発令について、学級担任とのTTについて） ②特別活動における保健指導（指導内容について、年間計画について等） **〈組織活動〉** ①学校保健委員会（テーマ企画・計画案・資料作成、学校医・保護者・地域の啓発等） ②保健だより作成（実際に作成し発行する） ③児童生徒保健委員会活動等「委員会活動の目的、保健委員会の活動内容等」

実習を充実させるための工夫

・実習生が充実した実習を体験するためには、綿密な準備計画と教職員全体の協力が重要である。
・校務分掌について指導をする際、それぞれの指導者に対して指導内容をあらかじめ提示しておくとよい。

指導者	指導内容
校長・副校長（教頭）	・実習の心構え・学校経営・校務分掌・校内組織・施設・設備・教育課程 ・PTA 活動・地域の様子　等
教務主任	・教育計画・教育課程・年間定行事予定 ・学校保健行事の時数設定・学級経営 ・学校評価　等
生活指導主任	・学校安全年間計画・生活指導年間計画 ・生活指導目標・配慮を要する児童生徒について・いじめ防止校内委員会の取り組み・学校のきまり・避難訓練・施設点検・ケース会議開催について　等
給食主任	給食指導 ・配膳の仕方（手洗い・マスク・白衣）・食べ方、マナー（よくかむ、口中調理、箸の持ち方、お皿の位置、茶碗の持ち方　等） 食物アレルギー児童生徒の対応 ・配膳時のチェック方法・喫食時の座席、配慮事項・後片付け時の注意事項　等 献立・給食室 ・献立について（栄養バランス）・給食室の一日の流れ・動き
スクールカウンセラー	スクールカウンセラー業務について ・保護者、児童生徒のカウンセリング・配慮を要する、発達障害が疑われる児童生徒の行動観察、アセスメント・関係機関との連携・教職員のカウンセリング ・課題のある児童生徒への支援方法の助言・職員研修講師　等

・養護教諭の実践が円滑に進むためのアドバイスを提示する。

養護教諭が行う実践（例）	アドバイス
尿検査	児童生徒の「検体取り忘れ」を少なくするため ・採尿セットをトイレに貼って寝るように呼びかけ・前日に校内放送で全校に呼びかけ ・保護者向けのメールで呼びかけ・学級担任からの呼びかけ
校内巡視時のポイント	児童生徒の様子 ・経過観察中児童生徒のその後の様子・不登校傾向の児童生徒・保健室頻回来室児童生徒 教室の様子 ・学級崩壊の兆し 校内環境 ・石けんの補充　・施設点検
眼科検診・耳鼻科検診事後処置	水泳指導前の早期受診（水泳指導を安全におこなうために） ・眼科及び耳鼻科検診の疾病は、水泳指導時において時に感染症や重大な事故を引き起こすことがあるため、眼科及び耳鼻科有所見者への早期受診を促す　等

（東　真理子）

Question 40　シンポジウム・研修等の企画、運営、参加の仕方はどのように

【Answer：押さえたいポイント】

①効果的なシンポジウムの運営は、進行役（コーディネーター、座長）の力量が決め手となる。
②企画者、発表者（シンポジスト）参加者（フロア）からの発言者が留意すべき点を明確にする。
③研修会の企画や運営の在り方も同様のポイントを押さえる。

〈研修会などに参加認識の現状と課題〉

・シンポジウム・講演会等に参加し、発言を求められてもうまく考えを言うことができない。
・フロアからの意見がほとんど出ず、また、フロアからの発言者が一人で長々と時間をかけ、議論が深まらない。
・会の進行役（コーディネーター、座長）の運営の仕方が適切でないと魅力ある会にならない。

〈シンポジウム等〉

	実践の内容	☜ここがポイント！
企画立案（主催者）	1．シンポジウム・研修会等の目的を明確に ○何を目的にし、どのような力量を求めているのか。 2．シンポジウム参加者の確認 ○対象者は　○主催者は 3．シンポジウムテーマ・内容の設定 ○対象者が求めるニーズの把握→実態調査 ○主催者が必要であると考える内容→制度改正、行政施策の説明 4．座長・シンポジスト及び講師等の選択 ○求める内容、求める研修方法にあうか、会場から付箋等で質問や意見をいただく。 5．評価 ○アンケート用紙を作成し今後の活動に活かす。	○会場の設定は参加者から見えるように机やテーブルの配置を工夫する。 ○表示をわかりやすくする。 ○マイクの電池確認、テーブルクロスをかける（足が見えない、持ち物が置ける）。 ○お花の配置に配慮 ○噂や評判、著書などだけで判断しない。 ○講師を選択したら必ず打ち合わせ 勘違いを避ける（時間、内容、方法、必要物品、視聴覚機材） ○レーザーポインターの準備
進行役（座長・コーディネーター）	1．打ち合わせ ○テーマの確認 ○基調講演があるか、ないかのかの検討と確認 2．シンポジストとの打ち合わせ ○会の流れと時間配分（時間の配分とその徹底が成功の鍵） ○内容調整（重複内容に関する確認） ○持ち時間は必ず守る。 3．シンポジウムの流し方について例をあげて説明	○成功の鍵はなんと言っても「時間管理」 ○会って、聞いて、話してしっかり打ち合わせ
	①発表は、一人まずは20分、又は10分程度とする。 ・極力発表時間をのびないようにすること。 ・後で再度発表の機会を設けるのでまずは時間を守ること。 ・持ち時間になったらメモを流すことを確認する。 ②会場から質問、意見（あらかじめ会場から指定発言者を決めておく場合あり） ③各シンポジストから5分から10分の補足発表 ④フロアからの意見交換 協議題と大きく違う意見や質問には「協議題にそって進行させていただくこと、一つのご意見として承ること、また、個人的な問題であるようなのでシンポジストの○○先生から後回答すること。 フロア意見が長引く場合は「そろそろおまとめください」と対応する。 ⑤最後5分くらいでコーディネーター・座長まとめること。最後に各登壇者、会場の皆様に感謝の意を伝える。	座長・コーディネーターの運営ポイント ○シンポジウムの時間は発表者・参加者すべてのものと捉えること。個人の発表時間を守る意義を伝える。 ○座長は発表者に補足発言の機会を設けるように配慮する。 ○フロアからの意見の調整、内容の調整などは、座長・コーディネーターの時間管理であることを自覚し進行にあたる。
発表者（シンポジスト）	1．事前の打ち合わせ ○原稿の内容、量、締め切り日 ○発表の方法　PP、VTR、OHP等の活用 ○発表時間 2．発表時の留意点 ○時間を厳守 ○わかりやすい言語、声、態度 3．発表内容のポイントを押さえてメリハリのある発表	○時間オーバーは、他のシンポジストに迷惑であることの確認 ○「何もかもよりこれだけは」を観点に発表する。

参加者（フロア）	1．目的意識を持って主体的に参加 ○テーマ等についてあらかじめ予備知識を持つ。 ○あらかじめ原稿を読んで課題や聞きたいことなどを整理する。 2．フロアからの発言を求められた場合、積極的に発言 ○発言は端的にわかりやすく整理してから発言する。 ○長い時間をかけての発言を避ける（長くとも２分程度）。 ○意見、質問、感想などを区別して発言する。 ○自分の考えを延々と述べず、進行役の求めに応じて発言する。	○目的意識を共有しておく。 ○課題意識を持って発表を聞くこと。 ○課題があったら積極的に発言すること。 ○その際は端的に意見をまとめる。

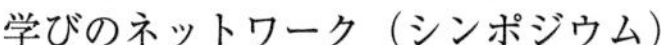

学びのネットワーク（シンポジウム）

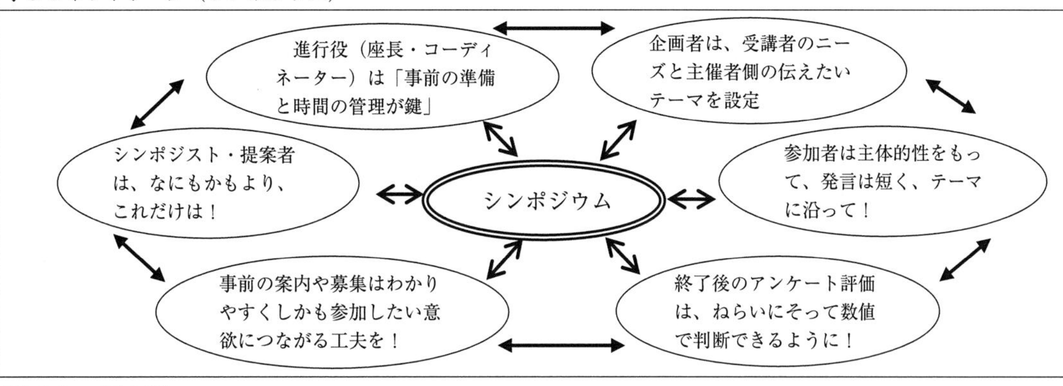

（研修会・講演会）

研修企画の工夫	1．研修プログラムの作成―内容と研修方法の相互関連― ○連続性の効果（前後の研修内容とのつながり） ○専門的な内容など深みにある研修の効果 ○キャリアアップ研修等 ○研修方法の工夫 ・講義と演習・ロールプレイ（役割演技） ・グループワーク・ディベート 等をアクティブラーニングの工夫 ［体験型の研修は、充実感があり、即実践につながる］ 2．講師の選択 ○求める内容、求める研修方法にあうか ○噂や評判、著書などだけで判断しない ○選択したら必ず打ち合わせ ［PP などは、スクリーンに映して動作の確認も］ ・勘違いを避ける（時間、内容、方法、必要物品、視聴覚機材） 3．予算 ○公的研修主催の積算（会場費、講師謝礼、旅費、物品、参加者交通費等） ○その他（任意団体、研究会等）の場合　参加費徴収の方法など 4．評価 ○研修企画（日程、内容、方法、）等全体の評価 ・研修効果を数値で示す（評価項目）単なる感想からの脱却	○研修名も工夫が必要。参加してみたいと思わせる題名を考える。 ○どんなニーズがあるかあらかじめ情報をつかんでおく。 ○講師にすべてお任せではなく、主催者側の願い「これだけは伝えてほしい」「この視点を必ず入れてほしい」等については、講師に伝えておく。 ○感想は、今後のよりよい研修実施のためのヒントがたくさん隠されている。

学びのネットワーク（研修会）

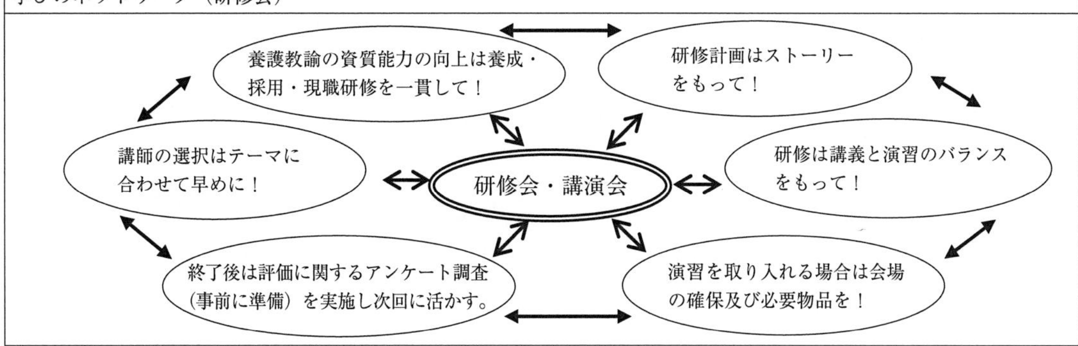

（三木　とみ子）

<危機管理>

Question 41　重大な事故発生時の養護教諭の役割と対応はどのように

【Answer：押さえたいポイント】

①養護教諭は、救急処置･救命を最優先。日頃より、関係者への連絡と組織的な対応ができるよう備えておく。
②負傷した子供、周囲の子供たちへの心身のケア。教職員（養護教諭自身）の心身のケア。
③再発防止に向け、事故の検証を行い、危険個所の点検・整備、保健管理・安全管理、保健教育・安全教育を実施。
④日常の危機管理に繋げる。

	実践の内容	☜ここがポイント！
	重大事故とは様々なことが想定されるが、ここでは転落事故を例に実践の内容とポイントを述べる。	
事故発生直後	◆負傷した子供の救急処置・救命を最優先に対応 ◆救命処置・救急搬送や関係者との連絡が円滑に進むよう、関係者と連携	●傷病事故が発生した場合、養護教諭の役割として救急処置が最優先となる。日頃から、組織的な対応ができるよう、事故発生時の役割を明確にし、分担しておく。
	【負傷をした子供の応急処置】 ・いつ、どこで、どのような状況で、どのような原因で事故が起こったのかを迅速かつ適切に把握 ・フィジカルアセスメントを実施し、必要な救急処置を行う。 ・既往歴やアレルギー、緊急時の搬送医療機関等を保健調査票・緊急連絡カード等で確認	●対応（時刻、状況、救急処置内容等）の記録を取る。 ●緊急持ち出し袋に、事故発生時の記録用紙を入れておくと、記録に漏れがなく、また記録者がメモを取りやすい。
	【関係者との連携】 ○可能な限り多くの救助者を要請。AED の手配 ・管理職への報告→事故の概要を説明し、救急搬送等の指示を仰ぐ ○管理職を中心として、関係者との連絡・連携を行う。 ・119 番通報→事故の状況を伝え、救急車の要請 口頭指示を受けたら、指揮命令者に正確に伝える。 ・担任への報告→保護者へ事故の状況と搬送先の医療機関を連絡 ・保護者への連絡→搬送先医療機関に来ていただくよう依頼 ・周囲の子供への対応→動揺を避けるため、他教室等へ移動 授業の切り上げ。家庭連絡 ・教育委員会への報告→事故速報をあげる。 ・警察等との連携→現場検証、事情聴取等に協力	●緊急時対応の指揮命令内容、役割分担カードがあると、対応に漏れがなくなるとともに、万が一管理職不在時でもリーダーが指揮をとることができる。 ●胸骨圧迫・人工呼吸・AED 使用法・救急車要請方法は、全教職員で確認しておく。 ●保護者へは、事故の発生時の状況、応急手当を行っていること、救急車要請、搬送先医療機関を正確に伝える。 ●情報の錯綜を防ぐため、情報の取りまとめ役を決める（教頭・副校長等）。
	◆心身の保健管理 **【負傷した子供、保護者への対応】** ・事故発生状況や学校が行った対応の正確な説明 ・医療機関等からの情報を提供していただくよう依頼 ・今後の学校生活での配慮、対応 ・日本スポーツ振興センター災害共済給付申請の手続き	●保護者の心情をくみ取り、誠実かつ丁寧な対応。主観や憶測ではなく事実を伝える。 ●複数で対応を行うとともに、記録を取る。 ●保護者会、報道発表等が行われる場合は、該当保護者に情報提供することの了解を得るとともに、内容の確認を行う。

事故対応	【組織としての対応（生徒指導部・教育相談部）】 ○負傷した子及び、周囲の子供への心身のケア ・事故の説明（全校集会・学年集会・学級活動・個別対応） ・事故防止への指導（集団指導・個別指導） ・心身の健康観察 ・スクールカウンセラー等との面談 ・相談体制の確認 ・保健医療機関との連携 ■（事故の状況により）保護者会の開催、報道対応 ・PTA会長・本部、後援会等への報告 ・保護者会の開催 事故及び事故防止対応の説明、子供の心身のケアへの依頼とそのための資料や情報提供、相談体制の確認 ・報道関係への対応 ・窓口の一本化（管理職・教育委員会等） ・子供や保護者への取材について自粛依頼 ■教職員の心身のケア ・教職員自身の健康管理→子供への適切な支援のために重要 ・一人で抱え込まず、組織で対応	●管理職を中心として生徒指導部、教育相談部等、組織として対応を進める。 ●事故の説明については、「誰が、誰を対象に、何を伝えるか」について共通理解を図る。伝える内容に差を生じさせないため、原稿を作成することも検討が必要 ●心身の健康観察は、負傷した子供はもとより、関係の深い子供には特に丁寧に行う。症状としては、特に「不眠」に注意。観察だけでは把握できないこともあるため、聞き取ることが重要（教職員に対する健康観察も同様） ●スクールカウンセラーとの面談は、①負傷した子供と関係性の深い子、②事故を目撃した子、③心身の健康観察やアンケートで不眠・過覚醒の症状が見られる子、④保護者や本人たちから申し出があった子、⑤養護教諭や担任が「いつもと違って何か気になる」と感じた子などを優先的に実施していくことになるが、他にも動揺や不安を抱えている子供がいることが想定されるため、担任や学年職員、養護教諭、保護者や信頼できる大人に相談するよう伝える。 ●保護者にも、具体的な資料等を活用し心身のケアについての共通理解を図る。
再発防止	◆事故発生から対応までの記録の整理 ◆再発防止のための、事故の検証 →安全管理・保健管理の改善 →安全教育・保健教育の改善	●校舎内外の安全点検を実施 ●事故の検証及び研究を行い、再発防止のための指導や改善を図る。 ●事故発生時対応マニュアルの見直し。
日常の危機管理	【保健管理】 ・保健調査、健康診断結果と事後措置、特に配慮を要する児童生徒の把握 ・健康観察の徹底 ・心のケアのための対応について情報収集、資料整備 ・健康相談・相談体制の構築、保健医療機関との連携 ・救急体制の整備	●重大事故の対応を迅速に行うためには、日頃から様々な事故を想定し危機意識を高め、日常の危機管理を行うことが重要 ●危機発生時の健康観察には様々な種類がある。日頃から情報や資料を収集し、緊急時に迅速に活用できるよう整備しておく。
	【安全管理】 ・安全点検・危険個所の整備（定期・臨時） ・体育活動時における重大事故の未然防止 ・事故発生時対応マニュアル、緊急時の連絡体制整備 ・避難訓練、不審者対応、事故発生時の対応 ・救命救急講習の実施	●具体的な場面を想定したシミュレーション訓練を定期的に実施する。緊急時の迅速な対応だけでなく、事故発生時対応マニュアルや緊急連絡体制の改善に活かすことができる。
	【保健教育・安全教育】 ・各教科（体育・保健体育）、特別活動等における保健教育及び、安全教育の年間計画の作成と実施 ・個別の保健指導の実施	●子供の発達段階や地域の実態を的確に把握し、教科横断的な視点で保健教育・安全教育を実施する。

・三木とみ子編集代表：「改訂　保健室経営マニュアル　その基本と実際」、ぎょうせい、平成24年
・さいたま市教育委員会：「体育活動時等における事故対応テキスト～ASUKAモデル～」、平成24年
・文部科学省：「子どもの心のケアのために　―災害や事件・事故発生時を中心に―」、平成22年
・文部科学省：「子供の心のケアのために（保護者用）」、平成27年
・文部科学省：「「生きる力」をはぐくむ学校での安全教育」、平成31年

（澤村　文香）

Question 42　感染症の集団発生が疑われるときは

【Answer：押さえたいポイント】

①感染症の発生状況確認とともに、拡大防止策を行う。
②関係機関との連携。その際、個人情報には十分な配慮を行う。
③日常の感染症予防体制の整備（危機管理）

<table>
<tr><th></th><th>実践の内容</th><th>☜ここがポイント！</th></tr>
<tr><td>連携体制図</td><td colspan="2">感染症の集団発生が疑われた際、学校は学校医をはじめ所管の教育委員会、保健所等と連携を図りながら、拡大防止のための対応を行う必要がある。ここでは、感染性胃腸炎の集団発生を想定した対応について述べる。
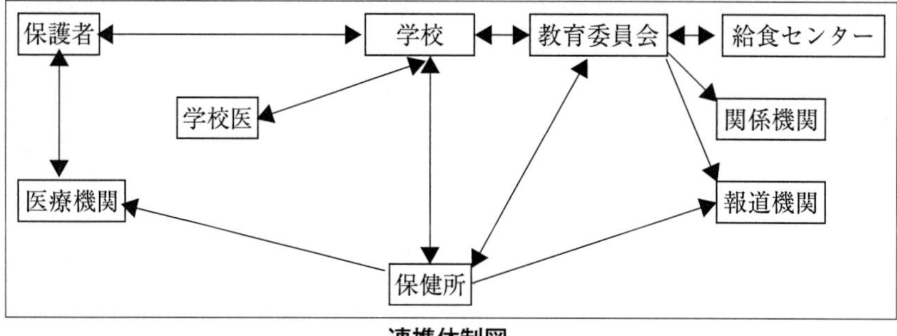

連携体制図</td></tr>
<tr><td>発生直後の対応</td><td>**◆欠席・早退・体調不良者の健康状態の詳細確認**
○欠席者・早退者の確認
・症状（嘔吐・下痢・腹痛等）の分類と人数（学年・学級・性別）
・罹患者の校内での排便の有無、状態、使用したトイレ
・給食や調理実習等での喫食状況
・医療機関の名称・通院／入院の有無
・問診（臨床症状からの診断）か、検査結果による診断か、等
○登校している子供のうち、体調不良を訴えている者への対応
○教職員等（給食調理従業者・配膳員）の健康状態把握
◆出席停止・臨時休業等の検討
○学校医へ報告→学校のとる措置について指導助言を仰ぐ
○学校医の指導助言を校長に報告。専門職の視点から進言
◆市町村・都道府県教育委員会への報告（第一報）
○学校→市区町村教委→都道府県（教育事務所等）教育委員会
○所管保健所への連絡系統について確認
◆保健所へ報告（第一報）
○欠席・早退者の症状、人数、受診医療機関等の報告
○消毒等について指導助言を仰ぐ
◆保護者宛の通知文書作成
○発生状況報告、放課後の子供の行動・家庭での注意、翌日以降の給食の有無・臨時休業（時程変更）、発症が疑われた場合の学校への連絡方法、登校基準の再確認　等
◆感染予防のための保健教育</td><td>●罹患者数が多い場合、養護教諭は登校している子供たちへの対応が最優先となり、保護者連絡が困難である。確認してほしい項目を書きだしたメモを作成し、担任や学年職員、事務職員等に協力を仰いで情報収集を行う。
★保護者に症状等を確認する際、保健所への情報提供について事前に同意をいただいておくと、その後の対応が円滑に進む。
●欠席者と同じような症状を訴えている子供は、できるだけ早く保護者に連絡を取り早退、状態によって医療機関受診を依頼する。

●保健所が詳細な情報を必要とする場合は、直接学校と保健所が連絡を取り合った方が円滑に進む。

●通知文書は、迅速に発行できるように雛形を作成しておく。学校医にもFAX等で確認を取る。
●メール配信等を活用し全校の保護者に注意喚起できるとよい。
●感染性胃腸炎、インフルエンザ等、学校で流行の起こりやすい感染症については、事前に指導用資料を準備しておく。</td></tr>
</table>

感染拡大防止	**◆保健所との連携（実地調査・調理場立ち入り調査等への協力）** ○資料提供 ・健康観察簿、保健室来室状況、校舎配置図、行事予定表、献立表　等 ○発生状況・感染経路の確認 ・嘔吐場所、嘔吐物処理手順等の確認、使用トイレ・水道の確認 ○感染者への対応（検便等） ○校内の消毒への指導助言を仰ぐ。 ・誰が、どこを、どのように、消毒するか役割分担 **◆健康観察等、拡大防止に向けた取り組み** **◆衛生管理の再確認**　嘔吐物処理の方法について再確認	●食中毒と感染症（例：ノロウイルス） ・食中毒：飲食物を介して発症 ・感染症：患者の嘔吐物や糞便が付着した手指から感染して発症 ●腸管出血性大腸菌が検出された場合は、「ベロ毒素」が産生されているか否かにより対応が異なる。 ●嘔吐物処理については、日頃より全教職員が適切な方法を確認しておくとともに、嘔吐物処理セットを整備しておく。
関係機関との連携	**◆学校給食センター等の連携**　★食中毒（疑）の有無により対応が異なる ・食中毒の疑いがある又は不明な場合は、迅速に保健所と連携を図り、指示に従い対応を行う（給食が原因と安易に決めつけない）。 **◆校長会（近隣学校）、医師会、近隣施設（保育園・幼稚園・児童館等）** ・発生状況の報告、感染予防の注意喚起 ・保健衛生管理の再確認（嘔吐物処理・手洗い等） ・児童館、学童保育などの利用について確認 **◆知事部局との連携** ・報道発表を行う場合には、所管の保健所や教育委員会、首長・知事部局との連携を密に行う。 **◆報道関係対応** ・窓口の一本化 ・報道内容の確認 ★個人情報の保護には細心の注意を払う。 ・児童生徒等の安全教育、安全管理	●関係機関との連携を速やかに行い、情報提供することが無用な不安を払しょくできる。 ●個人情報の保護には細心の注意を払うとともに、各機関にも配慮を依頼する。 ●学校だけで関係機関と連携を図るのは困難であるため、所管教育委員会の協力を仰ぐ。 ●給食対応～食中毒（疑）の場合 ①配膳員等給食関係職員の健康状況の確認 ②原因究明→保健所の指示による対応 ・食材検査、立ち入り検査（献立、調理業務、配送等の確認） ・検便（ノロウイルスの高度検査等の手配） ③給食提供の有無 →食材の扱い、配送業者への連絡 →急遽給食が取りやめになった際の対応等 ④保護者への通知・依頼 （説明、弁当持参、期間、再開時の連絡等）
事後措置	**◆発生経緯等の記録の整理** **◆検証、再発防止策** ○報道発表等が行われた場合は、終息通知	●衛生管理の再確認（再発防止のため） →該当校、市内全校へ通知・周知 ●感染症発生時対応マニュアルの見直し
日常管理	**◆保健管理**：感染症予防の基本的対応の確認（感染源対策・感染経路対策・感受性対策）校内研修（嘔吐物処理の演習） **◆保健教育**：児童生徒への発達段階に応じた保健教育 **◆組織体制**：感染症発生時対応マニュアル、関係機関との連絡体制	●感染症の種類によって、対応や消毒薬等が異なるので事前に確認し、整理しておく。 ●特に、結核・麻しん・腸管出血性大腸菌などが発生した場合は、より迅速な対応が求められる。 ★参考文献「学校における感染症発生時の対応」「４発生時の対応（P48～）」参照

・埼玉県教育委員会・埼玉県学校保健会：「学校における感染症発生時の対応－第２版－」、平成24年
・三木とみ子編集代表：「改訂　保健室経営マニュアル」、ぎょうせい、平成24年
・三木とみ子編集代表：「新訂　養護概説」、ぎょうせい、平成30年

（澤村　文香）

Question 43　震災が起きたときの対応は

【Answer：押さえたいポイント】

①近年、地震・水害などの自然災害が各地で頻発している。日頃から危機管理・安全管理を心がけて学校保健活動を行っているが、いざ大きな災害が起きたときにいかに児童生徒及び教職員の安全を確認し、確保するかが重要である。

②日頃から、どのようなものを用意し準備をしておくか一覧表などに整理しておく。

<table>
<tr><th></th><th>実践の内容</th><th>☜ここがポイント！</th></tr>
<tr>
<td>被災後の状況確認と児童生徒の安否確認</td>
<td>○保健室の施設設備の状況確認
・被災状況によっては保健室自体がしばらく使用できないことや、物が倒れたり破壊されており片付けに時間を要することもある。
・学校が避難所となり、保健室が救護室として使用されることもあるため、子供や教職員が使用できないこともある。
○校舎内外の安全確認
○児童生徒の安否確認
・休校の措置が取られた際は、児童生徒の安否確認を職員で手分けして行う。

児童生徒の安否確認
㊔シール 元気　㊛シール 要観察　㊕シール 危険・注意
<table>
<tr><th>児童氏名</th><th>避難場所</th><th>被災状況</th><th>児童の様子</th><th>その他</th></tr>
<tr><td>○○○</td><td>○○(地名)</td><td>地割れで住めない</td><td>㊔</td><td>落ち着いたら引っ越す</td></tr>
<tr><td>○○○○</td><td>親戚宅（地名）</td><td>全壊</td><td>㊔㊛</td><td>5/9 気分△</td></tr>
<tr><td>○○○○</td><td>○○避難所</td><td>全壊</td><td>㊕㊛㊛</td><td>避難所でケガ、元気なし
4/26 笑顔も出てきた
5/9 表情が硬い</td></tr>
<tr><td>○○○○</td><td>実家(地名)</td><td>半壊（かたむいている）</td><td>㊛㊔</td><td>4/25 発熱
5/25 片付けに帰宅</td></tr>
</table>
</td>
<td>●保健室内の書棚など、背の高い物は倒れてこないような工夫が必要
●ベッドの枕元に倒れやすいものは置かないようにする。
●地震直後は水道のみならず、電気・電話などのライフラインが寸断されていることもあり、パソコンや携帯電話が使えない場合も考慮しておく。
●自宅だけではなく、避難所や親戚の家などに避難していることもあるので、情報を共有しながらもれがないように確認する。
●避難所等で生活する児童生徒と保護者に、「心のケア」についてお知らせを配付する。

保護者向け

子どもの心のケアのために
－ＰＴＳＤの理解とその予防－

1．はじめに
自然災害や事故・事件の発生は、子どもたちの心身の健康に大きな影響を与えます。このような状況から、心の傷を受けた子どもたちの心のケアが重要になってきます。
自然災害や事件・事故等に子どもが遭遇すると、恐怖や喪失体験により心に傷を受け、その時の出来事を繰り返し思い出す、遊びの中でするなどの症状に加え、情緒不安定、睡眠障害などが現れ、生活に大きな支障をきたすことがあります。こうした反応は誰にでも起こりうることであり、ほとんどは、時間の経過とともに薄れていきますが、このような状態が１ヶ月以上長引く場合を「心的外傷後ストレス障害：通称ＰＴＳＤ」と言います。

2．ＰＴＳＤの原因
ストレスの受け方や影響は人によって大きく異なりますが、そのほとんどは時間の経過とともに薄れ消失します。
ストレスには、日常的なストレスのほかに、
①ショッキングな非日常的なストレス
②逆境・つらい出来事によるストレス
があり、特に①の場合は、ＰＴＳＤになる可能性があります。たとえば、災害で家や家族・友人を失う、事故を目撃する、犯罪に巻き込まれるなどの強い恐怖や衝撃等を受けた場合は、不安や不眠などのストレス症状が現れ、日常の生活に[illegible]大きな支障をきたすことがあります。これが長引くとＰＴＳＤになる可能性がありますので、早期の対応と予防を心がけることが大切です。

3．ＰＴＳＤのおもな症状
①持続的な再体験
・体験した出来事を繰り返し思い出し、悪夢を見たりする。
・体験した出来事が目の前で起きているかのような感覚がよみがえる（フラッシュバック）など
②体験を連想させる、ものからの回避や感情が麻痺したような症状
・体験した出来事と関係するような話題などを避けようとする。
・体験した出来事を思い出せない。
・人や物事への関心が薄らぎ、周囲と疎遠になる。　など
③感情・緊張が高まる
・よく眠れない、イライラする、怒りっぽくなる、落ち着かない。
・物事に集中できない、極端な警戒心をもつ、些細なことに驚く。　など</td>
</tr>
<tr>
<td>学校再開に向けて</td>
<td>○児童生徒の心身の健康状態の把握と、心のケアに関する準備
・心のケアに関する資料提供
・心のアンケート調査の検討
・健康診断の日程変更
・個人健康観察の検討
○施設・設備について
・学校施設の安全点検と危険箇所の表示、補修
・校舎内外の衛生管理
・水道水の点検
・感染症対策用品の準備
○心身の健康観察の充実
・通常の健康観察の強化
・個別の健康観察カードの準備と実施</td>
<td>●震災の時期によっては健康診断などの日程を変更せねばならず学校医との打合せが必要
●衛生管理や水道水の点検については、学校薬剤師と連携が必要（地震等により地盤がずれると水道水が濁ることもあり！）
●文部科学省、都道府県教育委員会からの資料の活用
・「こころとからだのチェックリスト」
・「こころとからだのけんこうかんさつ」
・災害後のこころのケアについて
・自然災害時における心のケアの進め方
・学校独自の「個人カード」や「生活リズムチェック表」など</td>
</tr>
</table>

学校再開後

○児童生徒へのアンケートの実施

学校再開後に全員に実施

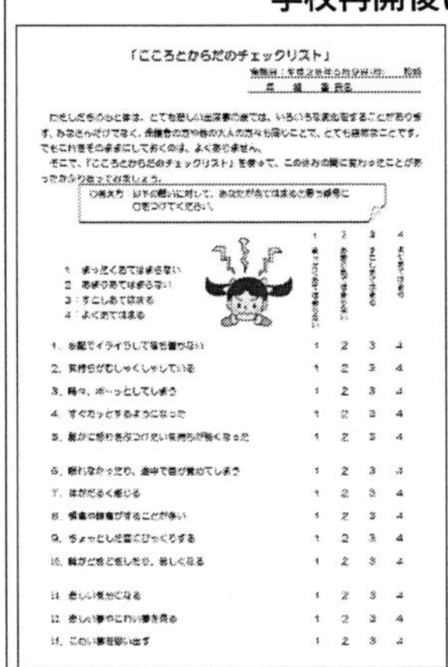
「こころとからだのチェックリスト」

1. 夜間でイライラして落ち着かない
2. 気持ちがむしゃくしゃしている
3. 時々、ボーっとしてしまう
4. すぐカッとなるようになった
5. 自分に嫌な考えがつけない気持ちが強くなった
6. 眠れなかったり、途中で目が覚めてしまう
7. 体がだるく感じる
8. 頭痛や腹痛がすることが多い
9. ちょっとした音にびっくりする
10. 話が出来ると思したり、悲しくなる
11. 悲しい気分になる
12. 悲しい夢やこわい夢を見る
13. こわい事を思い出す

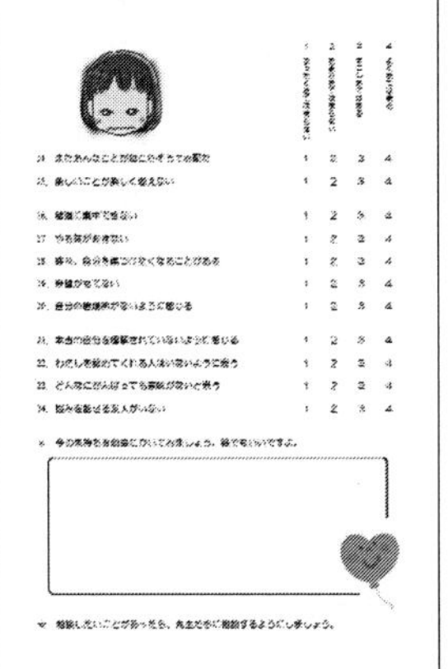

○相談活動の充実に
・担任による面談、教育相談の実施
・養護教諭による対応
・要相談者のピックアップとSC、SSWへのつなぎ
○教職員のフォロー

学校再開後１週間実施

個人健康観察カード

年　組　名前

みなさんの今の気持ちをチェックしてみましょう。自分の「こころ」と「からだ」をしっかり見つめて、記入してくださいね。	5月9日(月)	5月10日(火)	5月11日(水)	5月12日(木)	5月13日(金)
食欲がない					
眠れない					
眠気が強い・ウトウトする					
体が痛い・頭痛がする・腹痛がする					
吐き気がする					
下痢をしている					
家に帰りたくない					
学校に行きたくない					
怖いことや心配事がある					
今日の気分を表す「漢字1文字」は？					
＊気になることを書いてみよう。					

●震災派遣のSC、SSWも多く、来る度に人が変わることもあり、特に事前の確認や連絡を密にする必要がある。
●教職員自身も被災しており、そのような中で対応に当たっているため、教職員へのフォローも必要

今後の改善に向けてチーム保健室として

○保健室の備品ストックの管理
○非常時の毛布、食料、救急用品、衛生用品の確認
○日々の様子や取り組みの記録

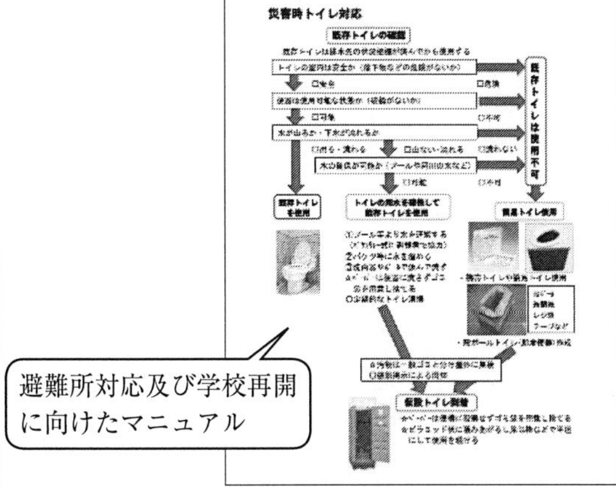

避難所対応及び学校再開に向けたマニュアル

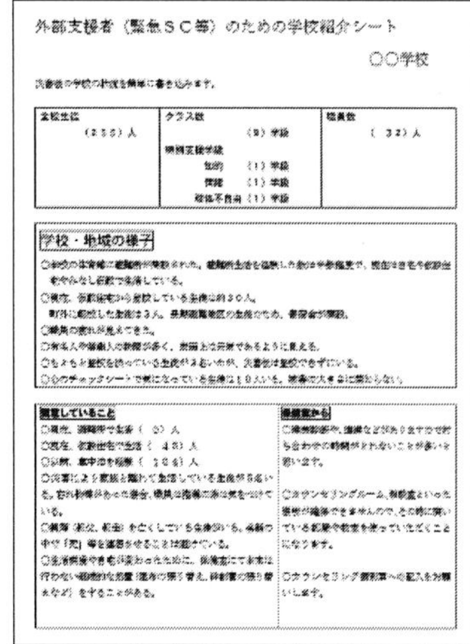
外部支援者（緊急ＳＣ等）のためのマニュアルシート

○○学校

全校生徒	クラス数	職員数
（２５５）人	（９）学級 特別支援学級 知的（１）学級 情緒（１）学級 肢体不自由（１）学級	（３２）人

学校・地域の様子

まとめ

平成28年４月に発生した熊本地震について、熊本県養護教諭研究会がまとめた『平成28年熊本地震に関するアンケート報告』を参考に、県内各校での取組みと自校での取組みを中心にまとめた。被災当時は日々の対応で精一杯だったが、その後の研修等でDMATやADROなどそれぞれの専門家が活動していたことを知った。危機管理には日頃の備えも必要だが、災害対策や医療救護の専門家との日頃の連携も必要であると痛感した。

（奥井　誉子）

Question 44　早急に対応が必要な問題への対応は
（①妊娠、②性被害、③自殺念慮）

【Answer：押さえたいポイント】

①日常の健康観察を丁寧に行い、平常との違いやちょっとした違和感に気付くことができるようにすること。
②子供の命を最優先に考え、不測の事態も想定し、適時に組織で対応できるようにすること。
③子供に寄り添い、受容・共感すること。

		実践の内容	☜ここがポイント！
①妊娠	状況把握・的確な判断	○来室状況・本人の訴えを聞く・問診 どんな言葉で、どんな姿勢で、どんな表情で バイタルサイン（体温・呼吸数・血圧・脈拍数）をチェック 問診内容：時期・部位・性状・原因・生活状況・女子に対しては月経の有無・最終月経・妊娠の心当たりについての有無 妊娠の可能性が高いと判断したら ⬇	アセスメントシートを活用し問診項目に漏れがないようにするとよい。 妊娠が疑われた場合は微熱、腹部の圧痛、月経の遅れ、妊娠の可能性などプライバシーに注意しながら問診を行う。
	事実確認	○本人が安心して話ができる女子職員と一緒に傾聴的な態度で事実を確認する（傾聴）。 ○家庭へ連絡する承諾と受診を勧める。	安心して話ができるような雰囲気づくりに心がけ、プライバシーの保護と心のケアに努める。
	連絡・相談	○校内連携 校長・教頭・生徒指導主事・学年主任・学級担任へ報告 ○家庭連絡 担任が事情を説明し、保護者に来校してもらう。 ○地域の産婦人科医に事前に連絡し、簡単に状況を説明し相談する。 ○性被害にあった場合は、警察へ連絡し連携する。 ○性的虐待が疑われた場合は児童相談所に連絡し連携する。 ○管理職は教育委員会に報告するとともに今後の支援方法について相談する。	時系列に沿った記録をとる。 地域医療機関・相談機関を把握しておく。 性被害による妊娠の可能性がある場合は関係機関に連絡し、早急に対処できるようにする。 身内による性的虐待が疑われた場合は児童相談所を中心にして直ちにケース会議を開催する。
	支援方針と対応	○本人に対して 受診を勧め、体のことを気遣う。 ○保護者に対して 妊娠の可能性がある事実を告げ、受診を勧める。同時に専門医に相談した内容を伝える。一番悩んでいるのは本人であることを伝え、結果よりこれからの本人のことについて考えてもらえるように助言する。 ○妊娠相手がわかっていたら 同じ学校の生徒ならば本人に事実確認を行い、事実ならば保護者へ連絡し来校してもらい校長・教頭・担任・学年主任同席で事実を伝える。家庭での話し合いについては行為に至った心情や背景等内面の理解に努める等助言する。	本人の体・心の状態を観察しながら安心感を持たせるように努める。本人にとっての最善策を共に考える。 保護者も動揺しているので、慎重に誠意を持って、本人の体と心を第一に考えて話を進める。 相手のプライバシーの保護に努める。
	支援方針と対応	○受診後、保護者・主治医を交え話し合い、本人の体と心のケアと教育上必要な配慮を行いながら支援方針と対応を決める。 ○主治医の専門的立場から出産と中絶の両方の身体的・精神的ダメージや今後起こるであろうリスクを伝えてもらう。	専門家・関係機関と連携する。 プライバシーの保護に努める。 支援方針・対応については記録し、それを評価し修正できるようにする。

	支援方針と対応	中絶の場合： ○心身ともに強いダメージがあるので手術後も専門医との連携を図ること。 ○学校での運動制限等本人の体と心の健康状態に合わせたケアが必要 ○心のケアは、SCと連携を図る。 出産の場合： ○出産まで、出産後の家族・周囲のサポートについて（経済的支援・学習支援・子育て支援・里親制度など）地域保健センター・保健所・児童相談所と連携する。 ○授業に出席することが困難な場合は保健室で対応する。 ○体育実技・身体的教育活動を行う時は、安全確保に努め配慮をする。 ○学校生活において配慮する事項を教職員で共通理解し実践する。 ○本人の体と心のケアに努める。心のケアは定期的にSCと面談する。 ○登校が困難な時期になったら、本人・保護者と話し合い、家庭での学習に切り替える。家庭での学習時で担任や養護教諭が定期的に家庭訪問をして復学まで様子を見守る。 ○本人及び保護者の不安定な心に寄り添うことができるようにする。 ○復学後の学校での対応を関係職員で協議し、本人の「学び」を阻害しないように対応する。	中絶後の体と心についての知識を持ちケアできるようにする。 関係機関と連携が図れるように体制作りを行う。 日々の様子を観察し、記録をする。 SCと連携し、日常の心のケアについて共通認識をもつ。 保護者と連携を密にし、家庭での異変にすぐ気づけるようにする。 プライバシーの保護に努めながら産後のケアについて主治医・関係機関と連携しながら行う。
	事後対応	○性に関する教育について教育計画に基づいて確実に実践し改善を行う。 ○教育相談体制を充実し、定期的に開催する。 ○医療機関等関係機関との連携を強化する。	生徒の実態に応じた計画を立て、性に関する教育の充実を図る。
②性被害	状況把握・的確な判断	○来室状況・本人の訴えを聞く・問診 どんな言葉で、どんな姿勢で、どんな表情で バイタルサイン（体温・呼吸数・血圧・脈拍数）をチェック 問診内容：時期・部位・性状・原因・生活状況・女子に対しては月経の有無・最終月経月日も問診する。 性被害を受けたことの可能性が高いと判断したら ↓	アセスメントシートを活用し問診項目に漏れがないようにするとよい。 いつもと違う様子に気づいたら心の問題として捉え、本人に寄り添いながら、本人が辛い気持ちを話せる雰囲気をつくる。
	事実確認	※保護者から先に連絡があった場合は、事前に同意をとる。 ○本人が安心して話ができる女子職員と一緒に事情聴取（傾聴） ○家庭へ連絡する承諾をとる。妊娠や性感染症及び体の不調などある場合は専門医の受診を勧める。	プライバシーの保護と心のケアに努める。 被害にあった場所・時間・その後の様子など時系列に沿った記録をとる。本人の気持ちに寄り添い辛い時には無理に聞きださないようにする。 本人に何度も同じ質問をして二次被害にあわないように最大限の配慮を行う。
	連絡・相談	○校内連携 校長・教頭・生徒指導主事・学年主任・学級担任へ報告 ○家庭連絡 担任が事情を説明し、保護者に来校してもらう。 ○警察への連絡・連携 ○管理職は教育委員会に報告するとともに今後の支援方法について相談する。	

	連絡・相談	○性暴力等被害救援協力機関・協力病院へ相談し今後の支援方法について助言を求める。 ○児童相談所に相談し、今後の支援方法について助言を求める。	地域医療機関・相談機関を把握しておく。
	支援方針と対応	○本人に対して 受診を勧め、体のことを気遣う。 ○保護者に対して 事実を伝え、警察への通報、医療機関への受診を勧める。	「あなたは悪くない」と言い続け、本人の自己嫌悪を軽減できるように努める。 プライバシーの保護と心のケアに努める。 保護者も動揺しているので、寄り添いながら伝えるべき事実について誠意をもって話し、その後の心のケアも行う。
	連携	○PTSD（心的外傷後ストレス障害）を引き起こすことがないように早期に専門家に相談する。 ○専門家の見立てから支援方法や対応策を共有し、連携して援助を行い、児童相談所や医療機関友連携とも連携しながら本人の体と心のケアに努める。 ○地域との連携 ・安全確保の具体的な方法、協力体制の構築を行う。 ・警察との連携（パトロールの依頼等） ・地区健全育成諸団体との連携	レイプ被害等の場合 ○緊急避妊の措置や性感染症の検査の必要性を知らせる。 ○証拠となる衣類等は洗わずにビニール袋等に保管することを伝える。
	事後対応	※再発防止に努めるために ○学区内危険箇所の確認と安全マップを作成し指導を徹底する。 ○下校時間の徹底と保護者等への周知、複数下校の励行を行う。 ○危険回避に向けた具体的な指導を日常から行う。 ○近隣校及び警察との連携による情報収集を行う。	日常から危険箇所の確認と安全マップを活用する。 地域・生徒の実態に応じた不審者対応の実技訓練や防犯教室を開催する。
③自殺念慮	状況把握・的確な判断	○来室状況・本人の訴えを聞く・問診 どんな言葉で、どんな姿勢で、どんな表情で バイタルサイン（体温・呼吸数・血圧・脈拍数）をチェック 問診内容：時期・部位・性状・原因・生活状況など ※いつもとは違う表情や行動を感じ取ったら実態把握のためのカウンセリングを行いながら受容・共感的態度で寄り添う。	アセスメントシートを活用し問診項目に漏れがないようにするとよい。 日常の健康観察によりSOSサインを見逃さないようにして遅滞なく健康相談へとつなげる。
	事実確認	○順次質問をして自殺リスクの高さを評価する。 ①生きていても仕方がないと思っているか ②死にたいと思っているか ③自殺の方法まで考えたことがあるか ④自殺の準備をしかけたことがあるか ⑤やりかけたことがあるか 自殺リスクを確認したら ↓	自殺リスクを疑ったら順次質問をしてリスクの高さを評価する。 命の安全を最優先に考え、危機的状況として常に考慮する。
	事実確認	○校内連携 校長・教頭・生徒指導主事・学年主任・学級担任へ報告 ○保護者への連絡（担任） ○校長から教育委員会へ情報報告・連絡・相談	多方面からの情報を集める。 事実と推測、判断を区別する。 状況をまとめ、以後の対応経過を記録する。

支援方針と対応	○緊急対策会議 ※瞬時に対応できるように情報共有を行う。 メンバー 校長・教頭・学年主任・担任・養護教諭・生徒指導主事・教育相談主任・SC などで構成 協議内容 本人の状態把握、自殺の危険性について 影響を受ける可能性のある児童生徒のリストアップなどをまとめる。 ※本人が死にたいほど辛い思いを話した気持ちや背景を丁寧に理解し誠意をもって支援する姿勢で対応策を考える。 ○保護者と連携（情報共有と相談） ○外部への対応の一本化 具体的対応の決定 教職員の役割の確認「誰が、何を、いつ」するのか決める。 必要に応じて警察・学校医や医療機関と連携する。 ○臨時職員会議の開催→事実の周知、今後の対応と役割分担の協議 ○教育委員会への連絡（必要があれば支援を要請） ○本人に対して 継続的個別相談による悩みなどの把握と助言→原因に応じた具体的な対応 ○専門家・関係機関との連携 SC 等の臨床心理士、医療機関 ○保護者への協力依頼と保護者の心のケアを行う。 学校での対応方針の説明と家庭での対応→本人を一人にしない、強く叱らない、話をよく聞くなどを助言する。 保護者の辛い気持ちを受け止め受容する。	このまま手を打たなければどんな問題が起こりうるかを考え、不測の事態を想定した対応方針を用意できるようにする。 状況をまとめ、以後の対応経過を記録する。 プライバシー保護に努める。 自殺予防対応の原則「TALK」の原則 Tell：言葉に出して心配していることを伝える。 「死にたいくらい辛いんだね」 「○○さんのことが心配だよ」 Ask：「死にたい」という気持ちについて率直に尋ねる。 「どんな時に死にたいの」 Listen：絶望的な気持ちを傾聴する。 Keep safe：安全を確保する。 死にたいという気持ちの背景を理解しつつも命を保護することを最優先とし、チームで支援できるようにする。
事後対応	○教育活動全体の中での命の教育の実践を積み重ねる。 ○相談しやすい雰囲気づくりと SOS の出し方に関する教育を実施する。 ○校内の教育相談体制を充実させる。	危機管理の心がまえ 「さしすせそ」 さ：最悪を想定し し：慎重に す：素早く せ：誠意をもって そ：組織で対応

・文部科学省：「教師が知っておきたい子どもの自殺予防」、平成 21 年
・文部科学省：「妊娠した生徒への対応などについて」、平成 30 年
・文部科学省：「教職員のための子どもの健康相談および保健指導の手引」、平成 23 年
・文部科学省：「現代的健康課題を抱える子供たちへの支援～養護教諭の役割を中心として～」、平成 29 年
・福島県教育委員会：「生徒指導マニュアル」、平成 22 年
・奈良県教育委員会：「小・中学校生徒指導ガイドライン」、平成 22 年
・山口県教育委員会：「問題行動等対応マニュアル」、平成 19 年
・さいたま市教育委員会：「児童生徒の心のサポート緊急対応手引き」、平成 25 年
・岡山県教育庁人権教育課：「教職員・保育従事者のための児童虐待対応の手引き（第二版）」、平成 30 年
・三木とみ子・徳山美智子編集代表：「新訂　養護教諭が行う健康相談・健康相談活動の理論と実践」、ぎょうせい、平成 31 年
・三木とみ子編集代表：「養護概説」、ぎょうせい、平成 25 年

（茂木　美智代）

＜保健教育＞

Question 45　保健だよりの作り方と活用はどのように

【Answer：押さえたいポイント】

①発達段階や対象に即した内容にする。（難易度・情報量・振り仮名・使用イラスト等）
②子供の健康実態についての情報を発信する。（保健管理的側面）
③健康を保持増進するための知識や技能を高める情報を発信する。（保健教育的側面）
④学校保健年間計画に定めた各月の保健目標を達成するためのツールとする。
⑤著作権に配慮する。

	実践の内容	☜ここがポイント！
発行準備	**【発行計画】** ○発行頻度　…　（例）月に１回 ○発行日　…　（例）毎月１日発行 ○配布様式　…　（例）A4 版 ○配布対象　…　（例）家庭数 ○特集　…　（例）年間計画（保健目標・保健行事）に合わせる	**〈発行計画立案の利点〉** ・効率的に作成できる。 ・見通しをもつことができ、関連した情報を収集することができる。 ・保健だよりと関連付けて保健教育等を展開できるため効果的な学校保健活動が進められる。

学校保健年間計画

項目 ＼ 月		4	5	6	
学校行事		始業式・入学式 授業参観懇談会 1年生を迎える会 遠足	個人面談 スポーツテスト PTA総会・離任式 校外学習 修学旅行	プール開き 児童会まつり 宿泊学習	授業参 終業式
保健安全に関する行事		定期健康診断 通学班編成・一斉下校 交通安全教室・避難訓練	定期健康診断 避難訓練 心肺蘇生法研修	定期健康診断 学校保健委員会	
保健安全に関する管理	心身の管理	健康観察・保健調査 発育測定 視力検査・聴力検査	健康観察・心電図検査（1年） 内科検診・結核健診 眼科検診・耳鼻科健診 歯科健診・ 尿検査	歯科健診 健康観察 治療指示 健康診断結果のまとめ	健康観 健康診 夏休み 歯垢テ
	生活・環境	安全点検 登校指導 水質検査 家庭環境の調査 環境整備	安全点検・登校指導 水質検査 教室の座席配置 机と椅子の適正移動 プールの水質管理	安全点検 登校指導 水質検査 プールの水質管理 健康診断の結果に基づく指導	安全点 登校指 水質検 プール 校舎内
保健目標		すすんでなかよくしよう	自分のからだを知ろう	むし歯を予防しよう 歯の上手なみがき方を知ろう	歯の上 夏の健

	実践の内容	☜ここがポイント！
発行準備	**【実態把握】** ○健康課題は何か。数値を提示できると説得力が増す。 ○保健室から見た子供の様子。気になったことを記録しておく。	・当該学校の特徴を活かした保健だよりにできる。 ・日常的な「小さな意識」の変化で行動を改善できるものは取り組みやすい。
作成・配布	**【作成（小学校の作成例）】** ○内容 ①タイムリーな情報、健康実態をお知らせする。 ②子供たちの意見を掲載する。興味関心を引き付ける。 ③保護者・地域への連絡欄。 ④保健教育へつなげる。書き込める参加型クイズなども効果的。 ⑤個別の課題意識を持たせる。 **【配布】** ○配布のタイミングの工夫 ・他の取り組み、行事、教育課程などと合わせて相乗効果をねらう。 ・記念日（むし歯予防デー、目の愛護デーなど）を利用する。 ・他の配布物が多いときに敢えて一緒に配布するか、ずらすか。 ・ホームページに掲載するなど、インターネットを活用してもよい。	**〈おすすめの工夫〉** ・絵の罫線や枠を１つ入れると区切りが際立つ。 ・注意喚起だけでなく、協力への感謝を載せる。 ・健康課題を明確にした上で、肯定的な形で伝えた方が受け入れられやすい。 ・同じフォントで統一する。 ・余白を適度に残す。余白の間隔をそろえる。 ・文字の大きさ、行間（詰め込みすぎない） ・注意を引くような見出しをつける。 ・B4・A3 で作成する場合は、横のラインを揃えると見やすい。 ・一文は短くする。 ・手書きも温かみがあってよい。

作成例

パワーポイントでの作成も便利（手書きの際の切り貼り感覚で作成可能）

※作成例①

1
2
3
4
5

〇〇小 保健室

家庭数

11がつ ほけんだより

急に寒くなったからか、かぜをひく人が増えてきました。特に多いのは「のどの痛み」「せき」です。「熱が出る」子もいます。今年は、マイコプラズマ肺炎になる人が増えているそうです。

どんなかぜでもやはり「手洗い・うがい」でふせぐことが一番です。これは、だれかにやってもらうことはできないので、自分の体は自分で守りましょう。

今年も、夏休みの宿題の歯みがきカレンダーと歯みがきしらべを見せてもらいました！！

今年の〇〇小の「はみがき名人」は４０人！！

学年	1ねんせい	2ねんせい	3年生	4年生	5年生	6年生
はみがき名人	4人	5人	4人	5人	13人	9人

歯みがきしらべでは、いろいろな感想を書いてくれました。その一部を紹介します。

○ あかくてびっくりしました。（1年・女子）
○ 前歯が一番みがきやすいのに、そのすぐ横の歯がみがけていなかったから、もっと気をつけたいと思います。（4年・女子）
○ みぞがうまくみがけていなかった。これからは、みぞに注意してみがきたいです。（6年・男子）

みなさん自分の歯みがきを、よく分せきしていました。
赤くなったところをもう一度みがくとき、どうやったら歯ブラシが当たったか、覚えておくといいですね。みがきにくいところは少し時間をかけて、体で覚えるまで、ていねいにみがきましょう！歯を大切に！

保護者の方へ

かぜの状況
マイコプラズマ肺炎、流行性耳下腺炎、溶連菌感染症、水痘が出ています。
日内気温差や夜の冷えから「喉」「頭痛」「腹痛」等訴える子も多くいます。
インフルエンザの予防接種も各医療機関で始まりましたので、そちらの方もご検討ください。

インフルエンザの出席停止について
毎年11月も下旬になりますと、罹患者のニュースが聞こえてきます。インフルエンザの出席停止期間（目安）は、「発症後５日を経過し、かつ、解熱後２日を経過するまで」です。学校では、医師の診断を受けた日から出席停止となることは変わりません。診断日前の欠席はさかのぼれませんので、急な発熱や倦怠感などの症状があった場合は、早めに受診し、インフルエンザの診断が出た場合は、すぐに学校にご連絡ください。（明日以降もう一度検査をして確定すると言われた場合も、その旨連絡ください）

はみがき名人への道

みがけていなかったところとそのみがき方

今回は特別アドバイスつき！返ってきた自分の「歯みがきしらべ」の表をめくってみてね！
1～5までの数字が書いてあるはず。
自分の歯みがきの弱点を知って、今日の夜からやってみよう！

1の人は… 歯の表　名人の技　その一　「三つ切りの術」
1つの歯を３つにわけてみがいてみよう！
奥歯はさらに「内側・外側・上」の３面あるので、忘れずに！
手書きのイラスト

2の人は… 歯と歯の間　名人の技　その二　「たてまわしの術」
歯ブラシをたてにして、歯と歯の間に入りこませて動かそう！
鏡を見ながらみがくと、しっかりすき間に当てられます。
手書きのイラスト

3の人は… 歯と歯茎の境目　名人の技　その三　「内まきの術」
歯ブラシを内側に少しかたむけて、先（わき）を境目に当てよう！
「やさしい力」で「小さく」「何回も」みがくのがポイントです。
手書きのイラスト

4の人は…歯の裏　名人の技　その四　「かかとすべりの術」
前歯の裏は、歯ブラシの『かかと』を使います。
前歯は８本。1本につき、少なくても１０回くらいはこの術を！
手書きのイラスト

5の人は…奥歯のみぞ　名人の技　その五　「つま先ほうきの術」
一番多いみがき残しタイプです。
横から歯ブラシを入れ、『つま先』を使ってかき出します。
ほうきでゆかのすみっこをはくような感じで。
手書きのイラスト

毎年、『歯みがき名人』が増えています。次は、あなたも…
今日の歯みがきからやってみましょう！

ぜひ自分の「はみがきしらべ」とも見くらべてみてね！

活用

【活用例】

○子供にどのような力を身に付けてほしいか、考えを持っておく。そのねらいに迫るために内容を練る。

○個別対応している保健だより
（例）夏休みの歯科保健に関する宿題に個別に評価をつける。その後に発行する保健だよりに、個別評価ごとの課題と解決方法を記載する。（作成例①）

○ワークシート型保健だより
（例）クイズ型で楽しく学ぶ形式や子供自身が自己評価をすることで客観的促す形式（作成例②）

○通信機能のある保健だより
（例）養護教諭に対するメッセージや評価票を返信できる切り取り欄をもうける。

○児童・生徒会活動を活性化させる保健だより
（例）朝の時間を活用し、保健委員が学級で指導を行う。その際の資料として、保健だよりを活用する。

○保健だよりと掲示物
保健室前などに掲示物コーナーがある場合は、保健だよりの特集と合わせて掲示物を作成すると、普及効果が持続する。

【活用のひろがり】

○教職員へ：学級指導での活用。健康実態の把握、情報提供。児童生徒理解に活用

○家庭・地域へ：開かれた保健室、養護教諭の自己開示　学校保健委員会の案内、報告

○児童へ：自身の健康の保持増進、保健への興味関心を高める。実践へつなげる活きた保健教育と保健管理

○学校医、学校歯科医、学校薬剤師：紹介、学校保健委員会等の指導助言を掲載する。

作成例②

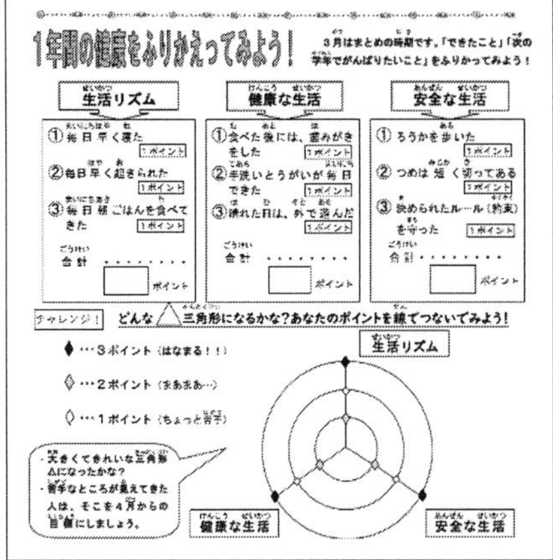

〈掲示物で補足できること〉
保健だよりでは伝えられなかった内容
紙媒体ではできないこと（体験型・立体型）
児童生徒の写真、児童生徒の文章　など

〈これからの保健だより〉
保健情報は、インターネットで検索すれば簡単に手に入るが、その学校の保健情報は保健だよりでしか手に入らない。
「学校」が見える保健だよりを心がける。

（青木　真知子）

Question 46　掲示・展示の工夫はどのように

【Answer：押さえたいポイント】

①掲示の目的や視点を明確にする。

→学校教育目標達成の視点、学校保健目標の視点、保健室の運営の視点、学びの視点、季節を感じる視点

→健康診断、健康相談、保健指導、救急処置その他の保健に関する措置を円滑に実施する。

②児童生徒の発達段階を考慮する。

③保健室経営計画に位置付け、計画的に更新する。

④「物」に心を語らせる（養護教諭の思いや願いをこめる）。

	実践の内容	☜ここがポイント！
掲示や展示の目的・視点を明確にする	**【掲示・展示場所をきめる】** 〈保健室内の常設掲示・展示場所の例〉 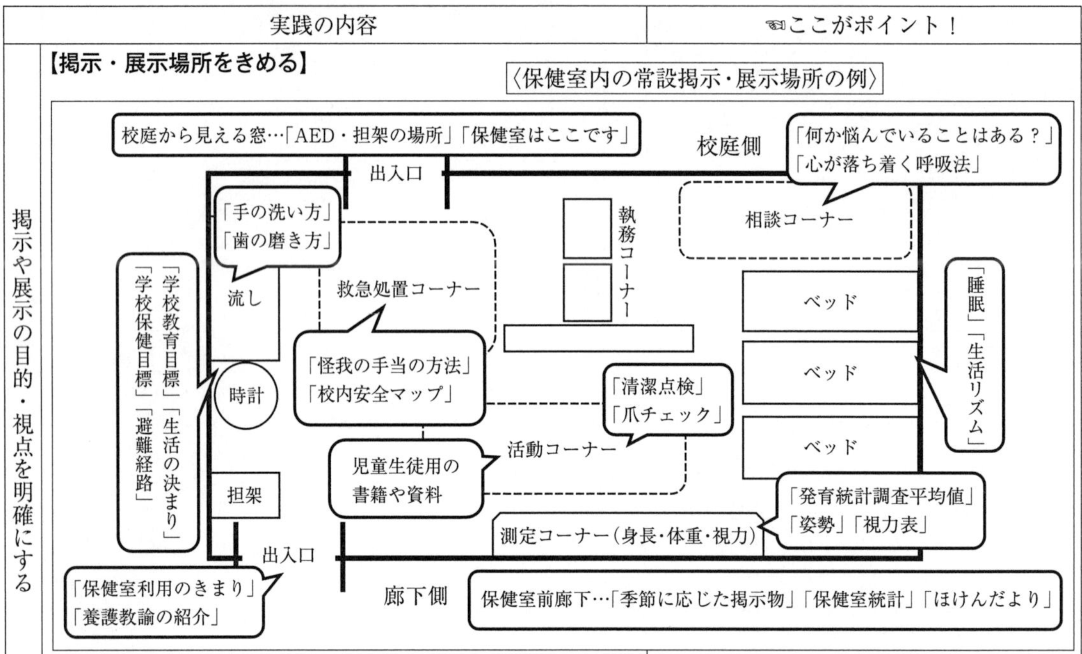 	
	【掲示の目的と掲示物】 ○学校教育目標達成の視点にたった掲示 ・「学校教育目標」「生活のきまりなど」…各学年・学級に掲示している共通の掲示物 ○学校保健目標達成の視点にたった掲示 ・「学校保健目標」「月ごとの保健目標」「月ごとの保健目標に関係するニュースや資料」 ○保健室運営の視点にたった掲示 ・「保健室利用のきまり」「養護教諭の紹介」 ○学びの視点にたった掲示 ・心身の疾病やけがなど予防に関する資料、救急処置に関する資料 **【季節を感じる視点の掲示物】** （例）掲示板を彩る➡折り紙細工など	・掲示場所は思いつきにしないで、各視点による掲示エリア（掲示板・掲示場所）を決めておき、きめたエリアにその視点の掲示物を更新していく。 →児童生徒は、「そこを見ると、この情報が得られる」と学習し、掲示物を見る習慣につなげることができる。 →保健室内も保健室前廊下等の掲示板も同様 ・市販の写真ニュースの活用、手作りの種々の掲示物の工夫が児童生徒の感性に響く。 ・保健目標に沿う形で掲示していくことも工夫のひとつ。

<table>
<tr>
<td rowspan="2">各視点による掲示・展示の例</td>
<td>〈実践例〉

保健室運営の視点に立った掲示：
保健室来室時のきまり

学びの視点・養護教諭の
思いや願いを込める掲示

＊保健委員会の活動を紹介し、児童生徒のやりがいを高める。さらに、その活動の内容が学びを提供している。

学びや活動の参考の視点・救急処置を
円滑に行うための視点にたった掲示
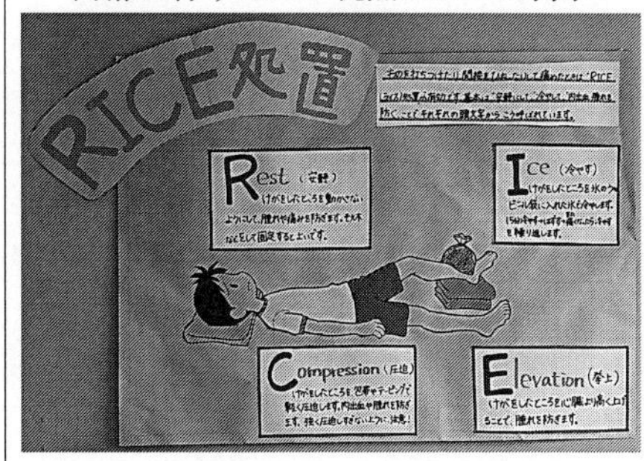</td>
<td>・“作品”としての掲示物にこだわりすぎない。
・大きさ、形状、色彩、立体など五感に訴えるように工夫することは、掲示の目的を果たすのに効果的であるが、そのことにとらわれすぎないようにする。

・個人が特定されたり、学級内でネガティブな人間関係が生じたり、特定の学級や学年を責めるような状況にしないように掲示内容をよく検討すること。
　例えば、健康診断結果やその事後措置に関する内容、保健室利用状況、むし歯の治療率などを安易に掲示することは適切ではないと考えられる。掲示の内容に十分注意する。</td>
</tr>
<tr>
<td>【保健室経営計画に位置づける】
・どの時期に、どのような掲示や展示を実施するか、年度当初、保健室経営計画立案時に計画する。時期を違えて再活用する計画がある場合は、掲示物や展示物の保管・格納に配慮する。
＊「保健室経営の評価」の際に掲示や展示が、「目的をはたしたか」「児童生徒の発達段階を考慮していたか」「保健室経営計画に位置付けたか」「養護教諭の思いや願いを伝えることができたか」等について自己・他者評価する。

【児童生徒の発達段階を考慮する】
・文字の表記やふりがな等について、留意する。

【養護教諭の思いや願いを込める】
（例）・児童生徒の自己肯定感、自己有用感を高めたい➡保健委員会の委員の紹介
・詩や絵画、メッセージの掲示、詩集などの配架</td>
<td>・掲示の内容及び更新時期などをおおよそ計画する。いくら手の込んだ掲示物哉展示物であっても、あまりにも長期間掲示し続けていると、作品自体の魅力も児童生徒の興味関心も薄れていく。その結果、目的を果たす掲示や展示ではなくなる。

・学習した漢字について確認する。

＊「物」（掲示物や展示物など）に、養護教諭の思いや願いをこめ、心に響く教育を進めたい。</td>
</tr>
</table>

（新藤　里恵・平川　俊功）

Question 47　著作権への配慮はどのように

【Answer：押さえたいポイント】

①著作物を使うときは、著作者・権利者の了解を得るのが原則
②例外として無断で使用（複製）できるのはどんな場合か知っておく。
③例外にあてはまる場合でも、勝手に改変や修正をしてはいけない。
④利用の際には、必ず作者名や題名などの出典を明示する。

<table>
<tr><th colspan="2">実践の内容</th><th>☜ここがポイント！</th></tr>
<tr><td colspan="2">・書籍、論文、講演など言語で示されたもの、絵画、図表、写真などの創作物には著作権がある。「創り出した人の権利を侵害しない」というのが基本的考え方である。
・コピーを作成し多数の人がそれを見ることなどにより、本来は著作者が得られるはずの利益を損失することにつながる。
・許諾を受けないで他人の著作物を利用することは著作権の侵害であり、利用行為の停止や損害の賠償を請求されることがある。
・著作権法第 30 条～第 50 条に示されている特例以外は、無断でコピーして配付・掲示したり、放送したりすると、著作権の侵害となる可能性がある。</td><td>●すべての著作物には、著作権があるが、学校教育での使用は特例として一定の範囲で認められている。その範囲を正しく理解することが大切である。</td></tr>
<tr><td>保健だより等、配付物での使用</td><td>◆保健だより等、配付物での使用ができるのは
・作者や出版元の了解が得られれば問題なし。
・雑誌等で「コピー可」などと示されている。
・法令や、行政機関からの通知、広報資料
・統計データの数字
・新聞等の時事問題に関する論説
・自分で書いた文章の中の一部に「引用」する。
例：○○氏は△△で「・・・」（××出版，2017）と述べています（かぎカッコなどでくくり、引用部分がわかるようにする。著者名や出典を明記する。）。
・児童生徒の作文やイラスト等の掲載も、本人の了解を得てから。</td><td rowspan="3">●基本的にはすべての著作物に著作権があり、著作者の了解を得るのが原則。もともと「コピー可」となっているものは、出版社が事前に著作権者から了解を取っているということ。

●利用の際には、必ず作者名や題名などの出典（引用元の情報）を明示する。

●「引用」では、使用する著作物はあくまでも自説を補強するための従属物であるので、それが主になってはいけない。

●記事だけでなく、マンガやアニメのキャラクター、児童生徒の作品も著作物

●著作権法第 35 条の「学校その他の教育機関における複製等」の特例により一定範囲のものは許されている。

●利用の際には、必ず作者名や題名などの出典（引用元の情報）を明示する。
・著者名
・タイトル
・雑誌名や書籍名
・巻（号）、ページ
・発行所（出版社）
・発行年</td></tr>
<tr><td>授業の中での使用</td><td>◆授業の中で使用できるのは
・自分が行う授業のために、著作物の一部を利用してプリントを作る。
・もとのプリントを用意した教員の了解の下で、他の先生が自分の授業のために増し刷りする。
・自分で録画したビデオを授業で見せる。
・教科の授業以外でも、教育課程に位置づけられた活動上であればよい。
・児童生徒が学習のために著作物をコピーしたり配付したりするのも可</td></tr>
<tr><td>研究活動での利用</td><td>◆研究会などで利用できるのは
・発表資料や考察の文章の中の一部に引用することは可能。（保健だより等の場合と同様に、引用部分を明確にする）
・研究そのものの本文が主であって、引用部分は従であること。また勝手に都合よく書きかえたりしないこと。</td></tr>
</table>

こんなときは注意が必要	◆授業等での使用であっても、こんな使い方はダメ ・一人ひとりが購入することを想定している市販の副読本やワークブック等を１冊しか購入せず、コピーして授業で使う。 ・授業の中で使ったものを、保存して誰でも使えるようにしておき、使いまわしたり、不特定多数に配付したり、ずっと掲示しておく。 ・他の教員の指導案やワークシートを無断でそのまま使う。ただしアイデアを参考にして自分で作る場合は別 ・もとのままの引用でなく、手を加えて改変した場合は、内容が変わってしまうので問題	●著作者や権利者の損失となりうる方法での利用はしない（コピーを配付することで、本来購入されるべきものが購入されず不利益につながる）。 ●教員同士であっても、オリジナルの指導案やワークシートは、作成した教員に著作者としての権利が発生する。
	◆新聞記事等のコピーの教職員への配付 ・授業で使うこと以外は認められていないため、回覧にするか、新聞社に確認をして利用する。	
	◆掲示物としての利用やホームページへの掲載 ・不特定多数に公開することになるので、十分注意する。 ・統計データでも、数字以外はグラフのデザインなどに著作権がある場合があるので、版元に問い合わせる。	
	◆授業や講演の記録 ・無断で内容を録画・録音して放送したり、そのテープやデータを複製して配付する。 ・無断でテープ起こしをしてその記録を配付したり公開する。	●講師の話も、「言語」の著作物となるので、必ず事前に講師の許可を得る。 ●写真や映像は「肖像権」の問題もある。市町村や学校によってはプライバシーポリシーを定めたり、あらかじめ保護者の了解を得る工夫をしていることもあるので、確認しておく。
	◆こんな使い方は？ ・インターネットから画像をダウンロードして教材をつくり、授業で見せたり、保健室に掲示したり、保健だよりに掲載したりする。 →教育活動の一環として教育効果を高めるために必要な利用であり、出典を明示し、一定期間掲示したあと取り外すのであれば、使用可能な特例に該当するが、使い方によっては問題になることがある。 ・雑誌の記事を引用して作成した保健だよりの評判がよく、学校のホームページに掲載することになった。 →ホームページは不特定多数の人が目にするため、著作権侵害になる可能性がある。SNS などであってもダウンロードしたり転送したりできるため同様である。	
	情報伝達技術の発達などに対応して、法律はしばしば改正されている。 不安がある場合は、直接著作権者に確認するか、以下の相談窓口に問い合わせるとよい。 ○著作権に関する相談窓口 公益社団法人著作権情報センター（CRIC）「著作権電話相談室テレホンガイド」 電話：03-5333-0393 ※受付時間 10：00～12：00　13：00～16：00（土日、祝日を除く）	

（鈴木　裕子）

Question 48　性に関する指導はどのように

【Answer：押さえたいポイント】

①学校全体で共通理解を図り、体育科、保健体育科や道徳科、家庭科など関連教科や特別活動を通じて教科横断的にカリキュラム・マネジメントの視点で指導を計画するともに、児童生徒の成長や発達段階に応じて縦断的に進めていくこと。

②学習指導要領での位置づけをふまえること。

③保護者の理解を得ること、集団指導と個別指導の連携を密にして効果的に行うこと。

	実践の内容	☜ここがポイント！
年間計画・実施計画	**【年間指導計画の作成】** ○学習指導要領の内容と系統性を明らかにし、前年度の反省や気づきを反映させながら立案する。 ○地域及び学校の実態など、当該学校の教育活動や児童生徒の実態を踏まえて作成する。 ・他教科と教科横断的に効果的に進めるために、当該学校の道徳教育年間計画、特別活動年間計画、総合的な学習の時間年間計画などを参考にする。 **【実施計画】** ○校内研修などを行い、性に関する指導を実施する上での共通理解を図る。 ・各学年で取り扱う内容、関連教科や語句について確認し、実践にむけて共通理解を行う。	●教育活動指導計画での整合性を図るうえで、また確実に実践していくためにも、当該学校でどのような時期にどのような内容で進めていくのか明記することが大事 ●各教科等の内容との関連、指導の時期、配当時間などが適切に計画されているかを検討 ●学習指導要領の改訂と全面実施により、取り扱う学年や学年が変更されていることがあるので、必ず確認 ●また、児童生徒の日頃の様子や学年・学級の状況なども確認
実践にむけて	**【事前準備】** ○学年・学級の実態を知るために、アンケートや事前調査を実施する。 ○学級間で取り扱い内容に差が出ないように、必ず学年部で指導案・略案について話し合いを行う。 ・資料やワークシートなど同じものを使うことが望ましい。 ・学級によって実態が異なるので、しっかりと実態を把握したうえでその学級に応じた内容にする。 **【授業をするにあたって】** ○それぞれの発達段階を踏まえ、心身の発育・発達と健康、性感染症等の予防などに関する正しい知識を身につけること。（知識・技能） ○生命の尊重や自己及び周りの人たちの個性を尊重するとともに、相手を思いやり、望ましい人間関係を構築することを重視すること。 ○体の発育・発達には個人差や性差があるので、それらを肯定的に受け止めることが大切なことを伝える。（自尊感情） ○アクティブラーニングを重視する。従来の教師主導型の授業ではなく、児童生徒が自らの問題として考え積極的に参加する授業の展開を心がける。（自ら意思決定、行動選択する力・他者と関わる力） **【講師を依頼する場合】** ○事前の打ち合わせを丁寧に行う。 ○学校側の意図や思いを十分に伝える。	●児童生徒の知識理解の程度や実態を把握する。 ●内容について大まかな流れや資料を提供し、それらを参考に各学年の実態に応じた授業内容を構築していく。 ●各担任と学年主任、養護教諭で話し合うことで、新たな視点や気づきが生まれる。 ●アンケートの集計結果を加えるなど、自分たちの課題や実態を取り入れるのも効果的である。 ●保護者への説明を行い理解を得る。 ●児童生徒の発達の段階を踏まえる。 ●視覚的にも心情的にも訴える教材を準備する。 ・色使いや挿入する画像には配慮する。 ●発問や教材等を工夫する。 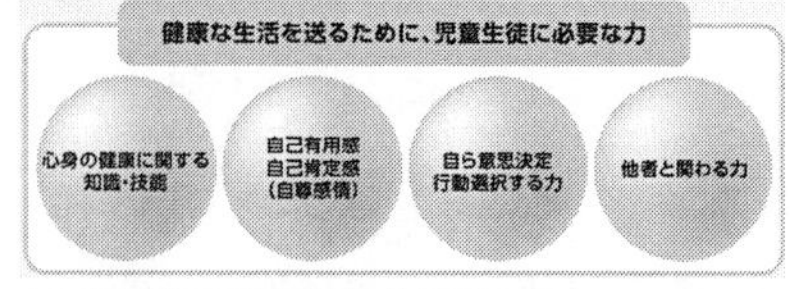 （文部科学省現代的健康課題を抱える子どもたちへの支援より） ●実施計画やアンケート結果、地域や児童生徒の実態や課題をしっかり伝えること。 ●外部講師は学校関係者ではないことも多いので、使用する語句や内容については事前に確認しておく。

		●可能であれば、当日使うスライドやワークシートなど、事前にチェックする。 
授業後	【次年度に向けての反省と見直し】 ○授業者はもとより、児童生徒のワークシートや感想などから次年度に向けて評価・見直しを行う。 ○成果と課題を明らかにすることで、健康教育全体にフィードバックし、次年度に生かしていく。	●指導計画をPDCAマネジメントサイクルの内容に照らし合わせ、例年通り、やりっぱなしにしないようにする。
注意すること	【健康課題について】 ○エイズおよび性感染症については、若年層への増加が懸念されるところである。子どもたちが性に関して適切に理解し行動できるように、教科保健による集団指導と個別指導の連携を密にして効果的に行うことが重要である。 ○性の多様性（性同一性障害、LGBTQなど）については、取り扱いに十分注意する必要がある。	●とくにデリケートな問題でもあるので、担任や学年と連携を密に取り、集団指導と個別指導を効果的に行うこと。 ●「学校においては、性同一性障害に係る児童生徒への配慮と、他の児童生徒への配慮との均衡を取りながら支援を進めることが重要であること。」と文部科学省の教職員向け資料にあり、保護者・本人の意向を受けた上で実施する。
まとめ	多様化・深刻化している児童生徒の現代的な健康課題を解決するためには、学校内の組織体制が充実していることが基本となる。その学校組織の中で養護教諭はコーディネーター的な役割を担う立場にあり、特に「性に関する指導」においては中心的な役割を果たすことが期待されている。養護教諭の専門性を生かしながら、学校全体で進めていくことが重要である。 また、学校における性に関する指導では、学習指導要領に示された内容に基づいて児童生徒が性に関して正しく理解し、学校教育全体で共通理解を図りつつ、児童生徒にどのような「生きる力」をつけさせたいか考えて実施することが大切である。	

＜参　考＞【新学習指導要領での位置づけ】

○小学校体育科保健領域　：1．思春期になると次第に大人の体に近づき、体つきが変わったり初経、精通が起こったりすること
　2．異性への関心が芽生えること

○中学校保健体育科保健分野　：1．身体の機能は年齢とともに発達すること
　2．思春期には、生殖にかかわる機能が成熟すること
　3．思春期の変化に対応した適切な行動が必要となること

○高等学校保健体育科科目保健：1．生涯の各段階の保健課題に応じた健康管理
　2．異性を尊重する態度や性に関する情報等への対処
　3．適切な意思決定や行動選択

○高等学校家庭科　：男女が協力して家庭を築くことの重要性、家族計画や家庭生活の在り方

○特別活動（中学校）　：望ましい人間関係の育成、心身共に健康で安全な生活態度の育成、健全な生活態度や習慣の確立、生命尊重
男女相互の理解と協力、性的な発達への適応、コミュニケーション能力の育成と人間関係の確立

○道徳科　：友だち（男女）と仲よく助け合う、生命を大切にする

・文部科学省：中学校学習指導要領（平成29年告示）解説「保健体育編」

・文部科学省：「性同一性障害や性的指向・性自認に係る、児童生徒に対するきめ細かな対応等の実施について（教職員向け）」、平成28年

・三木とみ子編集代表：「改訂　保健室経営マニュアル」、平成24年

（奥井　誉子）

Question 49　児童生徒保健委員会の指導はどのように（小学校）

【Answer：押さえたいポイント】

①児童保健委員会活動は､学習指導要領に明記された特別活動の児童会活動に位置付けられた学習活動である。養護教諭のお手伝い係ではない。子供たちが自主的・実践的な活動に取り組めるよう、養護教諭は準備や計画を入念に行う。

②児童一人ひとりが、達成感や自己有用感を感じるような取組を意図的に計画する。

③イベントのような活動だけでなく、日々の決められた仕事に主体的に取り組む重要性を理解させ、保健委員は自校の健康のリーダーであるという自覚を持たせる。

④学期末や学年末の評価に向けて、子供たちのよいところや評価したいポイントは、その都度、記録しておく。

	実践の内容	☜ここがポイント！
年度当初	1　委員となる児童の情報を知る。 (1)　顔合わせをする前に、集団の情報をつかんでおくことは、今後の計画を立てる上で、役立つ。 （発表が得意な児童　絵や字を書くのが得意な児童など） 2　児童保健委員会の仕事として分担された仕事内容を確認する。 ・常時活動として位置付けたい仕事内容は何か。 ・活動を発表する場があるか。	・担任と連携して、情報収集をする。（担任が「この児童を活躍させてほしい」と希望する時もある） ・前年度も保健委員会だった児童や、委員長として薦めたい児童など把握しておく。 ・計画は入念に、先を見越して活動の枠組みを立てる。（年間の委員会の回数、発表の時期、学校全体で取り組んでいるものなど）
組織づくり	【第1回定例児童保健委員会】 1　児童保健委員会組織づくり ・自己紹介・保健委員会のスローガン・活動目標の決定 ・役割決め（委員長、副委員長や常時活動の担当曜日など） 2　年間活動計画の作成 ・自校の健康課題についての情報提供・常時活動の活動方法の決定 ・発表等の計画・練習や準備について	・教師が作成した枠組みをもとに、子供たちが自主的に実践的な計画を立てられるように指導・助言を行う。 ・事前に作成した「保健委員会ハンドブック」（筆者作成）に決定事項を記録しておくと、年間の流れがわかり、いつでも見返すことができる。

保健委員会ハンドブック　例

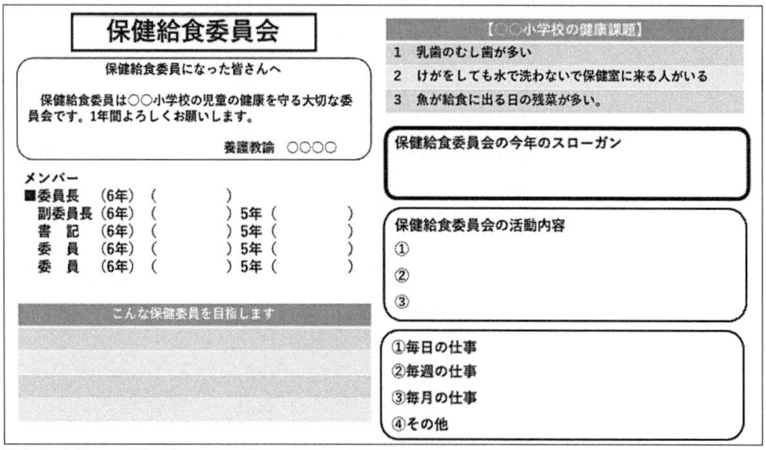
保健給食委員会

保健給食委員になった皆さんへ

保健給食委員は○○小学校の児童の健康を守る大切な委員会です。1年間よろしくお願いします。

養護教諭　○○○○

メンバー

■委員長　(6年)（　　　）

副委員長 (6年)（　　　）5年（　　　）

書　記　(6年)（　　　）5年（　　　）

委　員　(6年)（　　　）5年（　　　）

委　員　(6年)（　　　）5年（　　　）

こんな保健委員を目指します

【○○小学校の健康課題】

1　乳歯のむし歯が多い

2　けがをしても水で洗わないで保健室に来る人がいる

3　魚が給食に出る日の残菜が多い。

保健給食委員会の今年のスローガン

保健給食委員会の活動内容

①

②

③

①毎日の仕事

②毎週の仕事

③毎月の仕事

④その他

学習過程

児童会活動の学習過程（例）

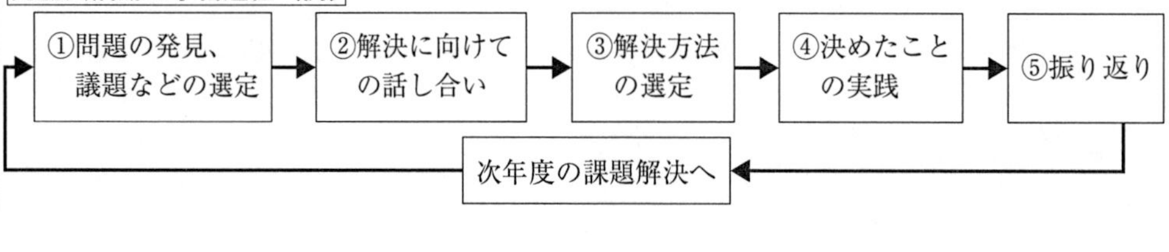

実践1	**【常時活動の習慣化のために】** 常時活動の例 健康観察の配布・衛生検査・トイレのきれいチェック・石鹸補充 1　個人の役割の明確化と実施状況の評価 2　常時活動こそ、賞賛を忘れない。 3　常時活動こそ、毎回の委員会で状況の確認や反省を行う。 「凡事徹底」が、円滑な学校保健活動につながることを意識させる。	・係名や担当曜日等の掲示 ・学校事情で常時活動が出来ない場合は、必ずその旨を子供に伝える。「やるかやらないか分からない」状態は作らない。 ・保健室に健康観察を取りに来た時など、こまめにねぎらい声をかける。担任や管理職などにも誉めてもらうと、子供たちのやる気や使命感も向上する。
実践2	**【児童朝会での発表例】** 1　委員長を中心に、子供たちが取り組みたい内容を決定する。 2　内容を実現していくための方法・必要な時間・用具・場所など検討する。 3　期限にゆとりをもって計画する。 4　発表内容を選ぶ。 ・マンネリ化は避ける。 ・保健室にあるデーターや資料を生かす。 ・インターネット等で掲載されている他校の取組を参考にする。 委員長「６月の歯の集会ではどんなことに取り組みたいですか」 委員１「毎年恒例のむし歯の劇がいいです。みんなよく見てくれるし。」 委員２「１年生の弟は歯みがき体操（歯みがきのCD）のみがき方がよく分からないって！みんなに教えてあげるのはどうかな？」 〜〜〜〜〜〜 委員長「では、発表は歯みがき体操の正しいやり方に決定です。」 養護教諭「歯科健診も終わっているので、むし歯０の人の表彰もしましょう」 5　発表練習等配慮事項 □体育館の舞台練習は、事前に体育主任や視聴覚主任に確認したか？ □休み時間に練習を行う際、校内行事を確認し担任に連絡したか？ □練習は開催時間と場所を明確に児童に伝えたか？ □練習終了時に、必ず次回の練習場所や時間を伝えたか？ □保健室を不在にする場合、養護教諭の所在をはっきりをさせたか？ 6　本番・評価 ・これまでの頑張りを、心からねぎらう。 ・終了後は、活動を振り返らせ、言語化する（感想カードの記入） ・劇などは、写真やビデオ等に録画し、委員会時に見返したりHPや保健だより等で発信したりする。	・学校の健康課題を踏まえ「みんなを楽しませる」だけではなく、「学校の健康のリーダー」として発表させる。 ・特にむし歯予防週間はGWや健診の時期であり、思うように時間が確保できないことも考慮に入れて計画を立てる。 ・委員の長所を生かした役割分担。得意分野だけでなく、子供の可能性を引き出し伸ばすためにも、新しい分野に挑戦しそれを成し遂げられるよう、具体的な声かけを行う。 ・子供の力を信じて、練習は本気で、時に厳しく、そして楽しく行う。 ・本番を成功させるために、練習時間にゆとりをもって計画する。 ・終了後、全員写真を撮る。 記念写真は、次の委員会の時に、その児童が頑張ったことなど一言添えて渡すなど、児童の達成感につなげ、やる気につなげる。 ・児童の反応など、来年度への課題など

・文部科学省：「小学校学習指導要領解説　特別活動編」、東洋館出版社、平成30年
・三木とみ子編集代表：「改訂　保健室経営マニュアル」、ぎょうせい、平成24年

（塩澤　美保子）

Question 49　児童生徒保健委員会の指導はどのように（中学校）

【Answer：押さえたいポイント】

①生徒保健委員会は組織であるとのビジョンをもち、生徒が自覚と責任を持って活動できる環境を作る。
②活動の目的は、生徒個人と集団の健康、学校生活の向上であることを委員全員へ周知する。
③自校の実態や課題について理解を促し、委員長を中心とした生徒主体の自治的活動とする。
④未来志向で、個人と集団の資質の向上のために積極的に情報を発信し続ける。

	実践の内容	☜ここがポイント！
自覚と責任を持って活動できる環境作り	**1　生徒が活動しやすい環境作りに努める。** (1)　物的環境（保健室、校内掲示板、ホームページ［HP］等）を整備し、人的環境（教職員、保護者）を整える。 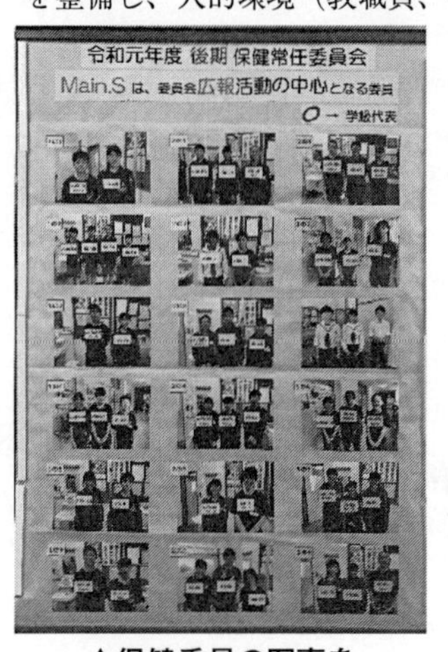 **↑保健委員の写真を保健室内に掲示** 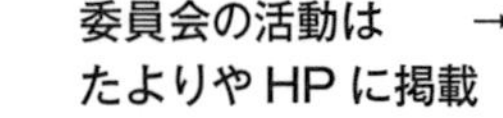 **委員会の活動はたよりやHPに掲載 →**	**◎生徒の意識（モチベーション）を高め、キャリア教育の視点で、生徒及び委員会の資質の向上を図る。** ○自校の実態と課題を養護教諭と生徒で共通理解し、短時間の活動で何ができるかを検討する。 ○生徒会活動である委員会活動は、異年齢の生徒が同じ目標を持ち、互いに協力し合って学校生活の充実や向上を図る活動である。そのため、キャリア教育の視点で、学年を超えて人間関係を築く力【人間関係形成能力】個人や集団の課題を理解する力【自己理解・自己管理能力】課題を自主的、積極的に解決していく力【課題解決能力】の育成につながる活動にする。 →写真の掲示は生徒の自覚と責任の保持につながり、教職員から生徒へ声かけのツールにもなる。 →保健だよりやHPに活動を掲載し広く認識してもらうことで、意識（モチベーション）の高揚を図る。
生徒主体の構造化した自治活動	**2　生徒主体の構造化した自治的活動とする。** (1)　自校の課題を自分の問題として捉えさせる。 ①どこが問題か。何が課題か［把握］ ②自分たちにできることは何か［討議・計画］ (2)　活動内容を十分に理解させる。 ①なぜ行うのか［理由］ ②何のために行うのか［目的］ ③どのように行うのか［方法］ (3)　活動後は結果をまとめ、評価と反省を行う。 活動を推進するメインスタッフを中心に ①各学級で結果をまとめ、評価を行う。 ②各学年で結果をまとめ、評価を行う。 ③学校全体の結果をまとめ、評価し、生徒の実態の変容をみる。［評価］	**◎生徒の自治的活動とし、構造化を図る。** ○生徒主体の自治的活動とするために、生徒同士が話し合う場を設ける。活動できる時間は限られており、短時間であることが多いため、効率よく話し合いが行われるよう事前に手順やポイントを示す。 →活動の中心となるメインスタッフ（役員他）を募り、より密度の濃い話し合いとなるようにする。

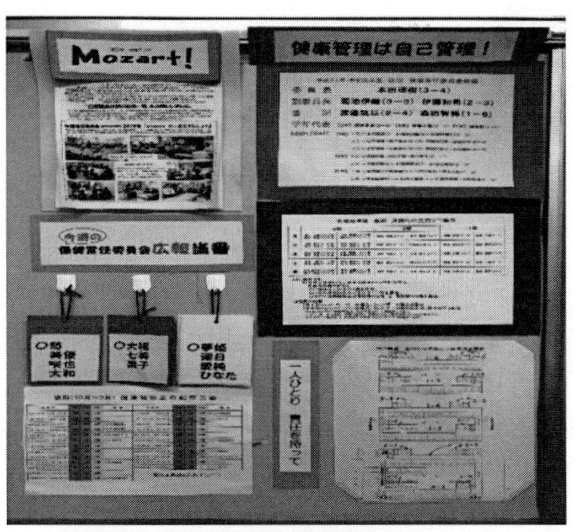

保健室、掲示板の保健委員会のコーナー

→保健室や掲示板に委員会コーナーを設け、『いつ、誰が、何を』するのかが、いつでも確認できるようにする。
○活動は、自分たちに出来る範囲でベストなもの、かつ、サスティナブルなものとする。
→Plan（計画）→ Do（実行）→ Check（評価）→ Action（改善）を活用し、次の課題や目標を明確にする。
→生徒の動線やタイムスケジュールを構造化し、活動時間や人的配分の無駄をなくす。

未来志向で資質向上のための情報を発信し続ける

3　受け身でなく、高みを目指し、情報を発信する動的な活動とする。

(1)　チェックや検査は、結果を個々に点数化できる形式とする。結果のまとめはスピーディーに行い、可視化する。

①一般的に行われている検査や点検、チェックなどに、学校全体で取り組んでいる内容を取り入れ、全校生徒が関心の持てる内容とする。

例）生活習慣チェックの項目に、市のモデル校に指定されている“いのちを育む教育”につながる項目（心の天気）を組み込む。

②広報活動は、時機を逃さず、タイムリーに行う。

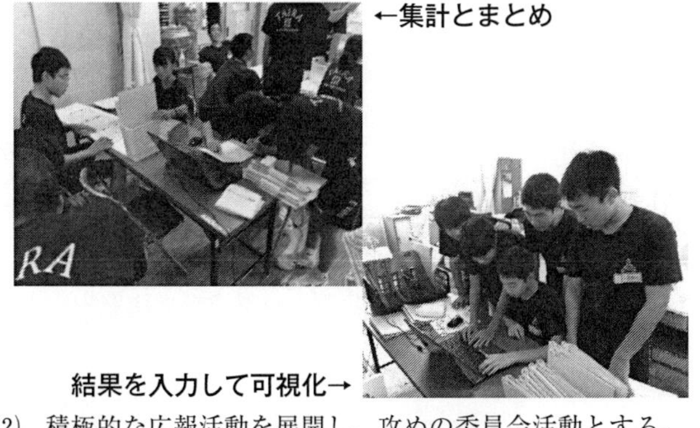

←集計とまとめ

結果を入力して可視化→

(2)　積極的な広報活動を展開し、攻めの委員会活動とする。

←縦割り班で活動の準備

自信を持って活動→

◎確かな情報分析、丁寧な情報発信を継続し、生徒や教職員からの信頼を得る。

○データ処理は統計解析ソフトウエアを利用し、作業効率を高める。結果は可視化する。
→点数化した結果は可視化しやすい。実態をより具体的に把握でき、全校生への広報も焦点化できる。
○学校全体の取り組みと委員会の活動をリンクさせることにより、教職員の理解につながる。
→活動した生徒が満足感や充実感を味わうことができる。
→例）生活習慣チェックでは、クロス集計を行うことで生徒を多角的な視点から分析、解釈でき、教育相談や生徒指導にも生かせる。
○学級活動や全校集会で行う広報活動の準備は、縦割り班（上級生（３年生）と下級生（１、２年生）でグループ）を組む。
→上級生は責任を持って教え、下級生は原稿作成や発表の仕方を学ぶ。少人数のため伝達事項も徹底し、コミュニケーション能力も身につく。
→活動を通して、願いや思いが下級生へ引き継がれる。

（菊地　かず代）

Question 49　児童生徒保健委員会の指導はどのように（高等学校）

【Answer：押さえたいポイント】

①学習指導要領上の生徒保健委員会の位置づけや目標を理解し、指導のねらいを明確にする。
②自校の教育目標や学校保健目標との関連を図り、学校、家庭、地域の実態や学校の特色をいかした具体的な目標を設定する。
③生徒が主体となる創意工夫を発揮した豊かな教育活動を展開する。

参考：高等学校学習指導要領（平成30年告示）解説特別活動編 p5　文部科学省 平成30年7月

	実践の内容	☜ここがポイント！
事前準備	**【事前準備】** ・養護教諭は「学校の生活には自分たちで解決できる課題があること、その課題を自分たちで見いだす」ための助言ができるよう、学校保健統計などの資料をあらかじめ用意しておく。 **図：テーマづくり** (1)　活動する上での強み ・素直な生徒が多い ・専門高校なので、活動に活かせる資材や環境が整っている ・保健所や献血ルームなど、フィールドワークができる施設が近い ・学科の特性と関連付けた取組が可能である (2)　課題例 ・睡眠に問題がある生徒が多い ・朝食欠食の生徒の割合が多い ・運動不足の生徒の割合が多い ・災害給付件数が多い ・通学中の災害件数の増加など 学校教育目標・学校保健目標 ↓ 学校の特色を活かした活動型テーマ／問題解決型テーマ	**【特別活動で育成を目指す資質・能力】** ・知識及び技能（何を知っているか，何ができるか） ・思考力、判断力、表現力等（知っていること、できることをどう使うか） ・学びに向かう力、人間性等（どのように社会・世界と関わり、よりよい人生を送るか） ・養護教諭は、学校のニーズや生徒の実態、強み・特色などをあらかじめ把握し、生徒達に助言を行い、方向性を導く準備をしておく。
保健委員会の場のデザイン	**【保健委員会・場のデザインスキル～場をつくり、つなげる～】** ○アイスブレイクにより異年齢集団の緊張をほぐす場を設定する。 ・体をほぐすことで緊張を解く。 ○話し合いの最適人数を意識したグループ編成を行う。 ・グループの最小単位は３～５人で構成する。 ・グループ内で情報を共有しブレインストーミング等で課題を出し合うことから始める。 ○話し合いのプロセスデザインを使い分けるとよい。 **図：プロセスデザインの例（様々な型（パターン）を知り、目的に応じて使い分ける）**	・養護教諭が、生徒の実態に合わせてファシリテーションすることで、保健委員会の場が活性化する。 ・初めての場面は緊張が高まったり、大勢の中で発表することが苦手な生徒もいる。緊張をほぐし、全ての生徒が一言でも「自分の意見」を伝えることができる場をデザインすることが大事。 ・対話により深い学びとなることが期待される。また、自分の考えをどのように伝えるか、コミュニケーションスキルを身に付ける場ともなる。

起 ➡ 承 ➡ 転 ➡ 結

起：チーム意識の醸成、緊張を解く（アイスブレイク）
承：思いや疑問を出し合い、相互の考えの理解
転：チームで意見をまとめていく、葛藤の解消
結：成果の共有、実行案（具体的な行動）の確認

問題把握 ➡  目標設定 ➡ 解決策立案

問題解決は、望ましい姿と現状のギャップを埋める行為です。問題把握＝現場を知る、目標設定＝あるべき姿を描く、解決策立案＝ギャップを埋める手段を考える、の３つの議論の組み合わせが必要です。

	実践の内容	☜ここがポイント！
	【活動の計画を分かりやすく示そう】 ～計画的・組織的な取組を展開するために～ ○活動計画を示す。 ・活動のねらいを確認する。（何を達成しようとするのか） ・具体的な活動方法を決める。	**参考：**堀公俊：ファシリテーション入門、日本経済新聞社、平成16年 日本ファシリテーション協会HP. https://www.faj.or.jp/ ・活動テーマが決まったら、課題に対してどのように取り組むか全員で協議することで、活動に対する意欲を高める。

方法	課題やその解決方法に関する具体的な活動例	期待される資質・能力等の育成
ブレインストーミング	○思考を膨らませる ・様々なアイデアをどんどん出していく	・思考力、判断力、表現力等の育成 ・知識の習得
事例などを用いた活動	○ヒヤリ・ハット事例の検討 ・登下校、実習中を含めた学校管理下で、ヒヤリ・ハットした場面を書き出し、なぜそのようなことが起きたのか、どうすれば防げたのかを省察する。それらについて何ができるかを考え、取り組む	・思考力、判断力、表現力等の育成 ・知識の習得 ・学びに向かう力
実験	○仮説を設定と解決のための取組 ・感染症の予防に効果的な活動（学校薬剤師と行う二酸化炭素濃度の測定と結果の活用・泡石鹸への切り替えなど）について取り組む	・思考力、判断力、表現力等の育成 ・知識・技能の習得 ・学びに向かう力
フィールドワーク	○実状を見に行ったり、人々に質問したりする ・保健所、婦人科、献血ルームなどを見学し、社会の課題や、取組について学ぶ	・思考力、判断力、表現力等の育成 ・知識の習得 ・学びに向かう力、人間性等の育成
学んだことを伝える	○あらゆる場面で、どのような伝え方が適しているのか、また、その技術について考え、練習したり、資料を作成する	・思考力、判断力、表現力等の育成

活動計画を具体的に設定し共通理解を図る

・個々の生徒の役割を明確にする。
・効果検討方法の見通しと何をいつまでにやるのか目安を立てる。
・共通理解を図る（教職員・保護者（学校 HP 等も利用））

－活動例－
①実態把握
・学校内、地域での感染症の発生状況を調べる（傾向を分析する）
・感染症予防に対するアンケート調査実施
②効果的な対策を検討
＊さいたま市の感染症対策課の職員になったつもりで、どのような取組ができるか検討する
・液体から泡石鹸への切り替えによる、手洗いの励行
・睡眠のメリットや、よい睡眠をとるための具体的なポイントを集会で伝える（ベストでなくともベターから目指す！）
・くしゃみの際の、ウイルスの飛ぶ距離の掲示物作成
③活動の効果検討
・アンケート調査（生徒生活行動に何か変化があったかどうか、感染症発生件数が地域の発生状況と比べてどうであったか）
・考察を行い、委員会内で発表する
④その他
・活動については、集会の際に短い時間をもらい、発表したり、保健だよりの裏面に「保健委員会活動報告」として、統計結果などとともに、適時発信する

・活動の際には、そのテーマの目標を達成するために、最も効果的であるかを養護教諭は考慮し、助言ができるようにしておく。

・多様で喫緊の健康課題を解決するには、養護教諭がコーディネーター的役割を果たし、学校教職員・家庭・地域をつなぎ、連携・協働し、保健委員会の活動に理解と協力を求める。

【活動の効果・データ収集】
・養護教諭も調査票の作成の仕方や、統計の解析手法の基本を学んでおく。

<実践するための留意点や工夫>
・養護教諭は生徒の特長を把握しておく。
・養護教諭は適宜、生徒に発問し、アイデアや意見を引き出す。
・発表や発言など学びをアウトプットする機会を意図的に設ける。
・活動の振り返りを行う。その際、上手くいったこととその理由、上手くいかなかった場合の改善点等を省察し、どのようにすればよかったかを共に共有し次につなげる。

振り返って成果や課題を明らかにする

【活動の効果を検討してみよう】
・効果検討の観点を明確にする。
・多角的、多面的にデータを収集する。

【活動の効果を共有】
・生徒保健委員会だより、学校掲示板、学校 HP などの活用

【保健委員会の生徒へ活動評価をフィードバックする】
・自己評価とともに生徒同士で評価を伝えあう。
・養護教諭から生徒へ活動評価を伝える。

・自己肯定感、自己有用感を育むことができるよう、評価用紙にコメントを記入し伝える。

〈参考文献〉
1）生きる力を育む小学校保健教育の手引 2 保健教育の指導方法 17
2）校内研修活性化のためのアイデアブック 青森県総合学校教育センター 平成 28 年 3 月

（片寄 ゆうや）

Question 1　学校保健活動の中核的役割とは

■平成20年1月17日　中央教育審議会「子どもの心身の健康を守り、安全・安心を確保するために学校全体としての取組を進めるための方策について」（答申）では、「2　学校保健に関する学校内の体制の充実」において、「養護教諭」について以下のように述べている。

> (1)　養護教諭
> ①　養護教諭は、学校保健活動の推進に当たって中核的な役割を果たしており、現代的な健康課題の解決に向けて重要な責務を担っている。平成18年度の調査によると、子どもの保健室の利用者は、1日当たり、小学校41人、中学校38人、高等学校36人であり、養護教諭の行う健康相談活動がますます重要となっている。また、メンタルヘルスやアレルギー疾患などの子どもの現代的な健康課題の多様化により、医療機関などとの連携や特別な配慮を必要とする子どもが多くなっているとともに、特別支援教育において期待される役割も増してきている。そのため、養護教諭がその役割を十分果たせるようにするための環境整備が必要である。
>
> （以下省略）（下線部筆者加筆）

学校保健活動とは、学校保健の構造領域である「保健教育・保健管理・組織活動」の諸活動を指す。これらの活動は全教職員で行う。養護教諭は感染症予防の知識や健康診断、健康観察、日々の保健室来室状況等のデータを有効活用し、学級担任や教職員の特色を生かして、保健主事とともに学校保健の中心となって諸活動を推進することを明確に示したものと解釈できる。

図　学校保健の構造領域

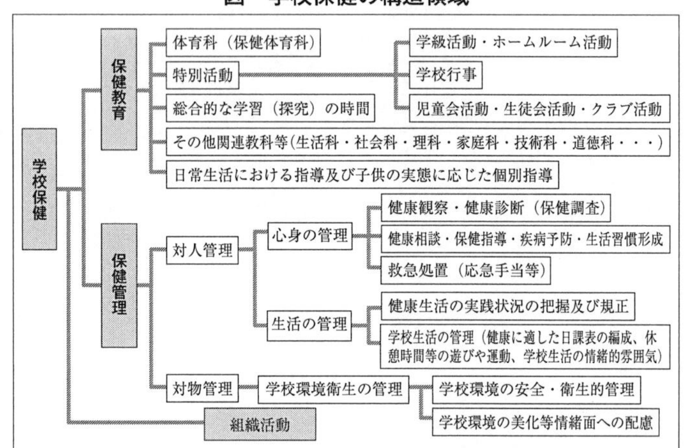

※平成31年3月文部科学省「改訂生きる力を育む小学校保健教育の手引」を参考に筆者作成

■平成29年3月、文部科学省から示された「現代的健康課題を抱える子供たちへの支援～養護教諭の役割を中心として～」では、冒頭部分に以下の記載がある。

> 現在の児童生徒には、肥満・痩身、生活習慣の乱れ、メンタルヘルスの問題、アレルギー疾患の増加、性に関する問題など、多様な課題が生じている。また、身体的な不調の背景には、いじめ、児童虐待、不登校、貧困などの問題が関わっていることもある。このような多様化・複雑化する児童生徒が抱える現代的な健康課題については、専門的な視点での対応が必要であり、養護教諭が専門性を生かしつつ中心的な役割を果たすことが期待される。さらに、これらの健康課題に対応する取組は、学校における教育活動全体を通じて行うことが必要であり、学校の全ての教職員が連携して取り組むことが重要である。
>
> （以下省略）（下線部筆者加筆）

現代的健康課題とは「肥満・痩身、生活習慣の乱れ、メンタルヘルスの問題、アレルギー疾患の増加、性に関する問題など」と例示した。養護教諭はこの諸課題に心身医学的な知識技術、看護学的心理学的な知識技術等の専門性を生かし、リーダーシップを発揮するとともに学校内外の専門家をつなぐ中心的な役割を果たして課題解決を図る。その際、健康な生活を送るために必要な力を子供に身に着けさせる。

ここでいう「健康な生活を送るために必要な力」とは、以下の4つである。

①心身の健康に関する知識・技能　②自己有用感・自己肯定感（自尊感情）
③自ら意思決定・行動選択する力　④他者と関わる力

これらの力は、養護教諭の職務である健康相談や保健指導はもとより、日々の教育活動全体を通じて教科横断的な視点で育成する。学級担任や教職員、学校医等の専門家と積極的に連携を図り中心となって企画・立案・運営・評価していくことが「学校保健活動の中核的役割」を果たすことである。

（大沼　久美子）

Question 2　養護教諭がコーディネーターの役割を果たすとは

■平成 20 年 1 月 17 日、中央教育審議会「子どもの心身の健康を守り、安全・安心を確保するために学校全体としての取組を進めるための方策について」（答申）の中に次の記述がある。

> 子どもの現代的な健康課題の対応に当たり、学級担任等、学校医、学校歯科医、学校薬剤師、スクールカウンセラーなど学校内における連携、また医療関係者や福祉関係者など地域の関係機関との連携を推進することが必要となっている中、養護教諭はコーディネーターの役割を担う必要がある。

ここでは「学校内の連携」と「学校外の関係機関との連携」という 2 つのコーディネートの役割が示されている。

■平成 27 年 12 月の中央教育審議会「チームとしての学校の在り方と今後の改善方策について」（答申）では、次のように、養護教諭による「学校内の連携」についてより具体的に述べている。

> 養護教諭は、学校保健活動の中心となる保健室を運営し、専門家や専門機関との連携のコーディネーター的な役割を担っており、例えば、健康診断・健康相談については、学校医や学校歯科医と、学校環境衛生については学校薬剤師との調整も行っているところである。さらに、心身の健康問題のうち、食に関する指導に係るものについては、栄養教諭や学校栄養職員と連携をとって、解決に取り組んできているところである。
>
> このように、養護教諭は、児童生徒等の健康問題について、関係職員の連携体制の中心を担っている。

■さらに平成 29 年 3 月に示された「現代的健康課題を抱える子供たちへの支援～養護教諭の役割を中心として～」（文部科学省）の中では、課題を抱えた児童生徒の課題解決の基本的な進め方「ステップ 1」の体制整備として、次のように示している。

> 心身の健康の保持増進に関して、課題を抱えた児童生徒を学校で確実に把握するため、養護教諭が中心となり、児童生徒の健康観察で把握しなければならない基本的な項目について、全教職員及び保護者に対して周知するとともに、学校内及び地域の関係機関（教育関係機関・保健福祉機関・医療機関等）との連携について、学校として体制を整備しておく。その際、養護教諭が関係機関との連携のための窓口として、コーディネーター的な役割を果たしていくことが重要である。

養護教諭は、上記のような課題を抱えた児童生徒のみならず、すべての児童生徒にかかわるが、これらの記述から、養護教諭は健康観察、健康診断、救急処置、疾病管理、健康相談、保健教育、学校環境衛生活動をはじめあらゆる学校保健活動に関する「学校内の連携」において中心的な役割を果たし、また「学校外の関係機関との連携」の窓口としてコーディネーター的な役割を果たすということができる。

■「コーディネート」とは、日本養護教諭教育学会では次のように定義している。

> 個人や組織等、異なる立場や役割の特性を引き出し、調和させ、それぞれが効果的に機能しつつ、目標に向かって全体の取り組みが有機的、統合的に行えるように連絡・調整を図ることである。このような連絡・調整役をコーディネーターという。

コーディネーターは単なる連絡係ではなく、関係者をつなぎ、同じ目標に向かって協力し合えるよう連絡・調整を行う役割がある。そのためには、関係者同士が相互理解を深め合うこと、課題を共有することが必要である。まずコーディネーター自身が関係者それぞれの専門性や立場、思いをよく理解したうえで、それを取りまとめ、つなぐことが大切である。児童生徒の健康な発育・発達を支援するために、養護教諭には適切な調整能力が求められている。

（鈴木　裕子）

Question 3　チームとしての学校とは

■平成 27 年 12 月 21 日　中央教育審議会「チームとしての学校の在り方と今後の改善方策について」(答申) が提言された。

学校において子供が成長していく上で、教員に加えて、多様な価値観や経験を持った大人と接したり、議論したりすることで、より厚みのある経験を積むことができ、本当の意味での「生きる力」を定着することに繋がる。そのために、「チームとしての学校」が求められている。

「チームとしての学校」が求められる背景（「チームとしての学校」の必要性）
学校が、複雑化・多様化した課題を解決し、子供に必要な資質・能力を育んでいくためには、学校のマネジメントを強化し、組織として教育活動に取り組む体制を創り上げるとともに、必要な指導体制を整備することが必要である。
その上で、生徒指導や特別支援教育等を充実していくために、学校や教員が心理や福祉等の専門スタッフ等と連携・分担する体制を整備し、学校の機能を強化していくことが重要である。
このような「チームとしての学校」の体制を整備することによって、教職員一人一人が自らの専門性を発揮するとともに、心理や福祉等の専門スタッフ等の参画を得て、課題の解決に求められる専門性や経験を補い、子供の教育活動を充実していくことが期待できる。
学校において、子供が成長していく上で、教員に加えて、多様な価値観や経験を持った大人と接したり、議論したりすることは、より厚みのある経験を積むことができ、「生きる力」を定着させることにつながる。

（下線加筆）

子供の「生きる力」の定着に繋がる「チーム学校の在り方」は、複雑化・多様化した健康課題の解決のための必須要素ともいえる。専門スタッフ等との連携・分担していくための養護教諭の専門性が求められている。

チーム学校としてのイメージ図

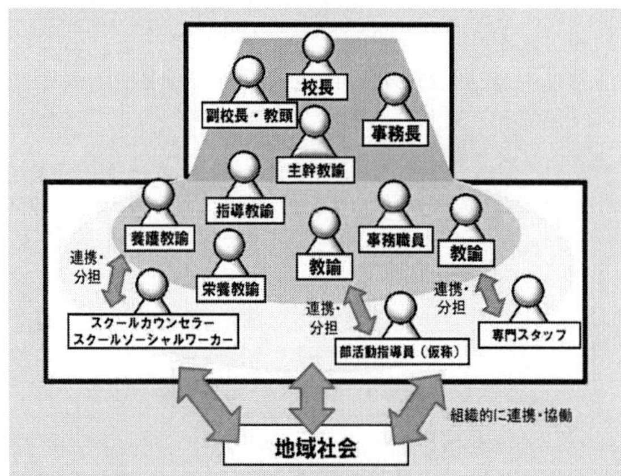

チームとしての学校の在り方と今後の改善方策について（答申）（中教審第 185 号）
（平成 27 年 12 月 21 日　中央教育審議会）

■平成 29 年 3 月、文部科学省から示された「現代的健康課題を抱える子供たちへの支援～養護教諭の役割を中心として～」では、学校における児童生徒の課題解決の基本的な進め方として、養護教諭、管理職、学級担任等、教員以外の専門スタッフ（学校医や SC・SSW 等)、学校の設置者（教育委員会等）の役割について示されており、４つのステップが示されている。

養護教諭の職務は「養護をつかさどる」であり、「健康の保持・増進に関するすべての活動」である。養護教諭の役割は、その場の救急処置や対応で終わるものではなく、子供たちが生きる力を育むための教育活動である。

養護教諭は複雑化・多様化する子供たちの健康課題解決にため、連携・協働を推進する「チームとしての学校」の要といっても過言ではない。関係者が課題を共有し、同じ目標に向かうことができるよう調整役を担うことも重要な役割のひとつである。

（芦川　恵美）

Question 4　主体的・対話的で深い学び（アクティブ・ラーニング）で進める教育とは

■平成 28 年 12 月 21 日中央教育審議会「幼稚園、小学校、中学校、高等学校及び特別支援学校の学習指導要領等の改善及び必要な方策等について」（答申）では、「第１部　学習指導要領等改訂の基本的な方向性」の『第４章　学習指導要領等の枠組みの改善と「社会に開かれた教育課程」』において、「⑶「主体的・対話的で深い学び」の実現（「アクティブ・ラーニング」の視点）」について、以下の３点を述べている。

①子供たちが「どのように学ぶか」という学びの質を重視した改善を図っていくこと
②学びの質を高めていくためには「主体的・対話的で深い学び」の実現に向け授業改善を活性化していくこと
③「アクティブ・ラーニング」の視点からの授業改善は、形式的に対話型を取り入れた授業等の改善だけでなく、学習の在り方をそのものの問い直しを目指すものであること
④学習の内容と方法の両方を重視して、子供たちが「何ができるようになるか」「何を学ぶか」という学習内容と、「どのように学ぶか」という学びの過程を「カリキュラム・マネジメント」を通じて組み立てていくこと。すなわち「アクティブ・ラーニング」と「カリキュラム・マネジメント」は、一体として捉えてこそ学校全体が強化されること。（以下省略）（下線部筆者加筆）

■主体的・対話的で深い学び（アクティブ・ラーニング）

キーワードは、**「生きて働く知識・技能」** **「未知の状況にも対応できる思考力・判断力・表現力等」** **「学びを人生や社会に生かそうとする学びに向かう力・人間性等」** である。

実社会や実生活と関わるリアリティのある真の学びに主体的に取り組んだり、異なる多様な他者との対話を通じて考えを広めたり深めたりする学びの実現が大切である。単に知識を記憶するだけにとどまらず、身に付けた資質・能力が様々な課題解決に生かせることが実感できる学びを実現することが求められている。

【主体的な学び】
学ぶことに興味や関心を持ち、自己のキャリア形成の方向性と関連付けながら、見通しを持って粘り強く取り組み、自己の学習活動を振り返って次につなげる「主体的な学び」が実現できているか。

【例】
- 学ぶことに興味や関心を持ち、毎時間、見通しを持って粘り強く取り組むとともに、自らの学習をまとめ振り返り、次の学習につなげる
- 「キャリア・パスポート（仮称）」などを活用し、自らの学習状況やキャリア形成を見通したり、振り返ったりする

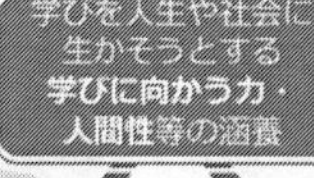

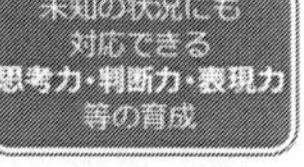

【対話的な学び】
子供同士の協働、教職員や地域の人との対話、先哲の考え方を手掛かりに考えること等を通じ、自己の考えを広げ深める「対話的な学び」が実現できているか。

【例】
- 実社会で働く人々が連携・協働して社会に見られる課題を解決している姿を調べたり、実社会の人々の話を聞いたりすることで自らの考えを広める
- あらかじめ個人で考えたことを、意見交換したり、議論したり、することで新たな考え方に気が付いたり、自分の考えをより妥当なものとしたりする
- 子供同士の対話に加え、子供と教員、子供と地域の人、本を通して本の作者などとの対話を図る

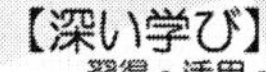

【深い学び】
習得・活用・探究という学びの過程の中で、各教科等の特質に応じた「見方・考え方」を働かせながら、知識を相互に関連付けてより深く理解したり、情報を精査して考えを形成したり、問題を見いだして解決策を考えたり、思いや考えを基に創造したりすることに向かう「深い学び」が実現できているか。

【例】
- 事象の中から自ら問いを見いだし、課題の追究、課題の解決を行う探究の過程に取り組む
- 精査した情報を基に自分の考えを形成したり、目的や場面、状況等に応じて伝え合ったり、考えを伝え合うことを通して集団としての考えを形成したりしていく
- 感性を働かせて、思いや考えを基に、豊かに意味や価値を創造していく

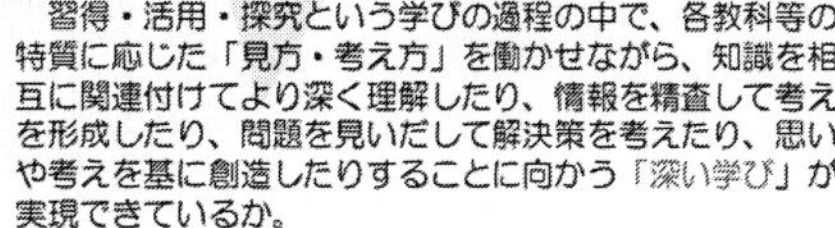

（出典：平成 29 年度小・中学校新教育課程説明会（中央説明会）における文科省説明資料）

■保健室はアクティブ・ラーニングの絶好の場

保健室は「実社会や実生活と関わるリアリティのある真の学び」を提供できる絶好の場と空間、教材を有している。自らの健康は実生活と密接に関わっているため自身の身体を教材として学ぶことが可能である。保健室での日々の個別の保健指導、保健教育において、カリキュラム・マネジメントと一体的に保健教育を推進していく。

（大沼　久美子）

Question 5　カリキュラム・マネジメントとは

■カリキュラム・マネジメントが求められる背景

① 平成 28 年 12 月 21 日中央教育審議会「幼稚園、小学校、中学校、高等学校及び特別支援学校の学習指導要領等の改善及び必要な方策等について」（答申）では、『第４章　学習指導要領等の枠組みの改善と「社会に開かれた教育課程」』において、『教育課程を軸に学校教育の改善・充実の好循環を生み出す「カリキュラム・マネジメント」の実現』を述べている。

② 小学校学習指導要領（平成 29 年３月告示）総則

4　各学校においては、児童や学校、地域の実態を適切に把握し、教育の目的や目標の実現に必要な教育の内容等を教科等横断的な視点で組み立てていくこと、教育課程の実施状況を評価してその改善を図っていくこと、教育課程の実施に必要な人的又は物的な体制を確保するとともにその改善を図っていくことなどを通して、教育課程に基づき組織的かつ計画的に各学校の教育活動の質の向上を図っていくこと（以下「カリキュラム・マネジメント」という。）に努めるものとする。（下線部筆者加筆）

■そもそも「カリキュラム・マネジメント」とは何か？

学校の教育課程をデザインし編成するとともに、その実施、評価、改善に向けて組織を管理し運営すること。すなわち、カリキュラムをデザインすることと、組織をマネジメントすることとを結びつけ、一体で組織的に行うこと。

（出典：田村学、深い学びを実現するカリキュラム・マネジメント、文溪堂、2019）（下線部筆者加筆）

※教育課程（カリキュラム）とは…教育内容と時間を学習の段階に応じて配列したもの。学校が教育目標を達成するために子供が学び、身に付ける内容を体系化した教育活動の全体。

■カリキュラム・マネジメントの目的

「主体的・対話的で深い学び」を実現するためには、授業改善とともに「カリキュラム・マネジメント」の充実が重要である。なぜなら、「主体的・対話的で深い学び」を単位時間において実現するには、その１時間が年間指導計画でどのような位置づけになっているか、またどのような単元構成であるかを把握し、すべての教科等との関係の中で「どのように配列され、構成されているか」を俯瞰することで教科横断的な指導が可能になるからである。

■「カリキュラム・マネジメント」のイメージ―「がん教育」を例に―

学校において「がん教育」を推進する際には、「健康と命（いのち）の大切さを育む」という視点で推進されることが期待されている。

しかし「がん教育」という授業は教育課程上にはない。がん教育（性教育やほかの健康教育も同様）は、保健体育の授業や特別活動、道徳科の授業等で扱われる。

がんを扱うことを通じて、ほかの様々な疾病の予防や望ましい生活習慣の確立等も含めた健康教育そのものの充実を図るためにも「がん教育のカリキュラムをデザイン」することが求められる。そのためには、養護教諭の専門性を発揮して、どんな内容と関連付けたらよいかを考えながら、各教科等の年間指導計画を俯瞰する。「がん教育」に求められる内容を関連教科等から見出し、「がん教育単元計画」を作成する。同時に地域の実情等に応じて、例えば、専門家や患者・経験者の協力が得られるよう、人的又は物的なマネジメントを行い、効果的な「がん教育」が推進されるよう取り組む。

（大沼　久美子）

Question 6　保健教育と保健指導の解釈は

■保健教育の体系

- 保健教育
  - 体育科・保健体育科 ― 保健領域（低学年の体つくりの運動遊びも例示）
  - 特別活動 ― 学級活動，児童会活動，学校行事等における保健の指導
  - 総合的な学習の時間 ― 保健に関する横断的・総合的な学習（福祉・健康）
  - その他関連する教科等 社会科，理科，生活科，家庭科，道徳科
  - 日常生活における指導及び子供の実態に応じた個別指導

（「改訂「生きる力」を育む小学校保健教育の手引」（平成 31 年 3 月文部科学省）を参考に一部追記）

■保健教育の考え方

「改訂「生きる力」を育む小学校保健教育の手引」（平成 31 年 3 月文部科学省）では、以下のように述べている。

> 教育課程に基づき組織的かつ計画的に各学校の教育活動の質の向上を図っていくこと、いわゆる、カリキュラム・マネジメントに努めることが求められている。こうしたことを踏まえて、保健教育においても、体育科保健領域、特別活動、総合的な学習の時間など関連する教科等がそれぞれの特質に応じて行われた上で、相互を関連させて指導していく必要がある。その際、児童の発達の特性や教育活動の特性を踏まえて、個々の児童が抱える課題を受け止めながら、その解決に向けて、主に個別の会話・面談や言葉がけを通して指導や援助を行うカウンセリングといった個別指導を関連させて、児童の発達を支援することも重要である。（下線部筆者加筆）

これまでは、保健教育を保健学習と保健指導に分けて行っていたが、カリキュラム・マネジメントの観点から、国民に分かりやすい名称として保健に関する教育は、「保健教育」となった。子供たちにとっては、健康に関する学習という点では何ら変わりない。

保健教育の推進には、児童生徒、学校、地域の実態を踏まえ、関連する学習指導要領の理解、教育課程に基づいた学校内外の連携、集団指導と個別指導の関連が重要である。児童生徒の健康の保持・増進に関わる養護教諭の職務の特質を生かすことによって、より一層の推進を図ることができる。

■保健指導とは

学校保健安全法の改正に伴い、学校保健安全法第 9 条に保健指導が規定されている。ここでいう保健指導は、学校保健安全法第 9 条（下記参照）に規定されており、保健管理に位置づくものである。上記の保健教育と保健指導は、相互に関わり合いを持っている教育活動である。

> 養護教諭その他の職員は、相互に連携して、健康相談又は児童生徒等の健康状態の日常的な観察により、児童生徒等の心身の状況を把握し、健康上の問題があると認めるときは、遅滞なく、当該児童生徒等に対して必要な指導を行うとともに、必要に応じ、その保護者（学校教育法第十六条に規定する保護者をいう。第二十四条及び第三十条において同じ。）に対して必要な助言を行うものとする。（下線部筆者加筆）

（芦川　恵美）

Question 7　健康相談と健康相談活動の用語解釈は

健康相談と健康相談活動の用語については、それぞれの意味がある。しかし、曖昧な使い方をしている場合が見られる。ここでは、これらの用語の法的解釈及び使われてきた歴史などを踏まえ整理するとともに、「養護教諭行う健康相談」について、養護教諭が日々の実践においてどのように捉えどのように使ったらよいかについて以下述べる。

1　健康相談について

(1)　昭和33年、学校保健法第11条「健康相談」→学校医、学校歯科医が実施可能

学校保健法制定当初「健康相談」が第11条に規定され、この担当者は学校医、学校歯科医であった。しかし、当時の文部省担当官のコメントや様々な学識経験者等の専門家の考え方は、法第11条の健康相談は期待されてはいたが当初から用語の使われ方が曖昧であったこと。特に個別の保健指導との関連の捉え方養護教諭の担当が適切であるのではないかなどの問題が指摘されていた。

(2)　平成20年6月「学校保健法等の一部を改正する法律（平成20年法律第73号）」の第8条に「学校においては、児童生徒等の心身の健康に関し、健康相談を行うものとする。」と規定→この担当は、教諭、養護教諭、学校医、学校歯科医、学校薬剤師となっている。

学校保健安全法第8条の健康相談の条文には「心身の」用語が加えられ、健康相談に関する局長通知では「保健指導の前提として行われる法第8条の健康相談についても、児童生徒等の多様な健康課題に組織的に対応する観点から、特定の教職員に限らず、養護教諭、学校医、学校歯科医、学校薬剤師、担任教諭など関係教職員による積極的な参画が求められる」とし、関係職員がすべて関わることとしている。

2　健康相談活動について

(1)　平成9年保健体育審議会答申「健康相談活動」→養護教諭の新たな役割（職務の特質・保健室の機能）

①背景：平成9年の保体審答申で近年の心の健康問題の深刻化に伴い、学校におけるカウンセリング等の機能の充実が求められ、養護教諭は児童生徒の身体的不調の背景に、いじめなどの心の健康問題が係わっていること等のサインにいち早く気付く立場にあり、養護教諭の行う健康相談活動が「養護教諭の新たな役割」として提言された。この活動は、養護教諭の自らの専門性と教室にはない「保健室特有の機能を最大限生かした」対応により子供たちの心身の健康問題にいち早く気付き必要に応じて専門家や専門機関への連携につなぐことを特徴としている。この用語は法第11条の医師・歯科医師の行う健康相談と区別して健康相活動の名称が使われた。

②定義：健康相談活動とは、養護教諭の職務の特質や保健室の機能を十分に生かし、児童生徒の様々な訴えに対して、常に心的な要因や背景を念頭において、心身の観察、問題の背景の分析、解決のための支援、関係者との連携など心や体の両面への対応を行う活動である。（平成9年保健体育審議会答申）

③求められる資質：○保健室を訪れた児童生徒に接した時に必要な「心の健康問題と身体症状」に関する知識理解、これらの観察の仕方や受け止め方についての確かな判断力、対応力　○健康に関する現代的課題の解決のために個人又は集団の児童生徒の情報を収集し、健康問題をとらえる力量や解決のための指導力が必要である。その際、これらの養護教諭の資質については、いじめなどの心の健康問題への対応の観点から、かなりの専門的な資質・技能が等しく求められることに留意すべきである。（平成9年保健体育審議会答申）

(2)　教育職員免許法施行規則第9条養護教諭養成カリキュラム「健康相談活動の理論と方法」が科目新設

平成9年の審議会答申において新たな役割となり、それに必要な資質を提言したことを踏まえ、国では養護教諭にこれに必要な資質を担保するため平成10年教育職員免許法施行規則第9条に「健康相談活動の理論及び方法」を科目新設した。これにより、養護教諭を養成する各大学などの養成機関では必修科目として学ぶことが法的に規定された。この科目名は、「理論及び方法が明記され、単に理論のみならず、学校現場での実践に必要な技法なども習得することが必要となっている。

3　「養護教諭の行う健康相談」とコーディネーター

上記1の(2)の「健康相談」は養護教諭、学校医、学校歯科医、学校薬剤師、担任教諭など関係教職員すべてが実施する。したがってそれぞれの職の専門性に発揮して関わる必要がある。そこで、養護教諭の職務の特質・保健室の機能などを生かして行う活動など養護教諭の独自の取り組みを他職員とは区別し「養護教諭の行う健康相談」として日頃の実践に用いられている。また、養護教諭は、チーム学校の観点から他職種と円滑に連携する調整役としてのコーディネーターの機能を発揮する必要がある。

（三木　とみ子）

Question 8　教員の育成指標とは

■養護教諭と育成指標

育成指標が示されたことにより、自身に現在備わっている資質・能力を確認するとともに、経験に応じた資質・能力を身に付けていくことができるように学び続ける教員として研修を積むことが求められている。

養護教諭は必要とされている専門性により、採用時点から高い水準の資質能力が求められている。経験年数等に応じた資質・能力の指標が示されたことにより、養護教諭としての資質・能力を客観的に見つめ、研鑽のための目安や目標となる。

■教育公務員特例法の改正の趣旨

教育公務員特例法の一部を改正する法律の公布について（通知）平成28年11月28日付け28文科初第1158号

> 学校教育関係職員の資質の向上を図るため、公立の小学校等の校長及び教員の任命権者に校長及び教員としての資質の向上に関する指標及びそれを踏まえた教員研修計画の策定を義務付ける（以下省略）

教員の育成指標は、任命権者が定めるものであるが、現職の養護教諭や指導者となる者が活用することにより、真の育成指標となる。

■これからの時代の教員に求められる資質能力

これからの学校教育を担う教員の資質能力の向上について～学び合い、高め合う教員育成コミュニティの構築に向けて（答申）平成27年12月21日　中央審議会

> ○　これまで教員として不易とされてきた資質能力に加え，自律的に学ぶ姿勢を持ち，時代の変化や自らのキャリアステージに応じて求められる資質能力を生涯にわたって高めていくことのできる力や，情報を適切に収集し，選択し，活用する能力や知識を有機的に結びつけ構造化する力。
> ○　アクティブ・ラーニングの視点からの授業改善，道徳教育の充実，小学校における外国語教育の早期化・教科化，ICTの活用，発達障害を含む特別な支援を必要とする児童生徒等への対応などの新たな課題に対応できる力量。
> ○　「チーム学校」の考えの下，多様な専門性を持つ人材と効果的に連携・分担し，組織的・協働的に諸課題の解決に取り組む力。

養護教諭の専門性を高めるとともに、学び続ける教員としての資質・能力の向上が求められている。

■育成指標と人事評価

育成指標は、教員の人事評価と趣旨・目的が異なる。育成指標の活用に当たっては、養護教諭一人ひとりの長所や個性を伸長し、課題については研鑽を積むための目標や目安にするなど、養護教諭としての実践を振り返り、育成指標に示されている内容を具現化していく必要がある。

なお、管理職とともに育成指標のステージについて確認することは、養護教諭の職務や専門性の共通理解に繋がる。養護教諭は、学校内外でより一層の資質・能力を発揮することができる。

■育成指標の活用に当たって

「異動をしたばかりで、前任校ではできていたことが今はできなくなってしまった」という不安を持つ養護教諭も少なくない。育成指標は、個々の採用事情や環境変化により、そのステージは行ったり来たりするものである。

児童生徒の健康の保持増進のため、養護教諭の行うすべての活動について、学び続けるための指標となる。

（芦川　恵美）

Question 9　養護教諭の倫理綱領とは

■倫理綱領は、専門職としての社会的責任や、職業倫理に関する行動規範を、その専門職団体が成文化したものである。専門職の団体と専門職の各自がそれを日ごろから意識して職務に当たることにより、専門性を維持し向上させることにつながる。

■養護教諭の倫理綱領は、日本養護教諭教育学会が7年間にわたって検討を行い、2015年度の総会で承認し公表している。その前文で、養護教諭の倫理綱領を作成する意義等を次のように説明している。

○前文
養護教諭は学校教育法に規定されている教育職員であり、日本養護教諭教育学会は養護教諭の資質や力量の形成及び向上に寄与する学術団体として、「養護教諭とは、学校におけるすべての教育活動を通して、ヘルスプロモーションの理念に基づく健康教育と健康管理によって子どもの発育・発達の支援を行う特別な免許を持つ教育職員である」と定めた。
養護教諭は子どもの人格の完成を目指し、子どもの人権を尊重しつつ生命と心身の健康を守り育てる専門職であることから、その職責を全うするため、日本養護教諭教育学会はここに倫理綱領を定める。
養護教諭が自らの倫理綱領を定め、これを自覚し、遵守することは、専門職としての高潔を保ち、誠実な態度を維持し、自己研さんに努める実践の指針を持つものとなり、社会の尊敬と信頼を得られると確信する。

■条文は第1条から第14条まであり、大きく3つの枠組みで構成されている。第1条から第4条までは「倫理綱領一般に共通するもの」、第5条から第9条は「養護教諭の専門性にかかわるもの」、第10条から第14条は「養護教諭の発展にかかわるもの」である。

第1条　基本的人権の尊重	第8条　自己実現の支援
第2条　公平・平等	第9条　ヘルスプロモーションの推進
第3条　守秘義務	第10条　研鑽
第4条　説明責任	第11条　後継者の育成
第5条　生命の安全・危機への介入	第12条　学術的発展・法や制度の確立への参加
第6条　自己決定権のアドボカシー	第13条　養護実践基準の遵守
第7条　発育・発達の支援	第14条　自己の健康管理

（各条文の内容は、「日本養護教諭教育学会」のホームページ参照）

検索　日本養護教諭教育学会

■この内容には、従来から示されていた養護教諭の職業倫理[1]（人権尊重、平等な扱い、プライバシー保護など養護教諭が守るべき義務）の内容も含まれており、養護教諭の専門職としての理念と使命感、その責務を果たすための方針や規範を定めた条文となっている。

■養護教諭の倫理綱領は、人事考課制度のように養護教諭を評価したり、育成指標のように行政機関が策定したりするものとは性格が全く異なる。他者が養護教諭に課したり、制約したりするものではなく、養護教諭自身が日ごろから実践のよりどころとして意識し、心がけるためのものである。

1）公益財団法人日本学校保健会：学校保健の課題とその方法、7、平成24年

（鈴木　裕子）

＜執筆者一覧＞

＜編集代表＞

三　木　とみ子　　女子栄養大学　名誉教授

＜企画・編集協力＞

平　川　俊　功　　東京家政大学　教授
鈴　木　裕　子　　国士舘大学　教授
大　沼　久美子　　女子栄養大学　教授
芦　川　恵　美　　埼玉県教育局県立学校部保健体育課　指導主事

＜執　筆　者＞＊執筆順

三　木　とみ子　　前掲
大　沼　久美子　　前掲
鈴　木　裕　子　　前掲
平　川　俊　功　　前掲
徳　永　久美子　　神奈川県横浜市立原小学校　養護教諭
大　内　雅　代　　神奈川県横浜市立十日市場中学校　養護教諭
今　富　久美子　　神奈川県立上矢部高等学校　養護教諭
加　藤　春　菜　　埼玉県坂戸市立入西小学校　養護教諭
片　寄　ゆうや　　埼玉県立いずみ高等学校　養護教諭
奥　井　誉　子　　熊本県西原村立西原中学校　養護教諭
力　丸　真智子　　埼玉県朝霞市立朝霞第五小学校　養護教諭
新　藤　里　恵　　埼玉県越谷市立富士中学校　養護教諭
東　　　真理子　　東京都足立区立六木小学校　主任養護教諭
椚　瀬　奈津子　　埼玉県桶川市立桶川東中学校　養護教諭
岡　野　容　子　　埼玉県川越市立大東中学校　養護教諭
謝　村　錦　芳　　（一社）埼玉県薬剤師会　専務理事
馬　場　早　紀　　埼玉県熊谷市立大幡小学校　養護教諭
木　原　なつみ　　千葉県長生郡睦沢町立睦沢小学校　養護教諭
青　木　真知子　　埼玉県入間市立扇小学校　養護教諭
坂　口　祥　子　　埼玉県さいたま市立田島中学校　養護教諭
澤　村　文　香　　埼玉県所沢市教育委員会　指導主事
小薗江　夏　美　　開智日本橋学園中学・高等学校　養護教諭
道　上　恵美子　　埼玉県立草加東高等学校　養護教諭
塩　澤　美保子　　埼玉県本庄市立藤田小学校　養護教諭
村　上　有為子　　埼玉県立川口東高等学校　養護教諭
芦　川　恵　美　　前掲
山　部　真　理　　熊本県熊本市立河内小学校　養護教諭
茂　木　美智代　　福島県いわき市立中央台南中学校　養護教諭
菊　地　かず代　　福島県いわき市立平第三中学校　養護教諭

（令和２年１月末現在・敬称略）

これで解決！
保健室経営Q＆A

令和２年３月５日　第１刷発行
令和６年２月５日　第２刷発行

編　著　編集代表／三木とみ子
企画・編集協力／平川俊功・鈴木裕子・大沼久美子・芦川恵美

発　行　㈱ぎょうせい
〒136-8575　東京都江東区新木場1-18-11
URL：https://gyosei.jp

フリーコール　0120-953-431
〈検印省略〉　ぎょうせい　お問い合わせ　検索　https://gyosei.jp/inquiry/

印刷・製本　ぎょうせいデジタル㈱

ISBN 978-4-324-10782-9
(5108588-00-000)
〔略号：保健室経営Q＆A〕